泉州师范学院桐江学术著作出版基金资助出版

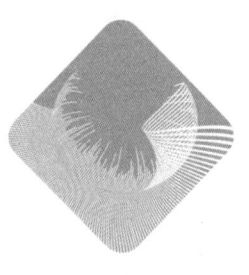

商业信用资金共享效应及其对供应链金融系统动态影响研究

吴争程 著

图书在版编目(CIP)数据

商业信用资金共享效应及其对供应链金融系统动态影响研究 / 吴争程著. -- 厦门：厦门大学出版社，2022.10

ISBN 978-7-5615-8878-9

Ⅰ.①商… Ⅱ.①吴… Ⅲ.①商业信用—资金—资源共享—影响—供应链管理—金融业务 Ⅳ.①F830.56 ②F252.2

中国版本图书馆CIP数据核字(2022)第222764号

出 版 人	郑文礼
责任编辑	陈进才

出版发行　厦门大学出版社

社　　址	厦门市软件园二期望海路 39 号
邮政编码	361008
总 编 办	0592-2182177　0592-2181253(传真)
营销中心	0592-2184458　0592-2181365
网　　址	http://www.xmupress.com
邮　　箱	xmupress@126.com
印　　刷	厦门金凯龙包装科技有限公司

开本　787 mm×1 092 mm　1/16

印张　9.75

字数　250 千字

版次　2022 年 10 月第 1 版

印次　2022 年 10 月第 1 次印刷

定价　52.00 元

本书如有印装质量问题请直接寄承印厂调换

厦门大学出版社　　厦门大学出版社
微信二维码　　　　微博二维码

摘　　要

反向保理是支持企业延迟支付货款而不影响供应商现金流的供应链金融模式。反向保理模式下核心企业往往要求供应商提供更长的信用期限,对此理论界存在两种不同观点:一种观点基于核心企业为中小供应商提供的融资便利,支持核心企业延长信用期限;另一种观点认为延长信用期限破坏供应链金融价值,不支持核心企业延长信用期限。针对争议观点,本研究以企业间商业信用活动为切入点,探索信用期限对供应链共创价值分配的影响,及供应链金融可持续发展问题。

在系统动力学理论指导下,从企业间商业信用动机与绩效入手,本书研究供应链企业间商业信用活动与供应链金融发展的相互影响,阐释商业信用期限对供应链上企业资金共享效应及共创价值分配的影响,揭示其内在规律和影响机理,具有深刻理论价值和普遍实践意义。

首先,构建以核心企业为主导的买方供应链模型,分析企业间商业信用动机及绩效。在随机流动性冲击假设基础上,对比企业现款交易和商业信用交易模式的效率差异,得出商业信用效率高于现款交易的条件,并解释商业信用的营运资金共享效应。结果表明应收账款收款成本是影响供应链营运资金共享效应的关键因素。

其次,采用计量回归方法结合中国企业数据对商业信用动机与绩效进行实证检验。实证结果表明商业信用对企业绩效的影响过程中,财务柔性变量起中介效应,收款成本变量起调节效应。低收款成本有利于企业以商业信用为柔性渠道进行融资,提升企业应对流动性风险能力,进而提高企业绩效。根据这一结果,发展应收账款融资的关键在于降低供应商收款成本。供应链金融反向保理能降低供应商收款成本。出于共享营运资金的动机,核心企业同意参与反向保理并要求进一步延长商业信用期限。

再次,构建收益成本模型分析供应链金融价值创造及其分配问题。从财务角度和运营角度测量供应链金融收益。研究表明信用期限不影响供应链金融价值,但影响供应链金融收益分配。供应链金融共创价值中,供应商侧重财务收益而核心企业侧重运营收益。核心企业延长信用期限损害供应商财务收益,影响供应商的供应链金融参与意愿。

最后,基于供应链金融系统动态特性,运用系统动力学研究延长信用期限对供应链金融系统动态影响。构建市场扩散模型连接供应链金融内在价值与外在市场表现,并对信用期限的影响进行动态仿真。结果表明,核心企业要求延长信用期限影响供应商收益,进而影响供应商参与供应链金融意愿,最终影响供应链金融发展。

本书理论创新体现在三个方面。其一,构建商业信用资金共享效应模型,理论推导并实证检验收款成本对企业间商业信用的影响,揭示核心企业要求延长信用期限的内在规律,指出供应链金融反向保理通过降低收款成本促进商业信用资金共享效应;其二,构建供应链金融收益模型,揭示商业信用资金共享效应对供应链金融收益分配的影响;其三,构建供应链金融系统动力模型,将企业商业信用活动视为供应链金融系统输入变量,揭示商业信用资金共享效应对供应链金融可持续发展的动态影响。

目 录

第1章 引言 ... 1
1.1 研究背景与研究问题 ... 1
1.1.1 研究背景 ... 1
1.1.2 研究问题 ... 5
1.2 研究目标与研究意义 ... 7
1.2.1 研究目标 ... 7
1.2.2 研究意义 ... 8
1.3 研究思路与研究方法 ... 8
1.3.1 研究思路 ... 8
1.3.2 研究方法 ... 9
1.4 研究内容 ... 10
1.5 研究创新点 ... 11

第2章 概念界定与文献综述 ... 13
2.1 概念界定 ... 13
2.1.1 供应链金融 ... 13
2.1.2 商业信用 ... 18
2.2 研究现状 ... 22
2.2.1 供应链金融价值研究 ... 22
2.2.2 商业信用研究 ... 24
2.2.3 供应链运营管理优化研究 ... 28
2.2.4 反向保理研究 ... 30
2.3 研究述评 ... 31
2.3.1 从信用基础角度研究供应链金融 ... 31
2.3.2 从系统整体角度研究供应链金融 ... 34
2.4 本章小结 ... 35

第3章 理论基础 ... 37
3.1 系统论 ... 37
3.1.1 系统的要素 ... 37
3.1.2 系统的连接与结构 ... 38
3.1.3 系统目标 ... 38

3.1.4 系统问题杠杆解 ··· 38
3.2 社会系统动力学 ··· 39
　3.2.1 系统动力学 ··· 39
　3.2.2 社会系统动力学 ··· 40
3.3 供应链金融系统动态特性 ··· 41
　3.3.1 供应链金融动态复杂系统 ··· 41
　3.3.2 供应链金融动态复杂特性 ··· 43
3.4 本章小结 ··· 45

第4章 供应链企业间商业信用资金共享效应 ··· 46
4.1 模型构建 ··· 46
　4.1.1 问题描述和模型假设 ··· 47
　4.1.2 事件时间顺序 ··· 48
　4.1.3 供应链企业间商业信用财务成本模型 ··· 49
4.2 模型分析 ··· 50
　4.2.1 供应链企业间商业信用财务成本 ··· 50
　4.2.2 供应链企业间商业信用营运决策 ··· 51
　4.2.3 供应链企业间商业信用资金共享效应实现条件 ··· 53
4.3 模型讨论 ··· 54
　4.3.1 收款成本对供应链企业间资金共享效应的影响 ··· 54
　4.3.2 供应链金融对企业间资金共享效应的影响 ··· 55
　4.3.3 供应链金融对企业间商业信用期限的影响 ··· 57
4.4 本章小结 ··· 58

第5章 供应链企业间商业信用资金共享效应检验 ··· 60
5.1 研究假设 ··· 60
　5.1.1 商业信用与企业绩效 ··· 60
　5.1.2 商业信用影响因素 ··· 63
　5.1.3 财务柔性中介效应 ··· 65
　5.1.4 收款成本调节效应 ··· 67
5.2 研究设计 ··· 68
　5.2.1 模型设计 ··· 68
　5.2.2 变量选择与测量 ··· 69
　5.2.3 样本选取与数据来源 ··· 71
5.3 实证结果与分析 ··· 71
　5.3.1 描述性统计 ··· 71
　5.3.2 相关分析 ··· 72

	5.3.3 回归分析	73
	5.3.4 内生性检验与稳健性检验	77
5.4	实证结果讨论	78
	5.4.1 商业信用的营运资金共享效应	78
	5.4.2 降低收款成本促进企业间商业信用营运资金共享效应	79
	5.4.3 商业信用期限的决策与影响	80
5.5	本章小结	81

第6章 商业信用资金共享效应对供应链金融收益的影响 83

6.1	供应链金融收益模型构建	84
	6.1.1 问题描述与模型假设	84
	6.1.2 事件时间顺序	84
6.2	参与供应链金融收益分析	86
	6.2.1 财务角度的供应链金融收益分析	86
	6.2.2 运营角度的供应链金融收益分析	90
	6.2.3 供应链金融收益分配权衡	92
6.3	信用期限对供应链金融收益影响数值分析	94
	6.3.1 信用期限对供应商收益的影响	94
	6.3.2 信用期限对核心企业收益的影响	96
	6.3.3 信用期限对供应链整体收益的影响	96
6.4	模型讨论	99
6.5	本章小结	101

第7章 商业信用资金共享效应对供应链金融系统的动态影响 103

7.1	模型构建	103
	7.1.1 供应链金融内在价值	103
	7.1.2 供应链金融市场运行	107
	7.1.3 内在价值和市场运行协同模型	108
7.2	模型检验	110
7.3	模型分析	110
7.4	仿真结果	112
7.5	模型讨论	114
	7.5.1 延长商业信用期限对供应链金融价值的动态影响	115
	7.5.2 延长商业信用期限对供应链金融市场表现的动态影响	116
	7.5.3 系统动态视角下的商业信用期限决策	116
7.6	本章小结	117

第8章 研究结论与展望 ··· 119

8.1 研究结论 ··· 119
8.1.1 供应链金融促进商业信用营运资金共享效应 ··· 119
8.1.2 商业信用期限是供应链共创价值分配的关键因素 ··· 120
8.1.3 商业信用期限在供应链金融系统发展中起杠杆作用 ··· 121

8.2 理论贡献 ··· 123

8.3 管理启示 ··· 124
8.3.1 推进商业信用制度创新 ··· 124
8.3.2 提供供应链金融发展制度支持 ··· 125
8.3.3 将供应链金融主导地位让给企业 ··· 125
8.3.4 保护企业参与供应链金融积极性 ··· 126

8.4 局限与展望 ··· 127
8.4.1 局限 ··· 128
8.4.2 展望 ··· 128

附录 商业信用资金共享效应模型相关证明 ··· 130

参考文献 ··· 137

第1章 引　　言

1.1 研究背景与研究问题

供应链金融是为供应链管理服务的,目的是促进供应链持续稳定发展。供应链持续稳定发展需要供应链金融的支持。在供应链金融发展过程中,一个关键的问题是中小企业参与意愿。中小企业参与意愿取决于其参与供应链金融的实际收益。观察到企业间赊销现象蔓延,供应链金融背景下企业间支付期限不是减少而是增加,本研究以供应链反向保理为切入点,在企业间商业信用活动规律的基础上,探索延长支付期限对中小企业参与意愿的影响及其对供应链共创价值分配、供应链金融系统可持续发展问题的动态影响。

1.1.1 研究背景

（1）赊销赊购及支付货款延期现象突出

近年来我国主要行业企业间赊销赊购、延期支付货款及拖欠货款的现象明显增加。企业应收账款周转率变大,回款压力增大。

对中国企业付款行为的调查显示,赊销是企业交易支付的主要形式,约三分之二的企业提供了信用期限。2011年以来,最低平均信用期限为55天,平均信用期限保持相对稳定,并出现增长趋势,2021年平均信用期限为86天（图1.1）。在提供信用期限的企业中,遭遇逾期付款的企业比例增加,逾期付款的天数增加。遭遇超长期逾期付款（超过180天）金额在年营业额中占比超过2%的企业数量从2017年的47%增长到2021年的64%。根据经验,80%的超长期逾期付款无法追回。超长期逾期付款金额在年营业额中占比超过2%,会对企业现金流构成风险。受访者表示逾期的主要原因是客户的财务困难。带来财务困难的原因主要是市场竞争激烈、缺乏融资渠道、需求下降及劳动力成本上涨等[1]。各行业的逾期情况有所不同,逾期付款的原因及影响引起了业界和理论界的普遍关注。

根据国家统计局数据,2017年年底全国工业类企业应收账款余额13.48万亿元。2018年年底全国工业类企业应收账款余额为14.34万亿元,同比增长6.3%。2019年年底全国应收票据和应收账款余额合计为17.4万亿元。应收账款占流动资产总额的比例也在增长,2019年该比例接近30%,如图1.2。整体上,全国工业类企业应收账款总规模及其占流动资产比例呈上升趋势。

图 1.1　中国企业平均信用期限变化　单位:(天)
资料来源:http://www.coface.com.cn

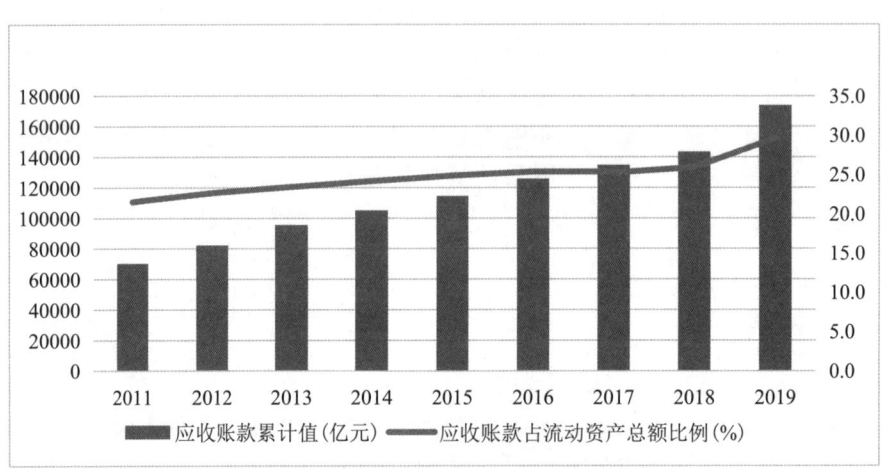

图 1.2　中国企业应收账款总额变化趋势
资料来源:根据中国国家统计局数据整理

(2)政策支持供应链金融,供应链金融业务发展迅速

中国政策一直将促进供应链金融发展作为促进实体经济的有效途径,连续出台多项法规和政策推动供应链金融发展。其中,多份文件重点关注应收账款融资和企业间支付行为,见表1.1。

表 1.1　我国供应链金融相关政策汇总

实施时间	政策名称	主要内容
2014 年 9 月	《物流业发展中长期规划(2014—2020 年)》	鼓励传统运输、仓储企业向供应链上下游延伸服务,建设第三方供应链管理平台,为制造业企业提供供应链计划、采购物流、入厂物流、交付物流、回收物流、供应链金融以及信息追溯等集成服务。
2015 年 5 月	《关于大力发展电子商务加快培育经济新动力的意见》	鼓励商业银行、商业保理机构、电子商务企业开展供应链金融、商业保理服务,进一步拓展电子商务企业融资渠道。

续表

实施时间	政策名称	主要内容
2015年9月	《关于推进线上线下互动加快商贸流通创新发展转型升级的意见》	支持金融机构和互联网企业依法合规创新金融产品和服务,加快发展互联网支付、移动支付、跨境支付、股权众筹融资、供应链金融等互联网金融业务。
2015年11月	《关于贯彻落实〈国务院关于积极推进"互联网+"行动的指导意见〉的行动计划(2015—2018年)》	探索供应链金融、电子商务信用融资等小微企业融资新模式和新渠道。
2016年2月	《关于金融支持工业稳增长调结构增效益的若干意见》	"大力发展应收账款融资","推动更多供应链加入应收账款质押融资服务平台,帮助中小企业供应商融资"。
2017年3月	《关于金融支持制造强国建设的指导意见》	鼓励金融机构依托制造业产业链核心企业,积极开展仓单质押贷款、应收账款质押贷款、票据贴现、保理、国际国内信用证等各种形式的产业链金融业务。
2017年4月	《小微企业应收账款融资专项行动方案(2017—2019)》	推动供应链核心企业支持小微企业应收账款融资,引导金融机构和其他融资服务机构扩大应收账款融资业务规模,构建供应链上下游企业互信互惠、协同发展生态环境,优化商业信用环境,促进金融与实体经济良好互动发展。
2017年8月	《关于进一步推进物流降本增效促进实体经济发展的意见》	鼓励银行业金融机构开发支持物流业发展的供应链金融产品和融资服务方案,通过完善供应链信息系统研发,实现对供应链上下游客户的内外部信用评级、综合金融服务、系统性风险管理等。
2017年10月	国务院办公厅印发《关于积极推进供应链创新与应用的指导意见》	推动全国和地方信用信息共享平台、商业银行、供应链核心企业等开放共享信息。鼓励商业银行、供应链核心企业等建立供应链金融服务平台,为供应链上下游中小微企业提供高效便捷的融资渠道。
2018年4月	《关于开展供应链创新与应用的指导意见》	鼓励商业银行、供应链核心企业等建立供应链金融服务平台,为供应链上下游中小微企业提供高效便捷融资渠道。
2019年2月	《关于加强金融服务民营企业的若干意见》	商业银行要依托产业链核心企业信用、真实交易背景和物流、信息流、资金流闭环,为上下流企业提供无需抵押担保的订单融资、应收应付账款融资。
2019年4月	《关于促进中小企业健康发展的指导意见》	除落实普惠金融定向降准政策以及发展债券产品外,还特别鼓励企业依托应收账款、供应链金融、特许经营权等渠道进行融资。
2019年7月	《中国银保监会办公厅关于推动供应链金融服务实体经济的指导意见》	银行保险机构应依托核心企业、基于核心企业与上下游链条企业间的真实交易,整合物流、信息流、资金流等各类信息,为供应链上下游链条企业提供融资、结算、现金管理等一揽子综合金融服务。
2019年9月	《及时支付中小企业款项管理办法》征求意见稿	大型企业被市场监管部门认定为滥用市场地位恶意延迟支付中小企业款项,将作为大型企业失信信息纳入全国信用信息共享平台。

续表

实施时间	政策名称	主要内容
2020年6月	《关于进一步强化中小微企业金融服务的指导意见》	支持中小微企业开展供应链金融服务。支持产融合作,推动全产业链金融服务,鼓励发展订单、仓单、存货、应收账款融资等供应链金融产品,发挥应收账款融资服务平台作用。
2020年1月	《中国银保监会关于推动银行业和保险业高质量发展的指导意见》	积极稳妥发展供应链金融服务。探索金融科技在客户信用评价、授信准入、风险管理等环节的应用,有效提升金融服务覆盖面。在风险可控的前提下,发展民营企业和小微企业贷款保证保险。
2020年1月	《关于完善外贸金融服务的指导意见》	鼓励银行在审慎评估应收账款真实性和稳定性、有效把控应收账款常态余额水平的前提下,开展外贸应收账款融资及相关业务创新,实现授信、放款、还款的灵活安排,适应外贸"单多量小、周转较快"的特点。
2020年9月	《关于规范发展供应链金融支持供应链产业链稳定循环和优化升级的意见》	供应链大型企业应严格支付纪律和账款确权,不得挤占中小微企业利益。

注:作者整理。

在上述文件中2016年年初中国人民银行联合八部委印发的《关于金融支持工业稳增长调结构增效益的若干意见》,明确大力发展应收账款融资,要推动更多供应链加入应收账款质押融资服务平台,帮助中小企业供应商融资。同年6月,中国人民银行征信中心组织建设中征动产融资登记服务公司运营的应收账款融资服务平台。2017年《小微企业应收账款融资专项行动方案》,推动供应链核心企业支持小微企业应收账款融资,引导金融机构和其他融资服务机构扩大应收账款融资业务规模,构建供应链上下游企业互信互惠、协同发展生态环境,优化商业信用环境,促进金融与实体经济良好互动发展。同年10月,国务院办公厅印发的《关于积极推进供应链创新与应用的指导意见》,指出供应链创新与应用的重要任务之一就是积极稳妥发展供应链金融。推动全国和地方信用信息共享平台、商业银行、供应链核心企业等开放共享信息。鼓励供应链核心企业、金融机构与人民银行征信中心建设的应收账款融资服务平台对接,发展线上应收账款融资等供应链金融模式。这些政策一方面为供应链金融发展提供了有力政策支持,另一方面为供应链金融业务发展指明了方向。

针对中小企业被拖欠账款的问题,2019年9月工信部提出大型企业被市场监管部门认定为滥用市场地位恶意延迟支付中小企业款项,将作为大型企业失信信息纳入全国信用信息共享平台。2020年9月在《关于规范发展供应链金融支持供应链产业链稳定循环和优化升级的意见》中指出供应链大型企业应严格支付纪律和账款确权,不得挤占中小微企业利益。这些规定为供应链金融发展扫除障碍,有力地推动了供应链金融发展。

(3) 供应链金融发展存在瓶颈

中国供应链金融市场规模呈现逐年上升趋势。除传统银行在线供应链产品外,基于电子商务平台、基于第三方支付、基于第三方协同平台、基于大数据等各种供应链金融模式层出不穷(宋华,2017)[2]。

2020年年初,清华大学发布区块链与供应链金融最新报告,展望了区块链供应链金融发展前景[3]。尽管区块链技术将帮助解决供应链金融信息溯源问题,以核心企业优质信用为基础的供应链金融长期内还将占重要地位。

从理论上看,以核心企业优质信用为基础的供应链金融有助于解决为中小企业融资问题,也有利于金融服务实体经济。但在实际运行过程中,还存在一些困难和阻碍。对于以应收账款为依托的商业保理、反向保理等虽然理论上有很大空间,实际运行并不理想。随着供应链金融的发展,供应链主体参与供应链金融的期望是一个关键的地方。如果供应链主体不愿意参与供应链金融,则供应链金融基础建设方面的巨大投入可能变得无效。在《中国银行家调查报告(2018)》中,银行家们普遍认为供应链金融处于发展的初级阶段[4]。供应链金融模式的瓶颈与局限也是业界关注的首要问题。探索和掌握供应链金融发展规律才能促进供应链金融的健康发展。

1.1.2 研究问题

商业信用是一种企业间货物和服务交易形式,常见的形式是卖方允许买方在收到货物或服务时延长一定期限再支付货款,而无须立刻支付现款。要求商业信用原因往往是买方暂时缺乏现金。实践中发现现金充裕的大买家要求供应商提供商业信用。此外,还有两个重要现象:第一,除了商业信用允许的支付期限外,买方经常超出支付期限。数据表明,世界上不同国家和地区都存在着大企业拖欠货款的现象。英国大企业平均超出支付期限20天,食品零售业甚至超出支付期限30天。美国及欧洲其他国家也有相应的情况。从英国政府文件来看,中小企业被拖欠的货款超过263亿英镑。据估计,这些拖欠货款会给英国供应商带来80亿英镑的资金成本及难以计量的追偿货款的时间成本(MING H,2018)[5]。政策制定者将拖欠货款的现象归结于大买家滥用市场地位并极力谴责这种现象。为了通过公众谴责的方式来减少拖欠货款的行为,英国政府要求大企业公布应付账款计划及绩效,然而收效甚微。研究者发现,虽然滥用市场地位可能是拖欠货款的一个原因,但这似乎不是一种有效利用其主导地位的方式:买方比供应商有更低的融资成本,完全可以用其议价力要求更低的价格而不是拖欠货款。因此延长信用期限对买方核心企业而言究竟有何收益,是本研究关注的重点。

第二,核心企业不愿意参与传统供应链金融。传统供应链金融,借用供应链上核心企业的优质信用给中小企业提供借贷,有利于解决中小企业融资问题,也有利于金融机构开拓市场,但从核心企业的角度,核心企业必须承担贷款违约的追偿责任。核心企业大多不愿意参与供应链金融。而实践发现越来越多的买家愿意参与反向保理。2019年全球供应链金融市场规模达2万亿美元,其中反向保理4000亿美元,占供应链金融市场规模的20%。那么反向保理相对传统供应链金融优势何在?反向保理可以使供应商在票据到期之前以折扣的方式获得现金,这种方式可以帮助缓解中小企业融资困难问题,但这同样存在矛盾:如果买家打算提前支付的话,为什么不直接缩短商业信用期限,而要给供应商提供提前支付的选择权?

本研究主要有以下三个研究问题:

(1) 核心企业参与供应链金融的动机何在?

本书将研究重点集中在供应链应收账款融资模式。应收账款融资作为供应链金融的一种特殊形式，其发展既有供应链金融的一般规律，也有应收账款的特殊规律。在理论支持、国家政策支持的情况下，为什么供应链金融前景看好实际运行不理想？为什么赊销赊购、延期支付现象不减反增？

供应链金融发展过程中利益分配不均是比较明显的问题。以国内供应链金融发展为例，实践发现核心企业不愿意参与供应链金融业务，其本质原因就是收益与风险不对等。在供应链金融模式下，供应链上下游企业是资金受益者；银行直接收益是中小企业的贷款利息，间接收益是减少对中小企业信贷前尽职调查成本。由于核心企业的担保，银行和融资企业的风险得到降低，但是核心企业的风险提高。当融资企业出现无法还款情况时，由银行直接向核心企业追讨相应款项。这种情况下核心企业不愿意参与供应链金融业务。

目前国内供应链金融实践的特点主要是围绕优质核心企业为其上下游企业提供整合金融服务。供应链上下游中小企业的风险较高，如果没有核心企业的配合，供应链金融很难实现。针对核心企业的应收账款融资业务被认为是优质资产，也是各大银行开展应收融资业务的重点。核心企业以自己的优质信用支持供应链上企业融资，也扩展了金融机构的业务，但核心企业的收益何在？如果不能明确核心企业收益，则以核心企业信用为依托的应收账款融资模式难以持续。

本研究试图解释的第一个问题是核心企业参与供应链金融的动机何在？怎么才能促使核心企业主动参与供应链金融？本研究第4章对此进行回答。现有文献强调供应链金融降低企业财务成本的直接收益，而较少关注供应链金融与企业商业活动基础的关系。本研究关注资金受约束的中小供应商对资金充裕的大企业提供商业信用的现象，在此基础上提出商业信用价值的新认识。商业信用的价值在于允许买方利用卖方的现金来缓和流动性危机，从而减少买方的财务成本。供应链金融反向保理对买方核心企业的作用是促进其供应商提供商业信用，使其低成本享用供应商运营资金。

(2) 供应链金融解决中小企业资金难问题的瓶颈何在？

信息经济学已经解释中小企业融资难的本质原因在于信贷配给。由于信息不对称，金融机构为了避免道德风险和逆向选择，对中小企业进行信贷配给。即使企业愿意付再高的利息，也贷不到款项。

供应链金融借助核心企业优质信用缓解信息不对称。由于核心企业对中小企业的信息优势，银行愿意在核心企业信用基础上对中小企业进行贷款。这种供应链金融风险控制模式明确，被认为是解决中小企业融资难问题的有效手段。

事实上，供应链金融并不是中小企业融资难问题的唯一解决方案。中小企业资金需求缺口问题在全世界范围内普遍存在。世界各国对中小企业融资问题的解决方案是不同的。意大利中小企业更多依赖股权融资和未来现金流。英国政府为了解决中小企业融资问题，介入了长期贷款担保和信用计划，同时支持风险基金提供股权融资。日本采用家乡投资信托基金等。国内也有多种方法应对中小企业融资难问题。供应链金融反向保理模式潜在的信用期限延长是影响中小企业选择供应链金融方式的原因之一。

中国结合国情提出金融供给侧改革，应收账款融资方案是系统解决中小企业融资问题的有效方案。这个方案有效持续运行的关键是什么？中小企业参与供应链金融收益是明显的，但其付出的成本是什么？以上是本研究解释的第二个问题。

(3) 为什么企业间商业信用期限呈增长趋势？

企业交易付款有交易时付款、分期付款、约定时间付款三种情况。资料显示约定时间付款在企业交易付款形式中占比较大。中国中小企业约定付款账期一般在 70 天左右，近年来约定付款账期在 120 天以上的比例增加。从行业来看，能源行业账期最长，农业账期较短，整体上超过约定付款时间付款的逾期现象有增加趋势（宋华，2019）[6]。

赊销导致企业的支出和收入发生在不同时刻，企业产生了资金上的缺口。为了解决资金缺口问题，传统供应链企业多采用良好支付条件或物流管理手段。主要有三种不同形式：一是单方面延长支付；二是早期支付折扣计划；三是利用物流管理手段提高供应链运行效率，减少资金占压。交易方式的选择往往取决于买卖双方力量的对比（HOFMANN E，2005）[7]。

供应链金融反向保理模式本意是支持核心企业延长支付期限而不影响供应商现金流，但现实却观察到核心企业进一步延长支付期限。约定时间付款是一种商业信用活动。商业信用有古老历史，即使在银行信用高度发达的今天，商业信用依然存在。对商业信用的存在及作用已有各种理论解释。应收账款是由于企业间商业信用引起的，那么支付期限延长的问题及应收账款融资供应链金融方案的发展应回到商业信用这一本质问题上去寻找答案。

为什么核心企业资金充足却要占用商业信用？为什么中小企业资金紧张却提供商业信用？现有文献对单个企业主体商业信用活动做出解释，但少有对商业信用活动的供应链整体解释。

1.2 研究目标与研究意义

1.2.1 研究目标

本研究从三个方面探索上述问题：从供应链管理角度看供应链金融；从供应链管理角度看企业商业信用活动；在企业商业信用活动规律基础上讨论供应链金融发展。

(1) 从供应链管理角度看供应链金融。从企业运营和供应链运作本质来看，供应链金融不是表面的融资行为，而是一种通过金融手段优化供应链和现金流的管理工具。这个工具运用得当，可以促进供应链运营，提高产业运行效率，最终提高产业整体竞争力。供应链金融是供应链管理的手段，是实现供应链管理目标的工具。从这个角度看，核心企业为什么要参与供应链金融取决于其供应链管理的目标。

(2) 从供应链管理角度看企业间商业信用活动。主流财务理论往往从单一企业运营角度看待商业信用管理，而较少从供应链管理角度看企业商业信用活动。从单一企业角度，供应商可能为了促销而提供商业信用，核心企业凭借其市场地位尽可能早收款晚付款，通过商业信用管理实现财务收益最大。然而，站在企业各自角度做出的最优决策往往不是供应链整体的最优决策。

(3) 在企业商业信用活动规律基础上讨论供应链金融发展。供应链是由企业构成的组织。供应链组织的目标是实现供应链整体利益最大化。在企业商业信用活动规律基础上讨论供应链金融发展，有利于商业信用和供应链金融有机统一，并为两者协调发展提供依据。

综上,本研究总体目标是系统看待供应链金融应收账款融资方案与商业信用的复杂关系,从供应链整体利益最大化角度为供应链各主体商业信用活动和供应链金融参与决策提供理论指引和决策依据。

具体研究目标如下:

第一,构建模型解释供应链企业间商业信用决策机理。构建以核心企业为主导的买方供应链模型,从供应链整体角度解释商业信用的效率及实现商业信用效率的前提条件,探索延期支付现象增长的内在规律。

第二,收集数据检验商业信用决策机理。在商业信用决策机理基础上,结合经验数据对供应链企业间延期支付的动机与影响因素进行实证检验。

第三,依据模型结果解释商业信用期限延长现象,解释供应链金融对商业信用期限决策的影响及商业信用期限延长的内在规律。

第四,构建模型解释供应链金融收益分配影响因素,从静态角度分析延长商业信用期限对供应链金融收益分配的影响及延长商业信用期限与其他因素的交互影响。

第五,结合系统动力学理论构建供应链金融发展因果回路图,分析延长商业信用期限与供应链金融发展动态复杂关系,运用计算机仿真方法展示延长商业信用期限对供应链金融发展的系统影响。

1.2.2 研究意义

(1) 理论意义

本研究的理论意义在于倡导整体利益最大化的供应链金融。财务目的不是供应链金融的首要目的,维护供应链稳定才是供应链金融的首要目的。本研究讨论供应链金融反向保理模式的价值,指出供应链金融的目标并不仅仅是解决中小企业融资难,也不是核心企业利益最大化或者是金融机构利益最大化。供应链金融的目标是供应链整体利益最大化。整体利益最大化意味着强调供应链金融生态圈,强调生态圈内各主体的互惠共赢、协同共生。本研究有助于在供应链整体利益最大化目标下指导供应链各主体商业信用活动,及为供应链整体利益最大化目标指导下企业商业信用期限决策提供理论依据。

(2) 实践意义

本研究的实践意义在于对供应链金融反向保理模式进行系统思考,有利于找到驱动供应链金融应收账款融资业务发展的成长引擎和杠杆解,为解决供应链金融系统持续发展问题提供依据。本研究有利于引导供应链主体有效使用供应链金融工具,避免强制性政策对企业主体行为的干扰,有利于为供应链金融定价、供应链金融市场细分及确定目标市场提供依据;对供应链金融中商业信用期限合同设计有指导意义。

1.3 研究思路与研究方法

1.3.1 研究思路

本书研究供应链金融中以核心企业为主导的反向保理模式。根据社会系统动力学观点,分析问题要由事件出发,分析系统的结构与行为模式的关系,以采取成功的政策和策略,调整系统结构,干预和控制系统,改善系统行为模式,避免坏的事件发生。本书从企业间延长信用期限的事件着手,研究产生应收账款的企业间商业信用模式,避免强制政策干预破坏企业间商业信用活动,同时指出延长信用期限对供应链金融发展的杠杆效应,避免核心企业的短期行为影响供应链金融的发展。具体研究思路如下:

本书研究供应链金融问题的边界是供应链上主体的商业信用收益对供应链金融反向保理模式发展的影响。将供应链上的供应商、核心企业及金融机构视为一个整体,本书研究因商业信用而产生的企业间的应收账款的作用及供应链金融应收账款融资业务带来的动态复杂影响。

将供应链系统视为两部分。一部分是因商业信用带来的收益,另一部分是因供应链金融带来的收益。两者均在中小企业和核心企业之间共享。中小企业提供商业信用促进销售,核心企业使用商业信用获取资金收益。供应链金融反向保理模式有利于核心企业使用供应商的商业信用而不影响供应商的现金流。但存在一个反面:核心企业利用自己的强势地位进一步延长商业信用期限。核心企业进一步延长信用期限可能破坏这一系统,最终导致坏的结果。

供应链企业间的融资关系是由企业间商业信用产生的。对企业间商业信用有各种看似矛盾的解释。本研究提出供应链共享资金假说,解释供应链商业信用的价值,并认为商业信用产生共享资金价值的条件是应收账款收款成本低。首先构建模型解释供应链共享资金假说,其次对供应链资金假说进行实证。

在供应链资金共享假说成立的情况下,企业间商业信用有利于供应链资金共享,其前提是应收账款收款成本低。供应链金融反向保理模式有利于降低收款成本,有利于促进资金共享效应。由此带来进一步的问题:核心企业倾向于进一步延长信用期限来获取更多的资金共享效应,这是中小供应商所不愿意的。因此涉及供应链金融所产生的收益如何分配。显然,进一步延长信用期限,核心企业收益越多,而供应商收益越少。接下来对供应链金融所产生的收益及约束进行分析。将供应链金融收益分解为财务收益和运营收益两方面。通过构建模型和算例分析,分析延长信用期限对供应链金融收益分配的影响,供应链各主体收益表现不同,中小企业侧重财务收益,核心企业侧重运营收益。核心企业延长信用期限占用供应商财务收益,影响中小企业参与意愿。

最后将上述商业信用共享收益和供应链金融收益共享进行系统动态分析。供应链金融市场的发展取决于中小企业和核心企业的参与意愿。强制政策干预破坏核心企业供应链金融参与意愿,而延长信用期限影响中小企业供应链金融参与意愿。通过模型仿真展示信用期限变化对整个供应链金融带来的系统动态影响,最终得到对企业参与供应链金融的决策启示。

1.3.2 研究方法

采取理论分析与实证分析相结合、实证分析与规范分析相结合、静态分析与动态分析相结合的方法。用构建供应链运营资金共享效应理论模型,结合中国企业数据对供应链运营资金共享效应进行实证检验;运用数理模型分析商业信用期限对供应链金融收益分配的影响,运用数值法进行算例分析;在商业信用营运资金共享效应及商业信用对供应链收益分配静态影响的基础上,进行系统动力研究,探寻商业信用期限对供应链金融系统发展的影响,找出解决供应链金融系统发展瓶颈的杠杆解。

技术路线图如下:

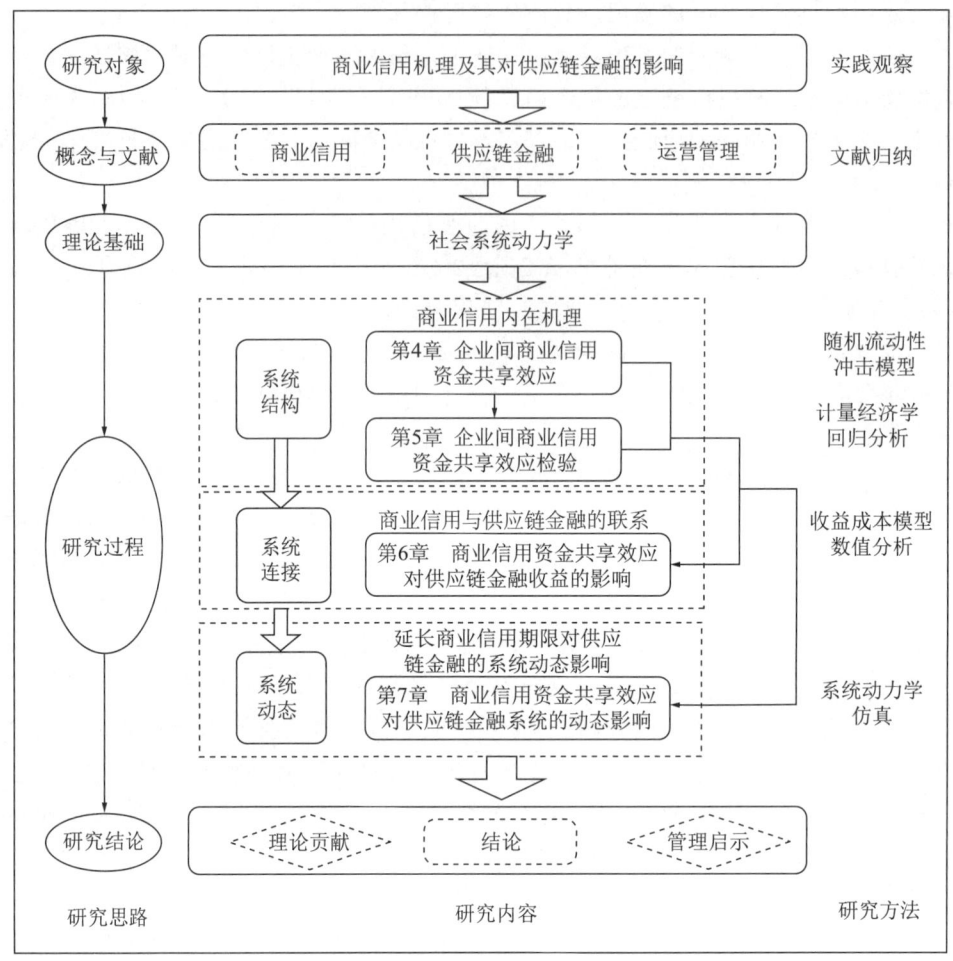

图1.3 研究技术路线

1.4 研究内容

根据以上思路,本研究内容安排如下:

第1章 引言。陈述本书的研究背景与研究问题、研究目标与研究意义、研究思路与研究方法、研究内容与研究创新点等。

第2章 概念界定与文献综述。解释并界定文章涉及的基础概念,从供应链管理到供应链金融、再到供应链金融中的应收账款融资,最后聚焦到应收账款融资中的反向保理及产生应收账款的商业信用基础。从供应链金融价值研究、商业信用研究、供应链运营管理优化研究、反向保理研究四个角度进行文献综述。

第3章 理论基础。在系统论、社会系统动力学基础上分析供应链金融系统动态特性，构建供应链金融系统动态研究的理论基础。将供应链上的供应商、核心企业及金融机构视为一个整体，研究因商业信用而产生的企业间应收账款的作用及供应链金融应收账款融资业务带来的动态复杂影响。

第4章 供应链企业间商业信用资金共享效应。综合商业信用融资动机和运营动机，提出供应链企业间商业信用资金共享效应，通过理论模型，解释商业信用交易模式的收益及成本及企业使用商业信用交易模式的条件。解释核心企业延长信用期限的动机和成效，揭示供应链金融发展系统中信用期限因素的变化机理。

第5章 供应链企业间商业信用资金共享效应检验。结合中国企业数据进行商业信用资金共享效应实证检验。在假设检验基础上，供应链金融反向保理模式能有效降低商业信用成本，是提高商业信用效率的有效工具。在供应链商业信用营运资金共享效应假设成立情况下，核心企业利用供应链金融进一步延长信用期限。第4章和第5章解释核心企业通过参与供应链金融扩展商业信用收益。

第6章 商业信用资金共享效应对供应链金融收益的影响。从财务和运营两个角度测量供应链金融收益。分析表明商业信用资金共享效应促使核心企业延长支付期限。在商业信用资金共享效应影响下，核心企业有动机进一步延长信用期限。核心企业延长支付期限不影响供应链金融的价值，但影响供应链收益分配。核心企业要求的商业信用期限越长，供应商愿意接受的供应链金融合约价格越低。在同一价格条件下，核心企业要求延长商业信用期限，降低供应商对供应链金融的参与意愿。

第7章 商业信用资金共享效应对供应链金融系统的动态影响。在商业信用资金共享效应对供应链金融收益影响的基础上构建系统动态模型，画出供应链金融发展的因果回路图和流量存量图。研究表明，一方面商业信用资金共享效应促进供应链金融系统发展；另一方面商业信用资金共享效应带来的延长信用期限阻碍供应链金融系统发展。通过仿真展示核心企业不同信用模式对供应链金融发展的系统动态影响。本章结论表明供应链金融系统发展的动力是互惠共赢。

最后，第8章基于上述研究，提出研究结论、理论贡献及管理启示。

1.5 研究创新点

（1）构建商业信用营运资金共享效应模型，揭示核心企业要求延长信用期限的内在规律。

现有商业信用研究主要关注资金相对充裕的大企业向资金困难的中小企业提供商业信用融资的商业信用传递渠道。有部分文献注意到资金困难的中小企业向大企业提供商业信用的现象，但多将其归因于强势企业滥用市场地位，而较少关注其行为的合理性。本研究构建商业信用的运营资金共享效应模型，将商业信用视为企业应对流动性危机的财务柔性储备。供应商将其闲置的为应对流动性危机所储备的资金以商业信用形式提供给核心企业，核心企业通过运营管理实现短融长投，进而提高供应链整体资金效率。相比简单地指责而言，本理论研究揭示了中小企业向核心企业提供商业信用的合理性。同时，本研究理论模型指出商业信用效率的关键是收款成本。供应链金融反向保理有助于降低收款成本，从而有助于企业间运营资金共享效应的发挥。本研究深化了商业信用理论,也构建了商业信用与供应链金融之间的理论联系。

(2) 构建供应链金融收益分配模型,揭示信用期限对供应链金融收益分配的影响。

现有研究多关注供应链金融在解决中小企业融资难问题方面的价值,较少关注到供应链金融对核心企业的价值。本研究在供应链企业间运营资金共享效应的基础上,揭示核心企业使用商业信用的动机及其在供应链金融下延长信用期限的必然性。同时构建供应链金融收益分配模型,解释信用期限对供应链金融收益分配的影响。研究显示,供应链金融是解决中小企业融资的有效方案,但是好的出发点可能带来新的问题。信用期限是影响供应链金融收益分配的关键因素。虽然供应链金融有利于缓解中小企业融资难问题,但商业信用期限的延长吞噬了中小企业参与供应链金融的收益。延长信用期限违背供应链金融促进实体经济发展的初衷。

(3) 构建商业信用资金共享效应对供应链金融系统动态影响模型,揭示延长信用期限对供应链金融可持续发展的动态影响。

现有研究多从金融机构、核心企业或中小企业单个主体角度考虑供应链金融问题。本研究将企业微观财务管理活动与金融市场运行结合起来,跳出单个企业主体,从供应链整体层面讨论供应链资金流问题。传统财务管理认为尽量早收款晚付款以减少资金成本,在整体观视角下并非如此。

现有研究指出供应链金融所包含的朴素系统思想,但很少关注到供应链金融带来的进一步问题,也较少运用系统方法对其进行定量解释,本研究将企业商业信用活动视为供应链金融系统输入变量,研究商业信用期限变化带来的系统输出变化,拓展供应链金融系统动力研究。根据系统动力学理论,本研究指出核心企业延长信用期限产生了供应链金融系统发展的障碍,消除这一障碍有利于供应链金融系统持续发展。

第 2 章 概念界定与文献综述

2.1 概念界定

2.1.1 供应链金融

2.1.1.1 供应链管理视角下的供应链金融

供应链金融（Supply Chain Finance，简称 SCF）最初概念是由 Stemmler L 提出的。Stemmler L(2002)提出供应链金融是一种供应链管理方案[8]。供应链金融的产生是为了应对全球化带来的产业组织演化趋势。在全球化经济背景下，供应链上核心企业利用不同企业、不同国家之间的比较优势构筑供应链。纵向一体化组织形式逐渐被供应链替代，供应链发展成为国际产业组织主流模式。在这种模式下，大企业专注于技术创新、品牌、客户管理，把附加值较少的生产、流通、销售等环节外包给中小企业。中小企业以专有技术、特殊技能等加入大企业主导的供应链节点中，形成稳定交易和利益共享的产业链体系。然而供应链上大企业和小企业实力不同，经济金融欠发达国家和地区的中小企业资金实力薄弱，导致中小企业成本上的比较优势难以发挥。为了整条供应链的稳定和发展，核心企业有动力帮助供应链上中小企业解决资金问题，由此产生最早的供应链金融。

供应链是围绕核心企业，从配套零件开始，制成中间产品以及最终产品，最后由销售网络把产品送到消费者手中的，将供应商、制造商、分销商直到最终用户连成一个整体的功能网链结构。其中，在供应链中主导协调运营、约束上下游企业，以及提升公司之间整体服务的企业是核心企业。向核心企业提供原材料、设备、能源、劳务等的企业是供应商。

供应链管理是对整个供应链系统进行计划、协调、操作、控制和优化的各种活动和过程。供应链管理以现代信息技术为支撑，以合作为核心，把供应链上供应商、制造商、分销商、客户集成起来作为一个不可分割的整体，从而增加整个供应链的效率和效益。实现效率最大化、利益最大化是供应链管理的核心目标。

一条完整的供应链包括物流、商流、信息流和资金流。四个流程有不同的功能和不同的流通方向。资金流是供应链上货币的流通，该流程的方向是由零售商、批发与物流、厂商指向供应商的。确保供应商及时回收资金，才能保障企业正常运作，进而保障供应链持续运转。供应链上的资金管理可以将供应商、核心企业及相关角色连接在一起，让资金在供应链中实现优化，进而达到一种共赢的状态。

HOFMANN，E(2005)提出供应链金融的框架，将融资渠道视角拓展到所有者、政府及企业内部融资,将金融资源的使用加入供应链金融范围,从资产结构视角、供应链功能和供应链任务等视角多方面考察供应链金融问题[7]。

PFOHL H and GOMM M(2009)提出供应链金融的普遍定义和基本要素[9]。供应链金融是公司间融资优化。通过与客户、供应商和金融服务提供商整合融资流程,提高所有参与公司的价值。供应链金融的基本要素包括供应链金融主体、目标和杠杆,即什么人以什么条款对供应链上什么资产进行融资。PFOHL H and GOMM M(2009)指出供应链金融方案主体可以是买方、卖方及金融机构;资产可以是企业长期资产,也可以是企业短期资产。供应链金融条款包括融资资产、融资时间、融资利率三个维度[9]。

实际业务中,供应链金融有多种模式。一般从银行、核心企业、交易平台三个不同视角进行划分。不同视角下供应链金融侧重点不同,对信息的利用与控制模式也不同(表2.1)。

表2.1 不同视角下的供应链金融

视角	概念	内容
银行视角	以核心企业为依托,将供应链核心企业及其上下游企业视为一个整体,在保证真实贸易为前提条件下,运用自偿性贸易融资方式,采用应收账款质押、货权质押等手段封闭供应链资金流或控制物权,为供应链上下游企业提供综合性金融产品和服务的供应链金融方式(胡跃飞、黄少卿,2009)[10]。	商业银行是供应链金融主导者。 关注重点是如何利用核心企业信用对风险较高中小企业贷款问题进行信息控制。
核心企业视角	在核心企业主导的企业生态圈中,通过对供应链内信息流进行归集、整合、打包和利用的过程中,嵌入成本分析、成本管理和各种融资手段,对资金可得性和成本进行系统性优化的过程(LAMOUREUX,2007)[11]。	核心企业是主动参与供应链金融的,其发起供应链金融的动机是对资金可得性和供应链成本进行系统优化。 供应链金融是核心企业管理供应链的工具和手段。
电子交易平台视角	供应链金融核心是关注嵌入供应链的融资和结算成本,构造供应链成本流程优化方案。供应链融资解决方案由提供贸易融资的金融机构、核心企业自身及将贸易双方和金融机构之间的信息有效连接的技术平台提供商组合而成(HOFMANN E,2011)[12]。	关注供应链金融方案电子交易平台的实现及平台上资金供给方和需求方之间的利益博弈及分配问题。 技术平台的作用是实时提供供应链活动中能够触发融资的信息按钮。

资料来源:作者整理

国内早期关于供应链金融视角主要是银行视角。金融机构围绕核心企业,管理上下游中小企业的资金流和物流,把对单个中小企业不可控风险转变为供应链企业整体可控风险,通过供应链产生的信息,将中小企业贷款风险控制在最低的金融服务。以深圳发展银行为代表的金融提供商将供应链金融概括为"M+1+N",即依托核心企业"1",为其众多的供应商"M"和众多的分销商或客户"N"提供金融服务。

依托于产业供应链核心企业,对供应链上下游配套企业提供全面金融服务,促进供应链上核心企业及上下游配套企业产供销链条稳定且流畅,从而达到降低整个供应链运作成本的目的。通过金融资本与实业经济的协作,构筑金融机构、企业和供应链互利共存、持续发展的产业生态。从这个视角看,供应链金融是一种商业融资模式。

在核心企业视角中,核心企业是主动参与供应链金融的,其发起供应链金融的动机是对资金可得性和供应链成本进行系统优化。TIMME(2000)指出,供应链管理为改善财务绩效提供了机会[13]。这意味着企业可以通过供应链管理提高财务绩效。供应链金融是核心企业管理供应链的工具和手段。实力强大的核心企业常常通过延迟支付或加快分销转移库存来达到自己的财务目的。从这个视角看,供应链金融是一种财务供应链管理模式(LIEBL J,HARTMANN E,FEISEL E,2016)[14]。

平台视角的供应链金融是供应链金融发展的长期趋势。区块链技术的发展为供应链金融信息提供技术保证。

综上,本研究对供应链金融的定义是,供应链核心企业和供应商联合金融机构,以实现供应链整体利益最大化为目的,通过整合供应链融资流程,优化现金周转期,互相平衡优势和劣势,最终使所有参与者都获益的供应链协同发展方案。

2.1.1.2 供应链金融中的应收账款融资

供应链金融框架中应收账款融资的位置如图2.1所示。

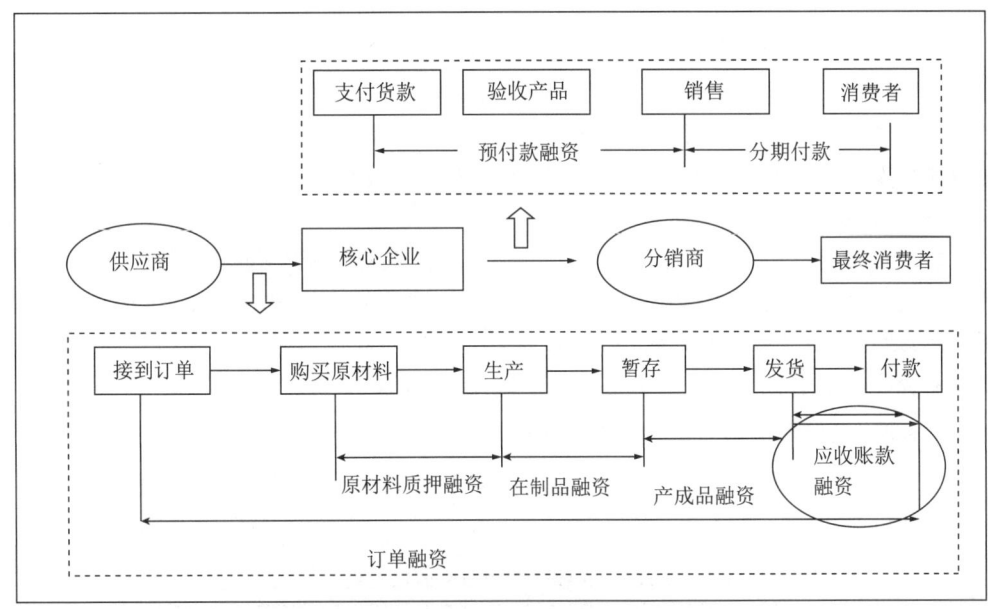

图2.1 供应链金融框架中的应收账款融资

按照融资所需资产的不同,供应链金融模式可以分为应收账款融资模式、融通仓融资模式以及保兑仓融资模式(张睿,2013)[15]。这三种融资模式依据的资产分别是应收账款等应收类资产、存货以及预付账款等预付账款资产。三种模式区别如表2.2。

表2.2 供应链金融模式——按融资资产划分

	对应资产	特点
应收账款融资模式	应收账款等应收类资产	核心企业在应收账款融资模式中,主要参与作用体现在承诺到期付款,借助核心企业良好资信,使应收账款作为授信资产支持,更具有自偿性保障,减少整个供应链融资模式中的风险障碍

续表

	对应资产	特点
融通仓融资模式	存货	该模式下金融提供商与核心企业签订回购协议,协议约定当融资企业逾期无法偿还剩余货款时,由核心企业回购未解除质押的剩余存货,回购款项优先用于偿还剩余货款。
保兑仓融资模式	预付账款等预付账款资产	该模式是存货融资的进一步发展,是指企业(买方)在交纳一定比例保证金的前提下从银行取得授信,向卖方支付全额货款;卖方按照购销合同及合作协议书的约定发运货物,货物到达后设定抵质押,作为银行授信的担保。

应收账款融资常被视为银行供应链金融的一种业务。银行供应链金融业务有应收账款融资质押和应收账款保理两种实现方法。应收账款融资质押是融资企业以对核心企业的应收账款作为贷款质押物,从供应链核心企业处获得付款,再到贷款的金融机构归还贷款的应收账款融资模式;应收账款保理是指将应收账款债权打包给金融机构,由金融机构进行保理。

供应链金融中的应收账款融资模式是指企业为取得运营资金,以卖方和买方签订真实贸易合同产生的应收账款为基础,为卖方提供的,并以合同项下的应收账款作为主要还款来源的融资业务。供应商首先与供应链下游达成交易,下游厂商发出应收账款单据。供应商将应收账款单据转让给金融机构,同时供应链下游厂商也对金融机构做出付款承诺。金融机构给供应商提供信用贷款,缓解供应商的资金流压力。一段时间后,当下游厂商销货得到资金之后,再将应付账款支付给金融机构。应收账款融资模式是供应链金融常见的方式。因此供应链金融也被定义为"以核心客户为依托,以真实贸易背景为前提,运用自偿性贸易融资方式,通过应收账款质押登记、第三方监管等手段封闭资金流或控制物权,对供应链上下游企业提供的综合性金融产品和服务"(胡跃飞,黄少卿,2009)[10]。

2.1.1.3 应收账款融资中的反向保理

应收账款融资主要业务方式有保理、保理池融资、反向保理、票据池授信等(宋华,2015)[16]。本研究关注保理(表 2.3)及反向保理(表 2.4)。

表 2.3 应收账款融资中的保理模式

	保理
定义	为以赊销方式进行销售的企业设计的一种综合性金融服务,是一种通过收购企业应收账款为企业融资并提供其他相关服务的金融业务或产品。
做法	保理商从其客户(供应商或卖方)的手中买入通常以发票形式表示的对债务人(买方)的应收账款,同时根据客户需要提供相关的单项或多项服务,包括债款回收、销售分账户管理、信用销售控制以及坏账担保等。对于客户而言,转让应收账款可以获得销售回款的提前实现,加速流动资金的周转。卖方也无需提供其他质押和担保,对卖方来说压力较小。
一般流程	保理商首先与客户即商品销售中的卖方签订保理协议。卖方需将所有通过赊销(期限一般在 90 天以内,最长可达 180 天)而产生的合格的应收账款出售给保理商。签订协议之后,对于无追索权的保理,保理商首先需要对与卖方有业务往来的买方进行资信评估,并给每一个买方核定一个信用额度。对这部分应收账款,在买方无能力付款时,保理商对卖方没有追索权。而对于有追索权的保理,当买方无力付款时,保理商将向卖方追索,收回向其提供的融资。

续表

	保理
分类	根据供应商是否会将应收账款转让行为通知买方分为明保理和暗保理;按有无第三方担保可分为有担保保理和无担保保理;按有无追索权可以分为有追索权保理和无追索权保理两种形式。无追索权保理又称为买断保理,是指企业将贸易型应收账款,通过无追索权形式出售给专业保理商或金融提供商等金融机构,从而获得一种短期融资。有追索权保理又称为回购保理,是指到期应收账款收不回时,保理商保留对企业的追索权,出售应收账款的企业要承担相应的坏账损失。
风险	1) 融资方客户的信用风险; 2) 有关应收账款质量的信息问题,可能存在欺诈或记账过程中存在错误; 3) 收集信息和监测服务的交易费用可能限制保理作为营运资本融资来源的价值。
债权债务关系	债务人(即最终要支付应收账款的实体)不是交易的合同当事人。债务人不对付款的因素作出正式担保。保理完全取决于融资方的主动性和信息。相反,供应链金融交易发生在债务人、借贷公司和保理商之间的合同协议中。债务人具有明确的信息角色。债务人不只是与中小企业供应商(借贷公司)沟通,而是在由保理商提供的信息系统上登记对后者发票的核准。供应链金融的合同要求债务人通过在系统上登记批准,保证在任何商定的付款延迟后将相应金额汇入金融机构。付款绝不取决于中小企业的未来行动或财务状况。经债务人发票登记批准后,中小企业可以要求提前付款,金融机构将根据债务人的信用风险,而不是中小企业的信用风险,以贴现方式预付资金。

资料来源:宋华. 供应链金融[M]. 北京:中国人民大学出版社,2015.

在传统保理(正向保理)中,企业将其对某客户的应收账款卖给第三方金融提供商(可能是银行,也可能是保理提供商),后者再向客户进行收款。在提供应收账款融资时,金融提供商考虑了各种风险与成本并对应收账款额进行折价。

反向保理(reverse factoring,简称 RF)是金融提供商与核心企业之间达成的,为核心企业的上游供应商提供的一揽子融资、结算解决方案,这些解决方案所针对的是核心企业与其上游供应之间因贸易关系产生的应收账款。核心企业具有较强的资信实力及付款能力,无论任何供应商持有该核心企业的应收账款,只要取得核心企业的确认,都可以转让给金融提供商以取得融资。反向保理实质是金融提供商对高质量买家的应付账款进行买断。

表 2.4 应收账款融资中的反向保理模式

做法	买方和供应商信用等级不同。保理商根据买方信用等级对经过挑选的应收账款进行融资。与大的资金实力强的买家进行交易的供应商可能从保理商处获得一些优惠政策。当大买家从供应商处购买货物后,买家直接把票据送给保理商,保理商则直接支付给供应商货款。等到票据到期时,买家再支付给保理商贷款。
一般流程	1) 买方(核心企业)与供应商之间达成交易关系,供应商向买方发货,产生应收账款。供应商发货后,把票据寄给买方。 2) 买方批准发票,产生不可撤销的付款义务。 3) 如果供应商要求对服务或已发货进行提前支付的话,供应商可以把发票向保理商进行保理。买家将供应商的应收账款交给保理商,保理商对应收账款进行验证。 4) 保理商对供应商进行资质核查,并按一定比例对供应商应收账款进行贴现,给供应商提供资金,金额等于其服务或物品的价值减去相应的折扣。相应地,保理商接管卖方的所有应收款权利和义务。 5) 应收账款到期后,买方与保理商进行结算。

资料来源:宋华. 供应链金融[M]. 北京:中国人民大学出版社,2015.

反向保理与传统正向保理的根本区别在于：1）保理商是对作为供应链核心企业的买家进行风险评估，而不是对供应商进行信用评估；2）由于对买家比较了解，保理商可以选择买家同意支付的应收账款进行融资，降低了整体风险（刁叶光，任建标，2010）[17]。由于信息不对称和信息技术不成熟，传统正向保理难以得到有效实施。在信贷有限的情况下，反向保理减少了因缺少应收款质量信息造成的成本，减少了收集和监测服务的费用，为中小企业提供了另一种融资解决方案。反向保理适用于与核心企业有大量稳定贸易往来的小微企业以及客户信用评级比较高的小微企业。其具体运行方式如图2.2：

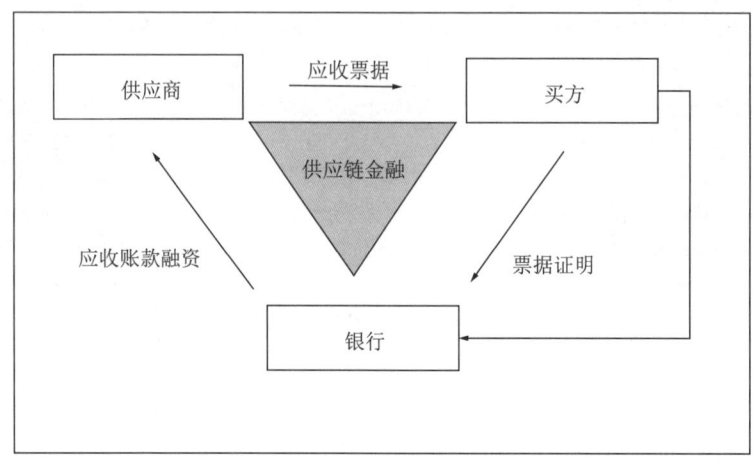

图2.2　反向保理-供应链金融系统解决方案

反向保理被认为是延长支付期限而不会影响供应商现金流的供应链金融系统解决方案。

综上，供应链金融常从金融机构角度讨论融资问题，应收账款融资和反向保理融资是供应链金融的融资产品。在国外不少文献，特别是商业经济类文献中，反向保理和供应链金融这两个名词是混用在一起的。本研究供应链金融是供应链主体为了实现供应链目标所采取的相关活动，供应链金融是供应链管理的工具。本研究供应链金融具体指反向保理模式。

2.1.2　商业信用

2.1.2.1　企业间延期支付行为

延期支付是指在企业交易过程中，供货商给买方在交易金额及支付期限上的优惠。供货商交货后，买方不是立即付款而是在给予的延期支付期限内付款。延期支付是一种商业信用方式，广泛运用于各类企业交易活动之中。

企业签订商业信用合同规定延期支付条件。延期支付条件通常考虑以下几点：1）支付形式是一次性延期支付还是批量延期支付；2）延期支付允许期限的临界点是多少；3）期限的振幅程度及相邻临界点之间用于支付的时间的长短；4）期限的初始标准，即设定相应的数量标准，从该标准后开始允许采取延期支付策略；5）其他额外条件，如是否采取现金折扣形式等。

延期支付期限是指供应商同意买方客户自订购商品到完全结清货款的最长付款时间。延期支付期限也被称为信用期限，是供应商提供给客户的商业信用期限。现金折扣是卖方为刺激买方尽快结清货款，给予买方的价格折扣优惠。折扣目的是以相应的折扣优惠，激励买方在货款交付期限内提前支付相应货款,从而减少买方企业的应收账款周转天数,增加企业资金周转率。

延期支付与行业惯例有关,不同行业允许延迟支付的期限不同。在供应商主导情况下,为激励买方加大订购量,交易涉及的商品数量越多,涉及的金额越大,供应商允许买方延迟支付的期限越长。根据商业信用合同约定,在信用期限内买方不需要承担因货款未结清而产生的利息,但超过信用期限后,买方仍未支付货款的需要承担额外利息。一般情况下,为了激励买方尽快付款,超过信用期限后的利息较高。科学的延期支付合约可以增加供应链上各成员之间的合作,降低交易成本,实现供应链成员间的共赢。

商业信用合同约定了超过信用期限的惩罚条款,但现实中存在许多超过信用期限却没有惩罚的情况。供应链上大买家经常超出支付期限拖欠货款。在英国大企业平均超出支付期限20天,食品零售业甚至超出30天。大企业超出支付期限并没有承担罚款,这段时间的资金成本由供应商承担。中小企业被拖欠的货款超过263亿英镑,这些拖欠的货款给英国供应商带来80亿的资金成本及难以计量的追偿货款的时间成本(MING H,2018)[5]。

综上,延期支付是一种商业信用行为,是与一手交钱一手交货的现金交易对应的交易模式。

2.1.2.2 企业营运资金管理

营运资金管理是公司财务管理的主要内容,是公司管理的重中之重。企业营运资金管理经营周期如图2.3:

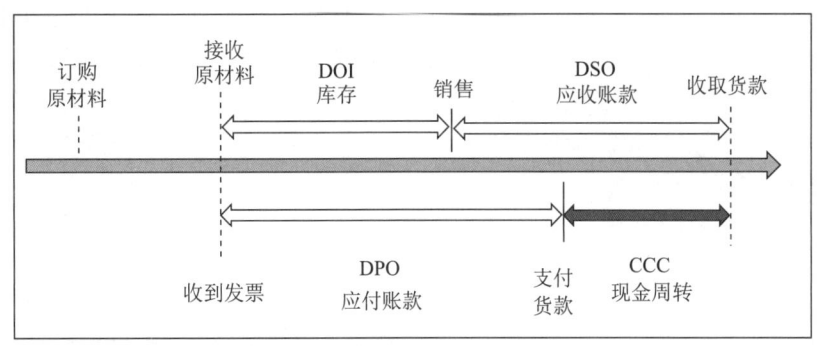

图2.3 企业营运资金经营周期

库存持有天数(days of on-hand inventory,简称DOI),是指从收到供应商提供的原材料到将产成品销售出去的时间。应收账款天数(days of sales outstanding,简称DSO),是指将产成品销售出去到收回客户货款的时间。应付账款天数(days of payables outstanding,简称DPO),是指从企业收到供应商的货物到支付货款给供应商的时间。现金周转周期(cash conversion cycle,简称CCC)是企业在经营中从付出现金到收到现金所需的平均时间。现金循环周期=库存持有天数+应收账款天数-应付账款天数。营运资金管理的工具是现金周转期。一个现金周期是从企业支付现金用于购买库存到通过销售产品获得现金之间的时间长短。现金周转周期越长,企业需要的周转资金越多。

理解供应链金融应该从企业自身资本循环开始。资本循环指产业资本从一定职能形式出发,顺次经过采购、生产、销售三个阶段,分别采取货币资本、生产资本、商品资本三种职能形式,实现价值的增值,并最终回到原来出发点的全过程。然而,资本天然是追求利润与增值的,资本需要在不断流动中实现增值。在确定的情况下,资本周转速度越快,资本增值也就越快。因此,企业总是想方设法加快自身经营资本与现金流动的速度。

传统运营资金管理从单一企业角度对待企业的经营周转。根据传统运营管理原则,库存天数越长占用企业现金越多,应收账款天数越长企业现金流入越慢。这两者对企业现金流有负面作用。而应付账款天数越长企业现金流出越慢,对企业现金流有积极正面作用。提升资本循环效率,提升营运资本管理能力,表现为现金流循环加强,常见的办法是促进更强的账期谈判能力,加快库存周转速度,尽量缩短库存持有天数和应收账款天数,延长应付账款天数,通过扩大债务、减少债权、减少库存的方式实现营运资金效率最大化。

2.1.2.3 经济活动中的商业信用

商业信用(trade credit,简称 TC),起源于买方购买商品和服务时的赊购行为。最早是在集贸市场上商人允许顾客先得到商品然后在规定的期限内支付,后来随着经济的发展,市场上出现上游厂商以商品让渡的形式(赊销)为下游厂商授信的情况,商业信用发展为一种盈利信用或投资信用(刘民权,2004)[18]。

从经济学范畴来看,商业信用是发生在商品交易中的信用活动。商业信用是一种信用行为(孙智英,2002)[19]。经济学范畴中的"信用"指经济活动中的借贷关系,是借贷行为的总称。它有三个基本特征:一是让渡货币或商品的有偿性;二是让渡货币或商品与得到价值补偿的时间间隔性;三是交易行为的契约性。商业信用具备"信用"的一般特征。商业信用的本质特征有二:一是发生在商品交易之中,是一种商品买卖行为,这一特性使商业信用与纯粹的货币或实物借贷区别开来。二是商品交易中商品使用价值的实现与商品价值的转移不同时实现,商业信用由此具备借贷行为,这一行为使商业信用与钱货两清的现款交易区别开来(赵学军,2008)[20]。

商业信用已经发展成市场交易的重要部分,也是企业短期融资的主要形式。不同国家商业信用使用情况明显不同,不同行业基于商业信用的应收账款比例也明显不同。美国数据显示:与最终消费者距离越远,应收账款比例越高。除零售业外,多数行业的应收账款比例超过应付账款。NG C K,SMITH J K,SMITH R L(1999)发现不同行业间信用条款变动较大,而同一行业内信用条款变动较小,说明不同行业商业信用条款显著不同。不同行业内商业信用程度不同,全球有超过 1000 种不同的商业信用条款,有的行业甚至是根据每个客户具体情况而设置不同的商业信用条款[21]。

从运营管理角度看,商业信用有广义和狭义之分(表 2.5)。

表 2.5 商业信用概念

	范围	包含内容
广义	商业信用是企业营运资金管理的方式,是企业之间以商品赊销和预付货款等形式提供的信用。	商业信用的种类主要有赊购赊销、预收预付货款或定金、分期付款、延期付款、补偿贸易、商业汇票、拖欠货款(应收应付款)等。
狭义	商业信用是营运资金来源。企业筹集营运资金的方式主要有银行短期借款、商业信用、应缴税金、应付工资、应付费用、预收货款、票据贴现等,其中最主要的是银行短期借款和商业信用。	企业利用商业信用筹资的形式主要有:1)应付账款。应付账款按其是否支付代价可以分为免费信用、有代价信用和展期信用三种形式。2)预收账款。

商业信用与企业信用定义不同。企业信用是市场经济中对各类市场参与主体履行相应经济契约的能力及企业整体可信程度所进行的一种综合体制与测定。银行信用是由商业银行或其他金融机构给企业或个人的信用。商业银行等金融机构以货币方式授予企业信用,贷款和还贷方式的确定以企业信用水平为依据。商业信用则是指产品赊销过程中买方取得卖方授予的信用,允许买方在交易后一定期限内完成交易结算。

买方企业采购过程中可能获得来自商业银行或其他金融机构的融资支持,也可能从供应商处获得融资支持。从金融机构获得的融资支持是常见的银行贷款,从供应商处获得的融资支持体现为赊购。前者是银行信用,后者是商业信用。无论是银行信用还是商业信用,其数量及还款方式取决于买方企业的信用水平。从银行信用的角度来看,买方企业的信用水平取决于其在银行积累的信用信息或其所能提供抵押或担保的情况。从商业信用角度来看,买方企业信用水平取决于双方交易关系、信任关系等。

综上,商业信用是经济行为主体在商品交易中发生的,商品使用价值的转移与商品价值的实现非同时进行的一种交易方式。商业信用既是一种提前支付货款或延期支付货款的结算方式,也是一种短期融资手段。延期支付货款是典型商业信用行为。应收账款来源于企业间货物已交易但资金转移没有同时发生的商业交易行为,是商业信用活动的体现。综合国内外学者对商业信用的不同定义,本研究定义商业信用是企业交易行为与交易结算时间相分离而形成的应收应付或债权债务关系。

综上所述,本研究供应链金融概念有两个层面,第一是从抽象供应链管理视角看,供应链金融是实现供应链管理目标的管理手段。第二是从具体供应链金融产品看,本研究所说的供应链金融是以企业因商业信用产生的应收账款为对应资产的供应链融资模式。更具体而言,是针对核心企业应收账款设计的反向保理模式。反向保理模式既能满足核心企业延期支付动机又不影响供应商现金流,是预期能实现核心企业和供应商双赢目标的供应链金融模式。本研究核心概念关系如图2.4。

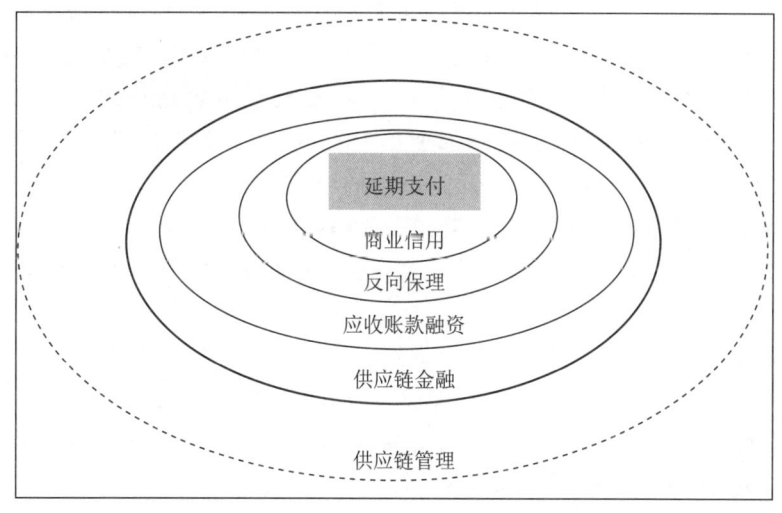

图2.4　概念关系

2.2 研究现状

本研究拟通过揭示商业信用活动规律,判断延长信用期限给供应商和买方企业带来的收益成本变化,为供应链金融反向保理发展提供理论依据。接下来从供应链金融研究、企业间商业信用研究、运营管理优化研究及供应链反向保理模式研究四个角度展开文献综述。

2.2.1 供应链金融价值研究

2.2.1.1 中小企业角度的供应链金融价值

从融资渠道看,中小企业主要采用内源性融资模式,但内源性融资很难起到扩大再生产提升竞争力的作用。从外源性融资来看,由于资本市场进入门槛较高,中小企业几乎无法直接从资本市场融到资金。而由于中小企业资信较差、财务不健全、缺乏抵押担保等原因,中小企业也不易从商业银行贷到款项。根据 MODIGLIANI F, MILLER M H(1958)的研究,当资本市场完善,没有摩擦,例如没有税收、交易和财务困境成本或信息不对称时,融资和投资决策是可分离的[22]。在这种理想情况下,资金来源既不影响营运计划,也不创造额外价值。然而,现实资本市场并不是完美的。当需要外部资金时,企业面临融资约束和障碍。资本市场摩擦可能造成企业内部和外部资金成本之间的显著差距。随着差距的扩大,中小企业需要支付更高的外部融资溢价,更可能造成投资不足,或放弃净现值为正的商业机会。投资不足可能进一步对经济产生负面影响。为了解决中小企业融资难问题,理论和实务界从中小企业所处外部环境信息来推测企业真实情况,为中小企业提供融资机会。

中小企业融资难的根本原因是信息不对称(STIGLITZ J E, WEISS A, 1981)[23]。在信贷市场上,银行和借款人之间存在信息不对称,信息不对称引发逆向选择和道德风险问题。在信贷市场上,银行的预期收益取决于贷款利率和项目风险。在信息不对称情况下,银行难以判断企业的真实情况和项目的真实风险,银行采取提高贷款利率的方式对贷款人进行甄别。这种方式可能存在两方面问题,一是逆向选择问题,由于银行提高贷款利率,部分愿意规避风险的借款人退出市场,市场平均风险程度提高,银行预期收益降低;二是道德风险问题,利率的提高可能诱使借款人选择高风险投资项目,导致银行预期收益下降。并不是贷款利率越高银行预期收益越高,银行预期收益和贷款利率之间的关系并不是单调的。

银行在预期利润最大化的情况下确定贷款利率。出于理性选择,银行不会满足所有借款申请者的要求,即银行不会通过利率调整使市场出清。换句话说,银行的最优选择是在相对较低的利率水平上给一部分借款申请人贷款,而不是提高利率满足所有借款申请者。另一部分借款申请人即使愿意支付更高利率,也难以从银行贷到款项。这时信贷市场上存在超额需求,出现信贷配给。相对于大企业,中小企业与银行之间信息不对称现象更加明显。那些资产抵押不足、信息不透明的中小企业被排除在信贷市场之外。

供应链金融有利于中小企业信息披露,借助供应链外部信息推断帮助解决中小企业融资问题。从中小企业角度看,供应链金融的价值在于缓解融资约束。供应链中交易信息可以弥补中小企业信息不充分、采集成本高的问题;供应链成员中小企业要成为供应链运行中的参与者或合作伙伴,往往有较强的经营能力,而且其主要上下游合作者有严格的筛选机制,因此信用风险低于一般意义上的中小企业风险;供应链中对参与成员有严格的管理认证体系,声誉和退出成本降低了道德风险;借助供应链降低信息获取成本,供应链金融客观上有利于解决中小企业融资问题。

供应链金融对中小企业价值研究颇丰。陈志新,张忠根(2011)研究供应链网络治理与供应链金融发展关系,认为通过供应链网络关系治理优化产业金融生态,供应链网络功能的发挥是供应链金融授信模式转变的基础[24]。宋华,卢强,喻开(2017)对比供应链金融和传统银行贷款,认为供应链金融通过获取交易信息和交易信用,利用关系嵌入和业务闭合,采取贷后结果控制和过程控制相结合等手段,能够有效降低事前与事后信息不对称,从而提高中小企业融资可得性,降低融资成本,最终提升融资绩效[25]。卢强,宋华,于亢亢(2018)研究供应链金融中网络连接对中小企业融资质量的影响,认为信息分享是中小企业供应链网络连接影响其融资质量的重要内在机制,中小企业在供应链网络中的强连接和桥连接均对其供应链融资质量具有正向影响[26]。SONG H,YU K,LU Q(2018)研究供应链金融中中小企业如何获得融资资金[27]。卢强,刘贝妮,宋华(2019)通过实证检验了供应链金融对中小企业融资绩效的作用[28]。

2.2.1.2 金融机构角度的供应链金融价值

中小企业自身的特性决定了其难以从大银行和证券市场获得资金(林毅夫,2012[29])。大银行不愿意为中小企业服务给中小银行提供了相应的空间。中小金融提供商寻求新的商业模式,推动了供应链金融业务的产生。银行主导供应链金融模式中,银行本来就以提供金融服务为主业,只是信息不对称导致对中小企业信贷配给不足(顾海峰,韩攀,2012)[30]。利用供应链上下游企业间的生产关系,银行给中小企业的贷款有了真实贸易为抵押,有对物权的控制又减少了不良贷款的损失,所以银行热衷于供应链金融业务。供应链金融是商业银行站在供应链全局高度,为协调供应链资金流、降低供应链整体财务成本而提供的系统性金融解决方案。对商业银行而言,供应链金融有风险控制模式和营销手段两个方面的创新,使原来对银行来说不可行的中小企业融资业务变得可行(深圳发展银行中欧国际工商学院供应链金融课题组,2010)[31]。

对金融机构而言,供应链金融的价值来源于贷款的风险控制。金融机构是否提供贷款,以何种方式提供贷款,取决于能否成功解决信息不对称问题以降低逆向选择和道德风险发生的概率。为了有效解决信息不对称问题,金融机构针对各种类型中小企业开发基于不同信息生产方式的信贷技术。不同信贷技术在解决信息不对称方面机理有所不同,但大多源于其在解决信息不对称方面的独特之处。供应链金融比较优势在于,一方面利用供应链上下游企业间生产关系,缓解信息不对称问题,另一方面通过对物权的控制减少不良贷款损失,比一般的非正规金融多了控制手段。

基于供应链金融价值,学界和业界关注供应链金融模式创新。宋华(2019)讨论了智慧供应链金融的创新与发展[6]。杜军,韩子惠,焦媛媛(2019)以京东供应链金融为例讨论互联网金融服务的盈利模式演化及实现路径[32]。《2019中国供应链金融创新实践白皮书》报告了浙商银行、郑州银行、中农网、工商银行等在供应链金融方面的创新实践[33]。

供应链金融平台是供应链金融创新的重要方面。供应链金融平台连接供应链各方主体,除了提高买方的营运资金外,供应链金融平台为供应商提供多种选择,保障和优化供应商的现金周转。供应链金融平台的投资价值引起各方关注。学者研究主要关注供应链金融平台的风险控制和供应链金融平台利益分配问题。李诗华(2014)讨论供应链金融风险预警与防控[34]。于浩(2016)讨论中征应收账款融资服务平台的设计与实现[35]。何昇轩(2016)基于B2B平台的线上供应链金融风险评价[36]。徐鲲(2017)针对电商双边市场供应链融资业务中的资金供给主体群和资金需求主体间博弈关系及资金供给主体群的内部收益分配机制[37]。陈金龙,占永志等(2017a;2017b;2018;2019)讨论基于佣金定价决策的供应链金融平台利益权衡机制及核心企业主导型供应链金融序贯互惠博弈,通过双边利率定价讨论供应链金融平台收益分配[38-41]。郑余婷(2018)基于核心企业选择讨论供应链金融风险评估[42]。金香淑(2020)基于收益共享－双向期权契约讨论供应链金融风险控制[43]。

从供应链角度看,供应链金融是作为实现供应链管理目标的工具。在供应链管理理论与实践中,对运营优化、风险管理及库存管理较为关注,对供应链资金流中现金流量周期的研究较少。此外,现有研究讨论供应链金融具体运用较多,对供应链金融目标的讨论较少,运用供应链金融工具以实现供应链管理目标并不明确。由于核心企业在供应链上的核心地位,现有供应链金融往往以核心企业利益最大化为目标,这并不利于供应链长期稳定发展。本研究倡导供应链整体利益最大化的供应链管理目标,保障供应链金融各利益相关者的利益。

2.2.2 商业信用研究

现代西方经济学在商业信用理论研究方面主要是从宏观和微观两个角度进行的,宏观方面主要涉及商业信用对货币政策效应的影响,微观方面包括商业信用存在动机及商业信用条件的选择两类,其中商业信用条件的研究主要集中在信用期限、折扣额和折扣期的选择(刘民权,2004)[18]。SEIFERT D,SEIFERT R W(2013)将商业信用研究分为七个领域:商业信用与货币政策、商业信用影响因素、商业信用风险定价模型、商业信用动机、订货量决策、商业信用条款、结算期限决策[44]。

SEIFERT D,SEIFERT R W(2013)进一步将商业信用研究内容归结为以下几个问题:(1)供应商为什么要提供商业信用?(2)在银行等专业提供信用的机构出现后,商业信用为什么继续存在?(3)如果商业信用比银行信用便宜,那商业信用是如何产生竞争优势的?如果银行信用比商业信用便宜,那银行为什么要放弃盈利机会?(4)在企业实际运营管理中,企业是如何制定信用政策的?(5)从供应商来看,提供商业信用能刺激销售,但由此带来营运成本和坏账风险抵消了增加销售带来的收益,那么什么样的信用政策是最优的?(6)从购买方来看,推迟付款需要支付利息,但是可以减少库存成本,那么是否存在一个最佳支付时点,使得总成本最小[44]?其中第(5)和(6)的文献相对较少,将两者结合起来的文献更少。商业信用文献代表学者及观点见表2.6。

表 2.6 商业信用代表文献

角度	内容	主要观点	代表学者
宏观角度	商业信用与货币政策相互关系	商业信用影响货币政策	MELTZER A H(1960)[45]； NILSEN J H(2002)[46]
		货币政策影响商业信用	陆正飞,杨德明(2011)[47]
	商业信用与实体经济相互关系	推动实体经济发展	FISMAN R(2001)[48]； FISMAN R, LOVE I(2003)[49]； CULL R(2005)[50]； CULL R, XU L, ZHU T(2009)[51]； AYYAGARI, KUNT M D(2010)[52]； ALLEN F(2005)[53]； 赵奇伟(2017)[54]
		导致三角债等负面作用	FEWINGS D R(1992)[55]
微观角度	商业信用动机	市场竞争工具	SCHWARTZ R A(1974)[56]
	提供商业信用	价格歧视	PETERSEN M A, RAJAN R G(1997)[57]
		不完全竞争	GIANNETTI M, BURKART M, ELLINGSEN T(2011)[58]
		供应链协调工具	任建标(2009)[59]； 王志宏,洪余芬(2016)[60]； 陈志明,周少锐,周建红(2018)[61]； LEE C H, RHEE B D(2011)[62]； UDAYAKUMAR R, GEETHA K V(2018)[63]
		降低交易成本	FERRIS J S(1981)[64]
		促进销售	BRENNAN M J, MAKSIMOVIC V, ZECHNER J(1988)[65]
		质量保证	LONG M S, MALITZ I B, RAVID S A(1993)[66]
	接受商业信用	市场地位	FABBRI D, MENICHINI A(2010)[67]； FABBRI D, KLAPPER L F(2016)[68]； FABBRI D, MENICHINI A(2016)[69]；
		契约工具	ELLIEHAUSEN G E, WOLKEN J D(1993)[70]； SUMMERS, BARBARA, WILSON N(2002)[71]
		信贷配置	BIAIS B, GOLLIER C(1997)[72]
		保护机制	WILNER B S(2000)[73]； HUYGHEBAERT N, VAN DE GUCHT L, VAN HULLE C(2006)[74]
		融资动机	FISMAN R, LOVE I(2003)[49]； PETERSEN M A(1997)[57]

资料来源：作者整理

2.2.2.1 商业信用经济作用研究

宏观视角主要包括商业信用与货币政策之间的相互关系及商业信用与实体经济之间的相互关系。

(1) 商业信用与货币政策之间的相互关系

商业信用与货币政策之间的相互关系主要分为两类：一是货币政策影响商业信用。宽松型货币政策和紧缩型货币政策对企业提供商业信用规模的影响；二是商业信用影响货币政策效果。商业信用系统研究主要是源于对货币政策有效性的怀疑。货币政策有效的前提是不存在跟货币一样具有中介职能的替代品，但实际经济中商业信用具有交易中介职能，可以视为一种准货币。学者们对货币政策传导机制的研究发现商业信用对货币政策的影响程度主要取决于三个因素：商业信用在货币和间接金融资产中的比重、商业信用对货币的替代程度及货币当局能否准确把握这个替代程度并采取相应调控措施。现有文献主要集中在商业信用对货币的替代程度。

然而货币政策传导机制研究忽视了银行等金融机构在货币传导中的作用。银行在货币传导中的作用被称为银行信用渠道，是信贷传导机制的主要渠道。银行信用渠道的作用也主要取决于三个因素：货币政策能否有效影响银行等金融中介体系、银行信用供给变化能否引起社会供给总量变化及整个社会对银行信用总量的依赖程度。学者研究发现货币政策能影响银行供给总量，但是整个社会信用总供给量才是影响经济的决定因素。社会信用总供给量包括银行信用和非银行信用的总和，这里商业信用可以理解为非银行信用。于是银行信用渠道能否起作用，就取决于银行信用与商业信用之间的关系。当银行信用与商业信用之间存在替代关系时，货币政策变化会导致信用条件好的企业向信用受约束的企业提供商业信用行为发生变化，并最终导致货币政策效果受到影响，这种机制被称为商业信用传导机制。商业信用渠道的存在使得受到信贷约束的企业能够从金融机构间接获得贷款。在货币紧缩阶段，信用条件好的非金融企业，通过增加应收金额和延长应收款支付时间等方式向受到信贷约束的企业提供商业信用，在市场上充当金融中介职能。这意味着，由于商业信用的存在，企业对货币政策引发的市场条件变化的反应程度变小，商业信用在一定程度上削弱货币政策的效果。

货币政策对企业经济活动的影响主要体现在提高企业融资成本和限制融资规模，并最终影响企业投资行为。企业使用商业信用是受到外部经济环境影响的。陆正飞,杨德明(2011)认为货币政策宽松期，商业信用大量存在符合买方市场，货币政策紧缩期则可符合替代性融资理论[47]。买方市场理论认为，买方在市场中处于强势，供应商乐于提供商业信用以实现销售，由于买方强势地位，客户使用商业信用的成本可能低于同期金融机构贷款利率。替代性融资理论则认为无法获得银行贷款的企业会对商业信用有大量需求，导致商业信用成本显著高于银行贷款利率。由于供应商承担风险较大，导致商业信用成本提高。替代性融资理论可以理解为在市场供需关系中，买方(需求方)处于弱势，供应商(供应方)处于强势，供应商会哄抬价格提高商业信用的成本。

(2) 商业信用与实体经济之间的相互关系

在金融体系相对不完善的国家和地区，商业信用起着重要作用。学者们研究了商业信用在中国经济发展中的作用。CULL(2005,2009)解释了中国经济快速发展的原因，认为非正规金融特别是商业信用在中国经济发展中起重要作用[50,51]。AYYAGARI AND KUNT(2010)则认为为非正规金融并没有在中国私营经济中发挥重要作用,为了推动中国经济增长,还是需要依靠正规金融[52]。尽管观点不同,他们都注意到中国经济中大量因商业信用而产生的应收应付账款,并认为应基于应收款所产生的流动资产为企业进入正规金融渠道提供便利。赵学军(2008)研究中国商业信用制度变迁,认为商业信用是社会信用制度的基础,倡导运用新制度经济学工具进行商业制度研究[20]。赵学军(2009)认为挂账式商业信用隐藏着三角债危机,商业信用票据化是商业信用体系成熟的重要标志,供应链金融有助于商业信用票据化发展[75]。吴婷婷(2012,2013)研究中国农村中小企业商业信用情况,认为推进征信体系建设,将商业信用纳入其中,通过金融产品创新,使企业提供商业信用丧失的流动性得以回流,进而促进商业信用发展[76,77]。

2.2.2.2 企业商业信用动机研究

商业信用微观视角研究主要是企业微观营运管理,包括商业信用动机和商业信用管理,而商业信用管理又包含商业信用风险定价、订货量决策、商业信用条款及结算期限决策等。

(1)商业信用动机

企业使用商业信用目的有两个:一是增加利润,二是减少成本。商业信用是企业在购买产品过程中延期交付货款,或者在销售产品中提前收取货款从而获得对方信用。从交易双方来看,企业使用商业信用包括提供商业信用(授信)和接受商业信用(受信)两个方面,企业使用商业信用有经营和融资两种微观动机。

企业提供商业信用主要体现为经营动机,即提供商业信用目的是实现交易。经营动机包括降低交易成本动机、促销动机、质量保证动机等。交易双方先进行商品交换再进行货币交换,实现商品交换和货币交换的时间分离,在固定时间内对交易进行集中结算,有利于双方资金管理,从而有利于降低交易成本(FERRIS J S,1981)[64]。从促销角度来看,商业信用相当于间接价格歧视,规避了法律对直接价格歧视的限制。卖方通过提供额外或者较长商业信用给客户补贴,达到扩大销量增加利润的目的(BRENNAN M J, MAKSIMOVIC V, ZECHNER J,1988)[65]。从质量保证的角度来看,商业信用相当于给客户提供一种担保机制,如果交易后产品出现质量问题或者厂商服务承诺没有兑现,客户可以拒绝付款。商业信用向客户传递其对产品质量保证的信号,有利于实现交易,避免信用不对称带来的逆向选择等问题(LONG M S, MALITZ I B, RAVID S A,1993)[66]。

企业接受商业信用主要体现为融资动机。学者们发现商业信用成本与银行信用成本不同,并给出两种不同的解释。MELTZER A H(1960)发现有些借款者无论愿意支付多高的贷款利息,都可能无法获得充足银行贷款。他提出信贷配给的概念,认为是金融市场不完善造成信贷配给[45]。STIGLITZ AND WEISS(1981)认为信贷配给的原因是金融机构与企业间信息不对称[23]。中小企业缺乏可供抵押和担保的资产,也缺乏像大企业那样完善的财务制度及信息披露制度,即使他们愿意支付更高的贷款利息,也往往无法在信贷市场上得到贷款,因此不得不从其他渠道寻找资金。商业信用成为银行信用的替代品。这种情况下商业信用成本高于银行信用成本。

融资比较优势理论则认为商业信用价格应该低于银行信用价格。企业向下游厂商提供商业信用是由于企业具有相对银行的比较优势。由于长期贸易往来,交易双方信息相对透明,企业能获得下游厂商的信用信息,能对下游厂商实施有效监控,即使发生损失,企业变现的成本也更低,因此供应商提供商业信用的成本低于银行,商业信用的价格低于银行信用。这种优势是卖方相对银行的优势,对于受到信贷配给的信用需求方来说,不管成本高低,企业都要接受。企业使用商业信用融资的情况与企业的市场地位有关。FABBRI AND MENICHINI(2016)预测了商业信用6个趋势,认为不缺钱的企业使用商业信用并解释了为什么没有受到信贷约束的大企业也要使用商业信用[68]。

(2) 商业信用管理

从订货量决策看,商业信用影响了企业存货的成本,因此存在一个经济订货量。大量的学者在给定支付期限的条件下研究如何确定经济订货量。虽然这些模型都建立在确定性条件下,但是最优经济订货量目前仍是一个研究的热点。

从商业信用条款看,商品和服务的交换要求买方和卖方签订商业信用合约。这些信用合约多有价格、交付及结算条件等条款。延期支付的期限是信用条款的核心问题。公司财务方面的文献主要通过对交易净收益的评价来分析最佳延期支付期限。有两种不同的方法:机会成本法和净现值法,后者被认定为更有效。信用条款的变化如何影响需求,这个问题财务文献没有解决,学者们开始从经营、存货控制的角度来预测这种变化(SEIFERT D, SEIFERT R W, PROTOPAPPA-SIEKE M,2013)[44]。

运营管理研究者考察了商业信用在企业运营决策中的作用,主要观点有以下几类:商业信用是一种风险分享机制,有利于增加核心企业从供应商处的订货量,从而增加供应链效率;商业信用有助于阻止供应商机会主义并保证产品质量;商业信用有助于减轻买方风险转移行为;商业信用有助于缓和供应商之间的价格竞争等。陈祥锋(2008)研究供应商允许延迟支付对有资金约束的零售商订货量的影响,认为供应商通过融资服务来激励零售商实现更高的采购量,该研究认为赊销是一种主动销售方式,通过主动赊销来提供融资,有利于提供供应链整体绩效[78]。陈祥锋(2013)研究供应商愿意为资金不足的零售商提供延迟支付的商业信用合同,研究表明商业信用能有效激励零售商增加采购量,且零售商初始资金越少,其采购量越大;另外商业信用合同可解决供应链中零售商的资金约束问题,部分协调供应链,为资金约束供应链创造新价值[79]。占济舟,张福利,赵佳宝(2014)以应收账款融资为背景,通过模型分别给出商业信用条件下分散决策和集中决策下供应链最优产量和系统利润[80]。

从结算期限决策看,企业同意使用商业信用,还需要解决信用期限的问题。期限过短不利于与买方的关系,过长又会减少流动性和增加不必要的成本。因此,财务文献主要研究营运资金管理与企业绩效之间的关系。石晓军(2008,2010)分别讨论多因素视角下商业信用期限决策双层规划问题及边界Logistic违约约束下商业信用期限决策模型[81-82]。占济舟,张福利(2014)讨论了供应链中商业信用的期限决策与协调机制[83]。

2.2.3 供应链运营管理优化研究

现金循环周期决定企业资金使用效率,企业使用各种手段改善现金流。企业现金周转期的削减会对上下游企业产生影响。应收账天数的减少导致客户应付账款天数的减少,应付账款天数的增加导致供应商应收账款天数的增加。因此,通过优化应收账款天数和应付账款天数减少现金周转周期意味着供应链中上下游企业现金周转周期的增加。

传统营运资金管理存在缺陷。一方面,资金受限的客户延长应付账款期限,造成了供应商的资金成本。供应商需举债来支撑应收账款,放弃该应收账款的资金利息甚至放弃投资机会。另一方面,买方资金短缺可能阻碍它从供应商那里订购最优的订单数量。下游企业不得不持有比最优库存量更多的库存,产生更多库存成本。这两种情况下供应链都会受影响。除了增加供应链成本外,供应链伙伴间的关系也会受到潜在影响(HOFMANN E,2011)[12]。

供应链上具有较强地位的企业对上下游现金循环周期进行控制。在传统运营管理规则下,核心企业通过其强势地位延长商业信用周期,提高资金流动效率。这种方式将资金压力传导到供应商一方,供应商则将增加的资金占用成本分摊到产品采购价格中去。过度占用供应商资金可能导致上游供应链和供应商不稳定,带来潜在的产品质量下降或供应商财务风险等。

供应链融资可以帮助弥补传统单一企业营运管理的缺陷,并最终优化供应链营运资金管理。一家公司的营运资金在短期内可能是最优的,但长期而言可能不是最优的。传统营运资金管理中企业通过减少其现金周转周期来追求营运资金优化策略,最终可能会对整个供应链绩效产生不利影响。因此需要一种新的营运资金管理范式。与只考虑单一企业营运资金管理不同,供应链金融试图对供应链上所有主体的营运资金进行优化。

HOFMANN E(2011)总结三种供应链金融整体优化方案[12]。一是资金主导的供应链采购。这是供应链企业间通过供应链内部纵向和横向合作进行采购的概念。供应链采购的主要目的是优化采购程序及减少供应链参与者的产品成本。二是面向供应商的供应链融资。大买方通过第三方(金融提供商、保理公司等)获得融资利益或提供短期流动性,从而使其流动性低的供应商或客户具备更好的条件。三是现金到现金的协同管理。现金到现金的协同管理目的是在供应链伙伴间优化现金周转期,互相平衡优势和劣势,最终使所有参与者都获益。

国内外企业界和学术界都关注企业营运资金管理。美国 CFO 杂志和 REL 咨询公司 1997 年开始对美国最大的一千家企业进行营运资金调查。中国海洋大学企业营运资金管理研究课题组王竹泉等人(2007)年起持续对中国上市公司营运资金管理进行全方位(分行业、分地区、分产权类型、分时间等)的调查研究[84-91]。他们认为金融危机和宏观经济政策的变化会影响企业营运资金管理。他们对企业营运资金管理绩效进行测量,认为渠道管理、供应链管理和营运资金管理相结合成为一个新趋势。供应链融资、供应链金融成为金融危机背景下企业改善营运资金管理的业务创新模式。研究发现中国大多数上市公司采取延长支付款期限的方式解决营运资金短缺问题。上市公司聚集着大量优势资源,代表着相应行业发展领先力量,在供应链上处于优势地位,话语权较强,因而往往占用别人的资金,对商业信用的依赖度较强。王竹泉等(2019a,2019b)分析传统财务分析体系的缺陷,探究金融服务实体经济能力不高的深层次原因,认为孤立看待企业运营收益与成本是导致企业融资难贵、金融脱离实体经济的原因之一[92-93]。

基于供应链研究企业营运资金管理的学术研究主要有供应链运营绩效影响因素研究:张先敏(2013)分析了供应链管理与经营性营运资金管理绩效[94]。张先敏,王竹泉(2014)分析供应商、客户关系对企业经营性营运资金绩效的影响[95]。逄咏梅等(2013)探讨供应链企业间交易类型与制衡机制对企业营运资金管理效率的影响,从供应链合作目的入手,通过建立供应链合作交易模型来求解影响供应链合作收益的关键因素[96]。胡海青等(2014)基于供应链融资视角分析供应链合作关系对中小企业营运资本的影响[97]。王贞洁、王竹泉(2017)基于供应商关系营运资金管理的影响因素和经济后果,认为基于供应商关系的营运资金管理能为弱势企业雪中送炭,体现为市场地位低的企业、竞争程度高的行业以及民营企业更倾向于利用供应商关系进行营运资金管理;从经济后果看,基于供应商关系的营运资金管理有利于缓解融资约束[98]。

综合以上研究,营运资金管理从单个公司的角度出发寻求最优。单个企业角度营运资金管理会影响到供应链整体绩效。单一公司营运资金管理模式需要修正。供应链金融可以弥补传统营运资金管理模式的不足,并最终优化供应链的营运资金。

结合上述对商业信用微观角度研究分析发现,商业信用研究运营管理优化也有较多文献,但文献多集中在运营管理库存设计等领域,较少从资金流角度研究商业信用策略。MING H(2018)关注商业信用的资金池效应[5],DEVALKAR S K, KRISHNAN H(2019)研究了运营资金成本对商业信用效率的影响[99]。这两篇文章对本研究有较多启发,本研究关注企业商业信用形式的运营优化对供应链整体效率的影响。

2.2.4 反向保理研究

国内应收账款融资研究主要是从银行金融产品角度进行。实务界主要站在商业银行角度考虑反向保理的操作建议和政策支持。较少文献从供应链金融产品设计角度研究反向保理客户需求。在学术界,孙超(2011)研究应收账款融资法律问题[100]。谢江林(2015)讨论基于信号传递模型的供应链应收账款质押融资[101]。徐德顺(2018)从区块链技术角度讨论应收账款融资系统,运用最优控制管理技术努力实现买方企业应收账款内在价值最大化[102]。陈淑珍(2016)提出债权流转和债务抵付的管理模式,使用 Lamfalussy 法则分析企业间应收账款债务抵付的风险管理问题,这是国内首创金融业务[103]。

部分研究从供应链金融角度讨论应收账款融资。李茜(2011)研究供应链金融的应收账款证券化模式[104];王宗润等(2015)研究隐性股权的应收账款融资模式[105]。吴争程(2018)在中国企业商业信用研究基础上,强调应收账款融资方案对解决中国企业融资问题的重要性。他们对应收账款融资的研究尚未聚集到反向保理上[106]。

刁叶光,任建标(2010)首先研究供应链金融下的反向保理模式[17]。王一鸣,任亮(2014)认为从全球上看,基于互联网、面向全社会的应收账款融资模式已较成熟,其中较具代表性的是美国 RES 模式和墨西哥 NAFIN 模式[107]。秦涛(2016)研究北美地区在供应链融资反向保理项目的计划和实施问题[108]。王程(2016)、李雪薇(2017)、钟美玲(2017)、胡凯(2018)分别研究反向保理融资中核心企业授信决策问题、中小企业融资问题、核心企业业务问题及供应链金融决策问题[109-112]。顾超成等(2017)研究确定性需求连续生产模型下的最优保理融资策略,主要关注企业保理时间决策对其融资成本和融资价值的影响[113]。陈中洁(2018)讨论资金约束背景下反向保理的供应链合作,认为当供应商资金约束时,反向保理增加供应链收益,且核心企业受益更多。反向保理能增强供应链运营稳定性和捕捉机会的能力。供应商和零售商同时受益于优惠的融资条件,因而具有加强合作的动力[114]。高锦艳

(2019)建立订单融资加反向保理融资整体决策模型,推导出集中决策和分散决策下模型最优解,讨论反向保理下供应链绩效与效率[115]。国内学者对反向保理的研究多从供应链融资产品角度进行,较少从供应链金融整体角度进行。

国外学者认为供应链金融的重点是财务与营运交互,他们从财务和运营交互角度研究反向保理。KLAPPER L(2006)认为相比传统保理,反向保理减少了因缺少应收款质量信息所造成的成本以及收集和监测服务的费用,反向保理有助于缓解信息不对称[116]。DELLO IACONO U(2012)研究影响新兴市场发展反向保理的市场因素及辨析影响反向保理发展的市场因素之间的关系[117]。WUTTKE D A, BLOME C, HENKE M(2013)和WUTTKE D A, BLOME C, FOERSTL K, et al(2013)研究了反向保理模式,并解释了有利于反向保理的因素和反向保理发展的不确定因素[118-119]。在此之后,研究开始转向关心反向保理或其他金融解决方案的市场接受情况,DELLO IACONO U, REINDORP M, DELLAERT N(2015)从金融机构角度研究反向保理产品的市场接受情况[120]。LIEBL J, HARTMANN E, FEISEL E(2016)重新界定了反向保理的目标、条件及可能存在的发展障碍,认为发展反向保理存在多种目标,目前最重要的目标并不明确,反向保理发展过程中存在的最主要障碍也不明确,明确反向保理发展目标是最重要的事情[14]。

根据 PFOHL H and GOMM M(2009)[9]的观点,反向保理能优化供应链营运资金,促进供应链协同。供应链金融核心是优化供应链营运资金,最终与供应链的角色转变协同。反向保理基于买家的融资优势,根据买方的信用等级引入低成本融资,同时又能使买方延长信用期限。从财务角度看,这部分研究与商业信用研究关系紧密。由于市场的不完美,市场上存在信贷配给,信贷配给给企业带来较大财务负担。一方面,企业需要提供担保品才能从银行处获得贷款,缺乏担保品的中小企业往往得不到贷款。另一方面,尽管银行有应收账款融资业务,但由于信息不对称,中小企业提供商业信用所产生的应收账款无法成为有效的担保,因此企业应收账款融资的比例很低。反向保理被认为是一个有效解决方案。一方面反向保理降低了企业商业信用成本,另一方面买方对供应商发票的支持和同意支付能缓解信息不对称。此外,反向保理还有自偿性特征。一方面反向保理有助于供应商及时拿到资金,应对流动性危机;另一方面,反向保理可以减少金融机构损失。拖欠货款是供应商破产的主要原因。供应商能及时收回货款,减少破产可能性,减少贷款违约事件,则可以减少相应金融机构的损失。从这个角度来看,反向保理是应对不完美市场的一种方法,是在银行信用和商业信用基础上提出系统解决方案。

2.3 研究述评

2.3.1 从信用基础角度研究供应链金融

国内外学者均认为将供应链与金融结合的方式首先是从供应链融资开始的。供应链融资是供应链金融的基础功能,是最容易将供应链带来的整合优势转化为资源的方式。应收账款融资是供应链融资最常见的形式。无论其具体形式如何,应收账款融资对象是因商业信用产生的应收账款。因商业信用产生的应收账款包括普通的企业与企业间因赊销赊购而产生的应收账款。本研究重点研究针对核心企业的应收账款。原因如下,第一,针对核心企业的应收账款是供应链金融的重要形式。尽管预期未来区块链技术将弱化供应链核心企业的信息作用,供应链金融将实现普通企业间应收账款融资。目前来看,由于风险控制模式不明确,普通企业间应收账款尚难以有效开展。第二,产业链发展的趋势是核心企业控制供应链,针对核心企业的研究,有助于结合产业链整合寻找核心企业关键利益所在。第三,由于信用体系建设尚不完善、产权保护不完善等现实情况,国内如何有效开展应收账款融资主要从核心企业应收账款着手。

纵观商业信用文献,单个企业商业信用活动影响因素研究较多,企业间通过商业信用合作产生影响的研究较少。商业信用的大量存在表明商业信用在现代社会活动中起着不可忽略的作用。表面上,商业信用交易相比现款交易而言存在诸多成本,实际上,商业信用是企业间经济合作的一种方式,现有文献对此探讨较少。

针对大企业占用商业信用的现象,商业信用市场地位假说认为大企业具有较强市场议价力,小企业为了促进销售不得不提供商业信用。市场地位假说存在两个矛盾的问题。第一,虽然滥用市场地位可能是大企业拖欠货款的原因,大企业也因此受到谴责,但这似乎不是大企业有效利用其主导地位的方式:大企业买家融资成本比中小供应商更低,它们完全可以用其议价力要求更低的购货价格,而不需采用拖欠货款的方式。第二,实践发现越来越多核心买家愿意通过供应链金融的反向保理模式,来减少拖欠货款对供应商资金困难的影响。反向保理可以使供应商在票据到期之前以折扣的方式获得现金。这种方式降低中小供应商的融资困难,但问题是:如果买家打算提前支付的话,为什么不直接缩短商业信用期限,而要给供应商提供提前收款的选择权?简单地将核心企业占用供应商商业信用的原因归结为其强势市场地位的说法并不可靠。

核心企业不愿意参与传统供应链金融,原因是传统供应链金融借用供应链上核心企业信用给中小企业提供借贷,虽有利于解决中小企业融资问题,也有利于银行开拓市场,但核心企业必须承担贷款违约追偿责任。核心企业为传统供应链金融提供了信息支持,供应链上其他企业及金融机构明显受益,而核心企业参与供应链金融的收益却不清晰,因此核心企业并不愿意参与传统供应链金融。然而为什么供应链金融反向保理模式却受到核心企业的青睐?

文献表明 2008 年金融危机之前企业开始对反向保理感兴趣。金融危机之后,企业将反向保理视为是延长信用支付期限而不会影响供应商现金流的手段。MING H(2018)[5]注意到供应链金融反向保理模式允许核心企业以商业信用形式进行运营资金管理。这在一定程度上解释了反向保理模式相对传统供应链金融的优势。

然而,学者们也发现延长信用期限带来的新问题。KLAPPER L(2006)已经注意到这个问题,他认为反向保理提高中小供应商的流动性,减少其短期融资成本,买家核心企业也会要求相同收益。如果反向保理能大量降低中小供应商的外部融资成本,则买方核心企业会要求更长的支付期限[116]。KLAPPER L, LAEVEN L, RAJAN R(2012)研究来自供应链金融平台 PRIME REVENUE 上的近 3 万份商业信用合约,找出签约双方特征、关键合约条款,比如提前支付的折扣,什么时候需要付款等,发现最大最有信誉的买方从供应商处获得最长的信用期限[121]。该研究表明延长信用期限是大企业参与供应链金融反向保理的重要动机。

确定合适的信用期限是企业间商业信用活动的关键因素。一方面信用期限太短,供应商难以在激烈的市场竞争中吸引买方,允许较长的信用期限有利于供应商提高销售量;另一方面信用期限太长,供应商需要面对更多的流动性风险,增加相应的信用管理成本。供应商确定最佳信用期限的方法有几种:其一,供应商以利润最大化为目标,计算出不同信用期限的净利润差异数值,并确定最佳信用期限长度。其二,在允许的信用期限内,计算给予提前付款的购货方一定程度现金折扣所引起的收入和利润的变化,分析其对库存和成本等更深层次问题的影响,并判断是否调整信用期限。其三,以目前供货方给予的信用期限为参考,分析改变信用期限长度对自身收益和成本的影响。对改变信用期限带来的销售收入增长变化与相应应收账款管理成本及坏账风险成本变化进行权衡,确定最佳信用期限水平。然而,在以核心企业为主导的供应链中,供应商并不具备信用期限决策权,商业信用合同中的信用期限往往由核心企业决定。

TANRISEVER F,H. C,REINDORP M,et al(2016)解释了供应链金融反向保理模式下核心企业要求延长支付期限的原因:一个更长的商业信用期限意味着买方核心企业净营运资本因贸易负债的增加而减少。虽然理论上买方核心企业也可以直接通过支付折扣来获取收益,但延长支付期限更为常见。供应链金融模式下,买方要求直接折扣产品价格的方式并不常见,其原因主要有经理和股东之间的信息问题;降低应付账款与降低采购成本相比的相对效益问题,还有与价格协议相关的交易成本问题。这些问题通常比信用期限更难谈判[122]。

对供应链金融反向保理下企业是否延长支付期限的问题存在两种不同观点。一部分文献支持核心企业通过供应链金融延长支付期限。DELLO IACONO U,REINDORP M,DELLAERT N(2015)分析买家延长支付期限的前提下供应商参与保理的收益[120]。WUTTKE D A,BLOME C,HEESE H S(2016)分析对核心企业而言引入供应链金融的最佳时机和拖延期限[123]。GRUTER R,WUTTKE D A(2017)考虑了供应链金融的实物期权价值,认为在大多数情况下,买方要求扩大信用期限比要求降价获得更多收益[124]。占永志等(2018)引入互惠动机,认为供应链金融互惠体现在核心企业通过保理为供应商提供融资机会,而供应商接受核心企业延长支付期限的要求[40]。

另一部分文献则认为买方应谨慎采取延长支付期限方式。SEIFERT R,SEIFERT D(2011)站在核心企业管理供应链角度,认为核心企业在获得运营资金和挤压供应商产生对于风险之间得有一个权衡[125]。VAN DER VLIET K,REINDORP M J,FRANSOO J C(2015)研究供应商接受供应链金融的成本,认为供应链金融会带来商业信用展期,供应商是否接受商业信用展期的决策取决于需求的不确定性及其资本结构[126]。LEKKAKOS S D,SERRANO A(2016)发现供应链金融反向保理多占据了供应商10%的运营资金,对于有其他融资来源的供应商而言,供应链金融反向保理的价值下降[127]。TANRISEVER F,H. C,REINDORP M,et al(2016)在其论文中从中小企业角度研究供应链金融,认为供应链金融带来降低融资成本的收益,会被对方企业延长支付期限所增加的成本所抵消,对中小企业而言,供应链金融价值下降[128]。

综上,现有研究发现供应链金融反向保理是买方核心企业延长信用期限的工具。但对延长信用期限的利弊观点不一。现有文献多从单一企业角度讨论延长信用期限的利弊和供应链金融的价值，较少将反向保理放在供应链资金流系统中进行研究。并且，现有文献对延长信用期限潜在风险认识较为不足。本研究认为核心企业要求更长信用期限是一个潜在风险，其对供应链金融发展产生系统影响。供应链金融反向保理的对象是企业因商业信用产生的应收账款，要更好发挥供应链金融反向保理模式的作用，应该深入研究商业信用活动规律，在企业间商业信用活动基础上研究反向保理，并反过来讨论商业信用定价及信用期限决策问题。

2.3.2 从系统整体角度研究供应链金融

BABICH V，KOUVELIS P（2018）认为金融、运营和风险管理（Interface of Finance，Operations，and Risk Management 简称 IFORM）整合是一个相对较新的研究领域[129]。李心合（2012，2013，2019）倡导整体主义范式，认为供应链合作盈余得益于降低交易成本和协同效应，强调将运营管理嵌入供应链，追求整体价值最大化基础上的个体价值最大化[130-132]，而不是单个成员企业价值最大化[130-132]。现有供应链金融研究为理解供应链金融系统结构及运行规律奠定了基础，但现有研究多遵循个体主义范式，强调个体价值最大化，容易得出核心企业利益最大的决策判断。系统动力学及系统思考强调从局限于本位的思考到关照全局的全面思考，从机械还原论到整体生成论的整体思考，可以弥补个体主义范式研究的缺陷（丹尼斯·舍伍德，2011）[133]。

张维等（2013，2017a，2017b）分析了中国金融系统工程研究的发展，基于金融市场管理活动的复杂性，对管理研究提出要求，倡导用复杂系统的视角认识金融市场体制，运用计算实验的技术手段来研究金融市场的动力学性质[134-136]。供应链金融是一个动态系统变化的过程。将实证和模型演绎结果纳入系统动态思考，有助于洞悉供应链金融系统的结构及演变趋势。

纵观供应链金融文献，从单一角度研究供应链金融价值较多，从系统角度研究供应链金融发展的研究较少。早期国内供应链金融研究主要局限于供应链融资领域，而且大多是站在金融机构，特别是商业银行角度来研究供应链融资模式，研究范围相对较窄。随着供应链金融的发展，国内外学者对供应链金融的理解更为广泛，除了供应链融资外，学者们研究了资本结构、成本结构、资金流周期等，以更加整体的视角来研究供应链金融问题（深圳发展银行中欧国际工商学院供应链金融课题组，2010）[31]。宋华（2019a）认为，狭义上供应链金融是基于供应链运营面向特定环节中小企业的短期资金借贷，而广义供应链金融不是针对中小企业，是针对供应链所有参与者。供应链金融的目的不是融资，而是利用金融工具来优化供应链中资金流，提高产业效率，最终提高产业竞争力[6]。

宋华，杨璇（2018）构建供应链金融风险来源与系统化管理的整合性框架，认为应当从结构、流程、要素三个维度考虑供应链金融风险管理问题[137]。该研究从系统化管理角度指导供应链风险管理问题，本研究则偏向于从系统发展结构角度理解供应链金融的动态特性和系统结构，关注供应链金融可持续发展。宋华（2019b）讨论了中国供应链金融发展趋势，指出中国供应链金融发展六大发展趋势[138]。本研究侧重于供应链金融发展的结构和演变趋势。

系统动力学通过建立系统动力模型来理解供应链金融的复杂系统行为。使用系统动力学的优势是可以为供应链金融提供战略支持,分析不同的情景下供应链金融的发展,从而有助于确定某些风险领域潜在的政策战略。谢江林(2010)[139]、吴窑(2012)[140]、刘皓天(2013)[141]、于丽萍(2015)[142]、张诚(2018)[143]、任波(2019)[144]等学者运用系统动力学研究供应链金融系统优化发展。

系统动力学认为系统的行为模式及特性主要取决于其内部结构,只有把整个系统看作一个反馈系统才能得出正确的结论。系统动力学关注系统发展动力。DELLO IACONO U, REINDORP M, DELLAERT N(2012,2015)从金融提供商的角度研究了供应链金融系统动力,认为银行信誉是反向保理模式发展的关键[111,120]。LIEBL J, HARTMANN E, FEISEL E(2016)指出供应链金融发展最主要的障碍是税收和规则,他认为保持供应商财务稳定是一个重要的目标[14]。宋华(2019a)指出发展供应链金融的关键在于限制延期支付[6]。

上述对供应链金融发展动力的判断多出于对供应链金融的实践观察经验。本研究运用系统动力学研究供应链金融系统,重点关注供应链上企业信用期限变化对企业间商业信用活动及供应链金融方案持续发展的影响。首先基于企业间商业信用活动规律研究供应链金融反向保理模式的内在价值,然后运用系统动力学在市场扩散方面的模型讨论供应链金融市场的发展。对供应链金融系统动态研究,可以解释为什么反向保理模式相比其他供应链金融产品有明显优势目前却还没有得到明显发展的原因。

根据系统动力学理论,复杂系统往往会出现反直观的动态特性。在供应链金融系统中,核心企业进一步扩展了应付账款的期限,加剧供应商的融资约束,影响核心企业的产业链,进而影响了供应链的绩效。本研究支持供应链金融反向保理可持续发展的关键在于限制延长企业间的商业信用期限。

2.4 本章小结

本章首先梳理供应链金融相关概念。从供应链管理到供应链金融、再到供应链金融中的应收账款融资,最后聚焦到应收账款融资中的反向保理及产生应收账款的商业信用基础。

供应链金融是供应链管理的工具,供应链金融发展的目标取决于供应链管理目标。应收账款融资是以企业间应收账款为对象的融资方式,通常被认为是银行提供的一款融资产品。反向保理是应收账款融资的供应链金融方案,是金融提供商基于核心企业信用为链上中小企业提供的应收账款融资方案。反向保理常被认为是延长期限而不会影响供应商现金流的方案。

其次梳理商业信用相关概念。企业间延期支付是一种企业营运资金管理行为,也是经济活动中的商业信用行为。本研究定义商业信用是企业交易行为与交易结算时间相分离而形成的应收应付或债权债务关系。

再次从供应链金融价值研究、商业信用研究、供应链运营管理优化研究和反向保理研究四个方面梳理相关文献。中小企业角度的供应链金融价值研究较多,供应链管理角度的供应链金融价值研究较少;单一企业角度的运营管理研究较多,供应链角度的运营管理研究较少;宏观角度和微观角度的商业信用研究不少,整合宏观与微观的商业信用研究较少。供应链金融反向保理下企业是否延长信用期限的问题现有研究观点不一。应收账款融资主要用于解决对供应链下游企业进行赊销时较长的账期造成的资金紧张。现有研究对供应链金融业务流程关注较多,对供应链金融微观基础研究较少,对供应链上下游交易关系中企业赊销行为本身规律研究较少。实践过程中发现供应链上核心企业缺乏参与供应链金融的动机。本研究认为应当从赊销行为规律本身去寻求供应链金融瓶颈的突破口。

最后,从两个角度探讨供应链金融研究。一是向下,从商业信用活动基础角度研究供应链金融;二是向上,从系统整体角度研究供应链金融。

从商业信用活动基础角度,本研究认为供应链金融反向保理的对象是企业因商业信用产生的应收账款,要更好发挥供应链金融反向保理模式的作用,应该深入研究商业信用活动规律,在企业间商业信用活动基础上研究反向保理,并反过来讨论商业信用定价及信用期限决策问题。

从系统整体角度,本研究运用系统动力学研究供应链金融系统,重点关注供应链上企业信用期限变化对企业间商业信用活动及供应链金融方案持续发展的影响。

第 3 章 理论基础

3.1 系统论

系统论的基本思想方法,是将所研究和处理的对象,当作一个系统,分析系统的结构和功能,研究系统、要素、环境三者相互关系和变化的规律性,并用优化系统的观点看问题[①]。世界上任何事物都可以看成一个系统,系统是普遍存在的。系统就是一个具有特定功能,由若干个相互作用和相互依赖的部分结合组成的有机整体。系统论中的核心概念分别是:要素、结构与功能(邱昭良,2018)[145]。

系统是由要素组成的,在现实世界当中不存在没有要素的系统,也不存在完全脱离系统的要素,系统与要素密不可分。要素之间不是相互独立的,要素之间的内在构成了系统。同一系统中不同要素之间通过某一特定方式相互联系、相互作用共同构成一个系统(邱昭良,2018)[145]。

系统结构取决于系统当中的要素,结构其实是要素之间相互联系而形成的一种综合表现形式(邱昭良,2018)[145]。这种表现方式是内在的、稳定的,代表要素之间的组织秩序及其时空关系。任何系统都有特定的结构方式。系统结构发生改变,则系统间要素的内在联系发生质的改变。

系统功能是系统内部联系方式及其组织秩序的外在表现形式,它是系统与外部环境相互联系的过程中所表现出来的外在特质及功效。系统只有在与外部环境相互作用过程中才能有功能的概念。系统在不同的环境中,表现出各种不同的功能,这是系统的灵活性。

与系统论对应的是还原论。还原论把一个组织拆分为若干个部分,并试图撇开其他部分实现某个局部最优化。还原论在一定程度上带来生产力的提升。但缺乏系统思考导致组织各部分各自为政,也割裂了组织与其所在的更大系统之间的关联,在追求局部最优的同时损害了更大系统整体的利益。

3.1.1 系统的要素

系统是由一群相互连接实体构成的一个整体。构成系统的各实体之间按照特定规律,长期持续地相互影响、相互作用,为一个特定目的或共同目标而作为一个整体在运作(邱昭良,2018)[145]。

---

① 这部分内容主要参考邱昭良. 如何系统思考[M]. 机械工业出版社,2018,62-86.

按照这个定义,系统具有三个特性:第一,系统是由若干要素(实体)组成的,这些要素可能是单个事物,也可能是一群事物组成的子系统。第二,这些要素(实体)之间存在相互作用的反馈或联系。这是系统与一群彼此无关的事物组合(堆)的重要区别。第三,要素(实体)之间的反馈与相互作用,使得系统作为一个整体,具有特定功能。这些功能是由系统的结构所确定的,往往与其构成要素的特性功能不同(邱昭良,2018)[145]。

在供应链金融系统中,核心企业、中小企业及金融机构组成一个相互联系系统。核心企业、中小企业和金融机构是系统中的实体,这三个实体之间相互联系,存在相互作用的反馈。

根据系统的定义,系统包含三个基本要素:实体、连接和目标。在系统中,实体是一个统称或泛指的概念,既可以指有形能动的主体,也可以指一些无形事物,或者这些事物的关键特征、要素及其中的一些部分。供应链金融系统中实体可以有三个:核心企业、中小供应商及金融机构。根据系统思考专家德内拉·梅多斯(Donella Meadows)的观点,人们在分析系统时容易注意到的部分是实体,但事实上实体对于定义系统的特点通常不是最重要的。相对而言,改变实体对系统影响最小,只要不触动系统内在连接和总目标,即使替换掉所有实体,系统也会保持不变,或者只是发生缓慢的变化。

3.1.2 系统的连接与结构

系统中各实体之间的连接,是指系统中一部分与另一部分之间的关联。这种关联可以是物质流,如商品、现金,也可以是反馈或信息,即系统中影响决策和行动的各种信号,如,订单、收益、成本等。在德内拉·梅多斯(Donella Meadows)看来,系统中很多连接是通过信息流进行运作的,信息使系统整合在一起,并对系统运作产生重要影响。

实体之间的连接是系统的精髓。要了解系统的运行,并进一步影响它的行为,甚至控制系统行为,就必须从细究实体要素转向探寻系统内在的连接关系,即研究那些把各个实体整合在一起的关系。在本研究供应链金融系统中,中小企业通过为核心企业提供货物而建立联系。物品从中小企业流向核心企业,核心企业支付货款。在支付货款过程中可以采取现金支付也可以通过商业信用形式延迟支付。商业信用建立了中小供应商与核心企业之间的资金连接。

3.1.3 系统目标

系统目标是系统内在功能或目的。系统目标是系统行为最关键的决定因素(邱昭良,2018)。目标的变化会极大地改变一个系统,即使其中的实体和内在连接都保持不变。由于系统中嵌套着系统,目标中还会有其他目标。一个成功的系统应该能够实现其构成实体的个体目标和系统总目标的一致。在供应链金融系统中,明确系统目标才能理解系统各实体的行为。尽管常说供应链金融解决中小企业融资难问题,但解决中小企业融资难并不是供应链金融系统的真正目标。供应链金融系统是通过解决中小企业资金短板问题来实现供应链持续稳定发展的目标。明确这个目标对系统中各主体的行为决策至关重要。

3.1.4 系统问题杠杆解

复杂性问题可以分为社会性复杂问题、动态性复杂问题和涌现性复杂问题。其中动态性复杂问题涉及的主体虽然不多,但影响该问题的因素以及受该问题影响的因素众多,且彼此之间存在纷繁复杂的相互作用或因果关系,甚至因与果的相互影响并非在同一时间或空间中,导致问题会随着时间推移而产生不同的动态变化。对动态性复杂问题的解决方案是理解和分析因果关系及系统动态变化,一般使用系统动力学等方法和技术,搞清楚影响系统变化的驱动力及其相互关联,从而寻找到关键的根本解和杠杆解,力求以较小的代价实现系统整体功能的改善。

3.2 社会系统动力学

3.2.1 系统动力学

系统动力学(System Dynamics 简称 SD),出现于 1956 年,创始人为美国麻省理工学院的福瑞斯特(J. W. Forrester)教授。系统动力学是福瑞斯特教授在分析生产管理及库存管理等企业问题时提出的系统仿真方法。系统动力学是一门分析研究信息反馈系统的学科,也是一门认识系统问题和解决系统问题的交叉综合学科。从系统方法论来说:系统动力学是结构的方法、功能的方法和历史的方法的统一。它基于系统论,吸收了控制论、信息论的精髓,是一门综合自然科学和社会科学的横向学科(李旭,2009)[146]。

系统动力学运用"凡系统必有结构,系统结构决定系统功能"的系统科学思想,根据系统内部组成要素互为因果的反馈特点,从系统的内部结构来寻找问题发生的根源,而不是用外部的干扰或随机事件来说明系统的行为性质(李旭,2009)[146]。系统动力学遵循"事件—行为—结构",认为对事件的认识,要考察事件所在的行为模式。行为模式是系统外在表现,可表现为一系列相关事件演变过程,是多个关联事件表现出的过去、现在和未来。行为模式是系统内部结构决定的。结构是产生行为模式的物质的、能量的、信息的内在关系。系统的结构决定其行为模式,而事件是行为模式的重要片段。

系统动力学对问题的理解,是基于系统行为与内在机制间的相互紧密的依赖关系,并且透过数学模型的建立与仿真的过程而获得的,逐步发掘出产生变化形态的因、果关系,系统动力学称之为结构(李旭,2009)[146]。所谓结构是指一组环环相扣的行动或决策规则所构成的网络,例如指导组织成员每日行动与决策的一组相互关联的准则、惯例或政策,这一组结构决定了组织行为的特性。

系统动力学有助于解决管理科学化、定量化和模型化过程中遇到的问题。首先,系统动力学提供认识现实系统、描述现实系统、对现实系统模型化及进行政策设计与分析的一般思路和方法。第二,管理科学强调利用定量、确定信息决策,强调线性处理问题,注重寻求最优解;而实际管理工作则不同,实际管理中利用一切可利用的信息进行决策,强调定性和非线性因素,注重改变现实系统状态。管理科学和实际管理所关注系统特性和达成的目标不同,系统动力学有助于缩小两者之间的差距,实现管理科学与实际管理应用的统一。第三,现代决策理论经历理性决策理论、行为决策理论和自然决策理论三个阶段。理性决策理论运用科学方法研究决策问题,对决策中的问题、目标、约束条件和替代方案都要求是确定的。其特点是根据结果选择行动方案,不足是忽视决策者真实认知过程,用理性决策代替决策者直觉判断；行为决策理论从人们决策行为机理出发，认为实际决策过程遵循满意原则；自然决策理论考虑决策主体的认知结构，侧重决策规则、考虑情境因素、面向过程或结果，力求决策更接近实际。系统动力学有利于吸取三个阶段的长处，系统和建模更接近自然决策过程。第四，社会经济系统的复杂特性来源于简单的结构，系统动力学提供了认识复杂系统行为机理的有效方法(李旭，2009)[146]。

系统动力学分析解决问题的方法是定性与定量的统一，以定性分析为先导、定量分析为支持，两者相辅相成。从系统内部的机制、微观结构入手，剖析系统进行建模，借助计算机模拟技术来分析研究系统内部结构与其动态行为的关系，并寻觅解决问题的对策。

系统动力学的基本方法包括因果关系图、流图、方程和仿真平台。因果关系图描述系统要素之间的逻辑关系。变量之间相互影响作用的性质用因果关系链来表示。流图描述系统要素的性质和整体框架，在定性因果关系图的基础上提示系统量的变化。方程描述系统要素之间的量化关系。仿真平台则根据研究目的，设计不同政策方案，对系统进行仿真。

系统动力学不追求"最优解"，而是寻求改善系统行为的机会和途径。它不是依据数学逻辑推演来寻求答案，而是依据对系统实际预测所获得的信息建立结构模型，并通过计算机实验来获得对系统未来行为规律的认识。运用系统动力学研究供应链金融市场发展结构，通过对供应链金融系统未来行为规律的实验仿真，寻找改善供应链金融系统行为的机会和途径，为供应链金融参与主体提供决策支持。

3.2.2　社会系统动力学

社会经济系统具有如下规律①。第一，社会经济系统遵循因果律。因果律是社会经济系统基本规律，是系统工程分析问题的基本点。对系统实施任何一个影响都会产生一定效果，反过来系统中任何结果的产生都可以找到原因。第二，系统具有多重反馈。反馈是指因果关系的互动。当系统中的两个元素互为因果时，就构成了反馈。反馈分为正反馈和负反馈。正反馈是指系统 A 要素的增长会引起系统 B 要素的增长，而 B 要素的增长又使 A 要素进一步增长，周而复始形成一个环路，不断推动系统发展。如果一个系统只有正反馈，它是不稳定的。负反馈是指系统 A 要素的增长会引起 B 要素的增长，而系统 B 要素的增长会抑制系统 A 要素的增长，使系统 A 要素回归到较低的水平。负反馈是保证系统稳定性的重要因素。除了正反馈和负反馈外，经济系统还具有多重反馈的特点。系统工程常用因果关系环表示社会经济系统的反馈和多重反馈。第三，系统存在反直观性。由于系统的复杂性，导致一项好的政策实施后效果不佳，出现"好心办坏事"的现象。本研究中，供应链金融本意是帮助中小企业缓解融资难问题，结果却出现中小企业被进一步拖欠货款的现象。第四，系统具有较强非线性特征。非线性是指元素之间的因果关系呈现非线性特征。本研究中，收款成本与商业信用动机及绩效的关系，收款成本越低，企业提供商业信用越多，运用商业信用取得的企业绩效也越高。但当降低收款成本带来进一步占用商业信用时，结果会出现变化。第五，系统存在时滞效应。一项政策的效果需要很长时间才能得到反应。在设计社会经济系统政策时防止短期行为的发生。本研究中，进一步延长信用期限是一个短期行为，会影响

---

① 这部分内容主要参考李旭.社会系统动力学：政策研究的原理、方法和应用[M].复旦大学出版社，2009.

到供应链金融系统持续健康发展。除了以上特点外,经济系统还存在具有较大惯性、因果时空分离、不适合直接做试验等特点。

由于社会经济系统的复杂性,对社会经济系统的研究通常借助系统模型。系统模型是对现实系统的描述、模仿或抽象。系统模型是由反映系统本质或特征的主要因素构成的。系统模型体现了这些因素之间的关系。利用模型,可以对系统进行预测分析,可以进行方案间的比较和优选评价,可以从整体上协调系统要素,帮助建立系统理想状态,帮助系统分析者建立系统的目标状态。

社会经济系统是动态复杂系统。这要求我们保持清醒的认识,对问题看似明显的解决方案不一定是问题的根本解,甚至可能恰恰是导致问题的原因。动态复杂的社会经济系统变化微妙,只有当人们在扩大的时空范围内深入思考时,才能辨识它整体运作的特性。一个局部决策的小小改变,常常会使其他看似不相关的部分产生巨大的风暴。不能洞察系统的运行规律就无法有效处理问题。

社会系统动力学是研究复杂系统的有效理论与方法。其中因果关系图(causal loop diagrams)帮助以简单的方式认识系统;流图(flow diagram)帮助构建系统结构的整体框架;方程(equations)帮助从细节上研究要素的定量关系而又不脱离系统整体;仿真平台(vensim simulation environment)利用计算机进行仿真分析,帮助摆脱抽象复杂的数学推导。

社会系统动力学为解决复杂系统问题引出一条新路,使人们的认识过程由看片面到关注整体;从迷失在复杂细节中到掌握动态的均衡;从对现状作被动反应转为主动控制,进而培养出寻觅投入小而效果大的杠杆点的能力,获取合理性的决策规则,迸发出以小博大的力量(李旭,2009)[146]。

3.3 供应链金融系统动态特性

3.3.1 供应链金融动态复杂系统

系统动力学是复杂的社会、管理和经济系统中产生的动态问题的政策分析和设计方法(约翰·D·斯特曼,2008)[147]。从更新的观点来看,系统动力学研究系统如何随时间变化的方法。在企业方面,系统动力学是通过企业信息反馈来研究结构、时滞因素对企业绩效的影响,系统思考企业对客户、竞争者、供应商等的策略来形成企业的运行绩效。

系统思考的理论基础是20世纪50年代发展起来的一般系统论、控制论和复杂性科学。目前系统思考已形成硬系统思考、软系统思考、组织控制论、系统动力学等主要应用流派,形成一门综合性跨学科的知识体系。系统思考并不是系统本身,而是对系统的认知。

从应用上看,20世纪70年代《增长的极限》运用系统思考方法对全球发展进行研究,其研究结果引起全球关注。之后,系统思考开始广泛运用于经济管理、教育、生态与公共管理等领域。1990年彼得·圣吉应用系统动力学方法对企业管理和学习型组织进行整合性研究,提出第五项修炼[148]。系统思考被认为是自我超越、改善心智模式、团队学习、共同愿景之后的第五项修炼,是人们认识学习型组织的精妙之处。自20世纪80年代以来,系统思考在可持续发展、环境保护等领域也有明显发展。

系统思考专家、麻省理工学院教授斯特曼认为，人们用来指导自己决策的心智模式在应对系统的动态方面具有缺陷。面对现实世界不可避免的复杂性、时间压力和人们有限的认知能力，人们往往缺乏系统思考的技能。一般，人们倾向于采用一种基于事件的、因果关系而非回路的观点，忽视反馈过程，未能意识到行动与反应之间的时间延迟，在报告信息时未能理解存量和流量，并且对于在系统进化过程中可能改变不同反馈回路强度的非线性特征不敏感。

也就是说，人们思考问题时往往缺乏系统思考，而缺乏系统思考的思维模式是有缺陷的。具体体现为：(1)只见树木不见树林。只关注个别事物或某个细节，而缺乏对动态复杂系统的整体把握。由于人们无法看到系统整体以及自己行为对他人和整体行为之间的互动关系，在个体和组织决策中往往各自为政，存在本位主义，导致组织难以有效协同和高效运转。(2)只看眼前，不看长远。面对缤纷复杂诸多事物挑战，人们往往"目光短浅"，只关注眼前、过去有限时间和未来不远时间的事物，而不了解事物长期的发展态势及其背后的驱动力，并且容易对缓慢发生的微弱信号习而不察。(3)只看现象，不见本质。人们考虑问题往往只跟随表面现象，而未能洞悉事物的本质或看透现象背后的驱动力。

缺乏系统思考的能力使人们常以机械或条件反射式的模式来对事物进行反应。这种方式对于复杂动态系统往往是低效或无效的。复杂问题往往存在诸多原因，彼此之间也有非线性的复杂关联和相互作用，简单机械的处理方式难以解决问题，甚至会造成系统问题的恶化。比如，单一企业运营管理视角下，早收款晚付款，尽量推迟支付期限是核心企业的最优选择，但在系统整体观视角下，并非如此。

如果能理解复杂动态系统的因果关系及系统动态变化，弄清楚影响系统变化的驱动力及其相互关联，则可能寻找到关键的根本解和杠杆解，以较小的代价实现系统整体功能的改善。

供应链管理和供应链金融是需要进行系统思考的领域。目前在国内对这方面的系统研究较为少见。现有研究主要是对供应链金融相关问题局部优化研究。供应链是一个复杂的社会系统，对供应链管理的系统思考，是有效解决供应链管理、供应链金融发展过程中面临动态复杂性问题的有力工具。

系统思考可以让我们透过纷繁复杂的表象，化繁为简，找到驱动业务发展的成长引擎，并睿智地解决问题。本研究系统思考供应链应收账款融资系统问题，化繁为简，找到驱动供应链金融应收账款融资业务发展的成长引擎和杠杆解，为睿智地解决供应链金融系统持续发展问题提供了依据。

第一，对供应链金融进行深入思考，研究拖欠货款的底层商业信用结构。供应链系统中大量应收账款只是表面现象，其产生的本质原因、发展趋势及解决之道有赖于对其背后商业信用结构的系统思考，并找到真正解决资金短缺和拖欠货款问题的杠杆解，实现系统持续根本性的改善。限制延长信用期限解除了供应链金融系统成长的障碍，从另一个维度推动了供应链金融的发展。

第二，对供应链金融进行动态思考，在线性思考的基础上走向环形思考，看到供应链金融中因果之间的互动，而不只是线性的、静态的片段。

第三,对供应链金融进行整体思考,考虑供应链金融中的利益相关者,进行换位思考,有利于克服本本主义和局限思考,实现对供应链金融的全面思考。

供应链金融系统是典型的社会系统,对社会系统中的问题不能简单地像机械系统或有机系统那样,用短平快的修补或替换式进行处理。动态复杂性是社会系统的典型特点,这要求我们对复杂动态系统进行系统思考。

3.3.2 供应链金融动态复杂特性

动态复杂性特点体现在八个方面:(1)总体大于部分之和;(2)没有绝对正确或唯一正确的答案;(3)因果互动;(4)反馈;(5)目的性;(6)动态稳定性;(7)结构影响行为;(8)边界。

本研究从以上八个方面解释供应链金融系统。

供应链金融系统的特征决定必须从整体上看待和研究系统。如果将事物分开来,则无论分割得多细,可能也无法辨识出系统层面上的特性。将系统分割开来的研究,很可能破坏系统本身。如果割裂掉供应链上中小企业和核心企业之间的连接,单独地看核心企业或中小企业决策,则难以符合系统目标。相反,将供应链上核心企业和中小企业及金融机构作为一个整体进行思考,则可能获得超过每个实体简单相加的收益。

系统由多个实体持续动态地相互影响、相互作用,具有成百上千个变量,且这些变量都是时间的函数,随时随地都在变化。因此系统行为具有多种可能性、不确定性,从某种程度上讲系统行为是不可预测的。对于动态复杂系统,一组变量相互联系,产生多重反馈,会自发性地创造出新秩序,即"自组织"或"涌现"。在这一方面,复杂性理论学者常用"蝴蝶效应"[①]来阐释。

在供应链金融中,核心企业延长信用期限看起来只是一件不起眼的小事,但延长信用期限影响了供应链上供应商的收益,可能带来一系列复杂的影响,进而可能引发供应链金融系统难以预测的变化。事实上,由于供应链金融系统内部联系的复杂性、微妙性、易变性和不稳定性,延长信用期限对供应链金融系统产生的影响并没有固定的模式。或者说,对复杂的供应链金融系统而言,限制延长信用期限并不是唯一绝对正确的答案,本研究通过对延长支付期限机理和影响的研究提供了一种解释。

供应链金融系统是一个动态系统,因果关系并不是单方向的运动,而是不断循环、相互影响的。提供商业信用有利于促进供应商销售,但过多应收账款吞噬了供应商的收益,供应链金融有助于解决供应商融资难问题,但可能带来核心企业进一步延长信用期限,进而加剧供应商的资金困难。换句话说,供应商资金难是因,而供应链金融是果,但由于核心企业要求在供应链金融中获得更多收益,而进一步延长信用期限,加剧供应商的资金困难。这种情况下,供应链金融是因,供应商资金难是果。供应链金融与供应商资金困难是一个互为因果的动态作用关系。这里的因果关系并不是绝对的,而是相对的、互动的。这种因果互动、循环往复的特性是系统运作的基本方式。对于具有动态复杂性的供应链金融系统而言,各个

---

① 蝴蝶效应指亚马逊雨林里一只蝴蝶扇动了一下翅膀,将引发美国佛罗里达海岸一场龙卷风。美国气象学家爱德华·罗伦兹于1963年首次解释了蝴蝶效应。

构成要素之间存在着微妙的反馈,因因、因果、果果之间也存在着循环往复的相互连接。

反馈是系统内部的信息流动,是系统各种要素的相互联系,对于系统运作是至关重要的。正是由于反馈的存在,系统才能成为一个有效运作的整体。系统中每个实体不停地接收和处理信息流,并根据信息流不断调整行为决策。每个实体对大量动态信息的持续处理,结合系统目标对自身行为进行约束,才能实现系统整体最佳表现。供应链金融系统中,每个个体的行为都在对供应链上其他成员发出信号。无论核心企业还是中小企业,他们都根据自己在系统中获取到的信息流判断自身的收益和成本。当参与供应链金融的收益小于成本时,企业做出拒绝参与供应链金融的决策。比如,当延长信用期限所带来的成本超过供应商参与供应链金融的收益时,供应商拒绝参与供应链金融。这相当于供应商向核心企业发出的信号。这种反馈可以影响或约束核心企业延长信用期限的行为。

每个系统都有特定的目的,供应链金融系统也不例外。按照控制论创始人 Norbert Wiener 的观点,系统中存在的负反馈导致系统产生有目的的行为,可以实现自我调节,从而实现特定目标。供应链金融系统存在一个总目标。然而,由于系统中各主体有自己的利益或意图,供应链金融系统也存在多重目标,需要综合考虑多个"行动者"和"利益相关者"的观点。以上表明,对供应链金融系统的研究需要全面思考。

大多数系统在不受干扰的情况下具有自组织、自我调适的特性,可以保持动态平衡的状态。即使受到干扰,只要干扰不超出适当幅度,系统也能回到其平衡点上。因此,必须了解供应链金融系统的结构,以辨识哪些事件仅仅是暂时的行为,而哪些事件会对系统产生持续的影响。从原理上看,不能改变系统重要反馈回路的任何变化,不管它有多大,都仅仅是暂时的;相反,能影响系统重要反馈回路的任何变化,不管它有多小,都将改变该系统的长期行为。有必要识别供应链金融系统的重要反馈回路,并辨析其发展行为。

"结构影响行为"是系统最重要的特性之一。系统理论认为系统的行为由其结构决定。结构是系统中关键要素之间的相互联系模式,包括系统的物理和机制构造及其与系统主体决策制定过程之间复杂动态的相互作用。如果想要改变或影响系统的行为,就应该改造或顺应其结构。文化往往是影响系统行为结构层面的因素。追求个体利益最大化的文化导致供应链金融各实体各自为政,相反,互惠互利的文化使得供应链上各实体对自身行为进行修正,最终可能实现整体利益最大化。

边界是系统研究中的重要内容。每个系统都包含许多子系统,每个系统都存在于更大的系统之中。每个系统都有相应的边界。供应链金融系统问题的边界是供应链上主体的商业信用收益对供应链金融反向保理模式发展的影响。将供应链上的供应商、核心企业及金融机构视为一个整体,研究因商业信用而产生的企业间应收账款的作用及供应链金融应收账款融资业务带来的动态复杂影响。

综上,供应链金融系统是一个动态复杂系统。本研究运用系统动力学研究推迟支付乃至拖欠货款的底层商业信用结构问题,发现供应链应收账款融资是解决供应商融资约束的成长引擎,而拖欠货款则是供应链应收账款融资进一步发展的障碍。系统思考可以让我们通过纷繁复杂的表象,化繁为简,找到驱动供应链金融及供应链管理的业务发展的成长引擎,并睿智地解决问题。

本研究接下来内容安排如下:首先分析企业间商业信用期限决策机理,指出核心企业延长商业信用期限的动机和收益,然后将商业信用活动与供应链金融整合,考虑商业信用期限对供应链金融收益分配的影响,最后运用系统动力学仿真解释延长信用期限对供应链金融发展的系统动态影响。

3.4 本章小结

系统论强调将所研究的对象当作一个系统,分析系统的结构和功能,研究系统、要素、环境三者相互关系和变化的规律性,并用优化系统的观点看问题。系统动力学认为系统的行为模式及特性主要取决于其内部结构,只有把整个系统看作一个反馈系统才能得出正确的结论。在供应链金融系统中,核心企业、中小企业及金融机构组成一个相互联系的系统。核心企业、中小企业和金融机构是系统中的实体,这三个实体之间相互联系,存在相互作用的反馈。

从系统动态复杂性的八个方面理解供应链金融系统动态特性。在供应链金融系统中,明确系统目标才能理解系统各实体的行为。供应链金融系统是通过解决中小企业资金短板问题来实现供应链持续稳定发展的目标。明确这个目标对系统中各主体的行为决策至关重要。单一企业运营管理视角下,尽早收款推迟付款是企业的最优选择,但在整体观视角下并非如此。在供应链金融系统中,大企业延长信用期限看起来只是一件不起眼的小事,但延长信用期限可能带来一系列复杂的影响,进而可能引发供应链金融系统难以预测的变化。

根据结构影响行为的基本原理,供应链金融系统的外在行为表现受其内在结构影响,系统的长期趋势为我们理解潜在系统结构提供了重要线索。如果能理解复杂动态系统的因果关系及系统动态变化,弄清楚影响系统变化的驱动力及其相互关联,则可能寻找到关键的杠杆解,以较小的代价实现系统整体功能的改善。延长信用期限是供应链金融发展的关键因素。对供应链核心企业而言,进一步延长付款期限看起来可以实现个体利益最大化,但实际上却留下了长期隐患。将供应链金融当成延长信用期限的工具,是供应链金融发展的一个阻碍。放松这个阻碍有利于供应链金融持续发展。

本章运用系统动力学解释供应链金融问题,将供应链金融当成一个整体,有利于看到供应链金融的全貌,有利于看到潜藏在事件背后的结构而非只看到供应链金融的局部表象。由于供应链金融系统内部联系的复杂性,延长信用期限对供应链金融系统产生的影响并没有固定模式和绝对正确答案。为了揭示延长信用期限对供应链金融系统的影响,接下来研究供应链企业间商业信用期限决策机理,提出商业信用资金共享效应假说(第 4 章)并进行实证检验(第 5 章),进而分析企业间商业信用活动对供应链金融反向保理收益分配的影响及供应链参与主体的利益博弈(第 6 章),最后用系统动力学仿真解释延长信用期限对供应链金融发展的系统动态影响(第 7 章)。

第 4 章 供应链企业间商业信用资金共享效应

现有文献多将供应商为核心企业提供的商业信用作为缓解信息不对称的工具,金融机构在此基础上为供应商提供银行信用。较少文献关注到商业信用自身价值及供应链金融对商业信用的影响。

本研究提出对买方核心企业占用商业信用的另一种解释。注意到买方通常采取延期支付,即超过规定信用期限推迟付款而形成强制获得的信用。观察发现,企业并非所有情况下都使用商业信用。在一些情况下,现款交易的收益高于商业信用,在另一些情况下,商业信用带来更高的效率。这是商业信用存在的空间。当核心企业使用商业信用时,表明其从商业信用中获利。借鉴运营管理中的库存共享原理,认为供应链上存在企业间资金共享效应,这种效应通过商业信用形式使得资金在供应链企业间进行共享,称为供应链运营资金共享效应。本研究表明供应链金融反向保理有助于促进商业信用形式的运营资金共享效应。

具体而言,从营运资本管理的角度,在供应链整体视角下研究企业商业信用活动。持有现金是企业面临流动性风险时常见的手法。供应商提供商业信用是应对流动性风险的一种方式。当流动性风险发生时,企业通过收回应收账款来应对流动性冲击。而当流动性风险没有发生时,则允许买方暂缓甚至延迟支付。这表明供应商所持有的现金不仅可以维持供应商的流动性,还能用于维持买方的流动性。换句话说,通过延长商业信用期限,买方可以在一定程度上占用供应商的营运资金。

4.1 模型构建

假定供应商和买方有两种融资途径应对流动性冲击,第一种是在流动性冲击发生前通过正规银行借贷渠道获得资金,并将其作为现金缓冲;第二种是当流动性冲击已经产生时,通过紧急渠道获得资金。紧急渠道下融资成本比正常情况下高。为了体现买方核心企业的强势市场地位,假定买方核心企业融资成本比供应商低。

现款交易条件与商业信用条件下企业的运营策略不同。由于正常情况和紧急情况下融资成本不同,企业大多会持有正的现金流量作为流动性缓冲。在现款交易情况下,由于在流动性冲击发生前,买方企业已完成支付,两个企业运营政策是相互独立的。每个企业持有一定现金流量,这个数量由两种渠道融资成本决定。

在商业信用条件下,供应商和买方之间的运营策略却不是独立的。商业信用条件下,供应商收回应收账款需产生额外成本,产生更多融资费用,因此供应商持有比现款交易条件下更多的现金流。而买方经常可以成功地延期支付(当供应商没有催账时),买方往往持有比货到付款更少的现金。融资成本更高的供应商提供商业信用,融资成本更低的核心企业却占用商业信用,这并不是简单出于核心企业强势市场地位的原因。

本章解释核心企业通过延长商业信用期限可以在一定程度上占用供应商的营运资金,供应商所持有的现金量不仅可以维持供应商流动性,还能用于维持买方流动性。商业信用条件下供应链上营运资金总量会比现款交易少,体现出商业信用交易模式的效率。

本章进一步解释企业间收款成本是影响商业信用效率的重要条件。降低企业间收款成本有利于促进商业信用效率。供应链金融反向保理模式有利于降低收款成本,是有利于提升企业间商业信用效率的。

参照 MING H(2018)[5],借鉴库存共享原理来研究企业间运营资金共享效应。首先,库存管理是指核心企业根据生产需要,保持合理库存量,既能满足需要,又使库存总成本最低。基于库存与现金的相似性,核心企业对现金的管理遵循典型的库存模型,体现为核心企业根据自身需要对现金进行管理,既保持合理的现金存量,又使持有现金总成本最低。基于库存共享模型,可以分析商业信用情况下供应链运营资金共享的价值及前提条件。

首先解释为什么核心企业要占用商业信用。在特定条件下,即便买方能以更低的成本获得资金,供应商筹集资金并提供给买方可能是更有效的。也就是说,商业信用虽然成本更高,但在特定情况下可能更有效率,这是商业信用的供应链资金共享价值。其次解释虽然商业信用存在运营资金共享价值,资金共享并不总是低成本的。本书研究供应链主体现金持有策略及博弈论框架下的交易条款,并突出买方与供应商的相互现金持有策略。

4.1.1　问题描述和模型假设

针对核心企业更容易获得资金的情况,建立一个供应商和一个核心企业的模型。为了关注营运资金共享效应,假定核心企业面临固定需求,并且标准化为 1。核心企业向供应商订货,供应商生产产品边际成本标准化为 0,产品销售价格为 p。考虑到核心企业强议价力,把核心企业当成斯塔克伯格博弈的主导者,核心企业决定产品价格及交易条款。供应商接受该合同的前提是,相应的净利润(包括经营收益和财务成本)不低于其机会成本 π_{sme}^o。

模型基础是随机流动性冲击(图 4.1)。供应商和核心企业都面临流动性冲击的可能。把核心企业流动性冲击所需资金量记为 X_{cor},供应商流动性冲击所需资金量记为 X_{sme}。将流动性冲击造成的财务成本看成随机变量。它们的联合分布累积分布函数记为 $F(X_{cor}, X_{sme})$。核心企业流动性冲击累积分布函数是 $F_{cor}(X_{cor})$,供应商流动性冲击累积分布函数是 $F_{sme}(X_{sme})$。假定核心企业面临流动性冲击所需的现金期望比供应商高,因此图 4.1 中核心企业流动性冲击分布均值在供应商右边;假定核心企业面临流动性冲击的差异程度比供应商小,也即核心企业能更好地控制流动性冲击,而供应商面临流动性冲击的不确定性更多,因此图 4.1 中核心企业流动性冲击分布曲线比供应商流动性冲击分布曲线陡峭。

为了应对流动性冲击,维持正常运营,企业必须持有非负现金。核心企业需要的现金缓冲 H_{cor} 一般有两种融资渠道,一是在流动性冲击之前从金融提供商处以利率 R_{cor}^0 借到资金,二是在冲

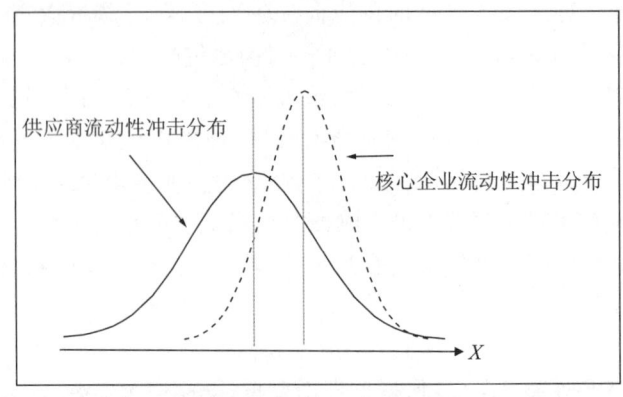

图 4.1 供应商与核心企业流动性冲击分布

击发生后以利率 R'_{cor} 从紧急渠道获得资金。供应商情况也是类似,即供应商持有现金流量 H_{sme} 一般有两种融资渠道:在流动性冲击之前从金融提供商处以利率 R^0_{sme} 借到资金,或者在冲击发生后以利率 R'_{sme} 从紧急渠道获得资金。不失一般性,假定持有现金产生的利润为零。

核心企业面临流动性冲击的资金需求为 X_{cor},核心企业持有现金 H_{cor} 作为缓冲,利率为 R^0_{cor},在发生流动性冲击后,以 R'_{cor} 从紧急渠道获得资金,核心企业财务总成本是 $R^0_{cor}H_{cor} + R'_{cor}(X_{cor}-H_{cor})$。

供应商面临流动性冲击资金需求为 X_{sme},供应商持有现金 H_{sme} 作为缓冲,利率为 R^0_{sme},在发生流动性冲击后,以 R'_{sme} 从紧急渠道获得资金,供应商财务总成本是 $R^0_{sme}H_{sme} + R'_{sme}(X_{sme}-H_{sme})$。

假定企业有两种融资渠道,不同融资渠道利率不同。基准利率为 R_f,不同融资企业的利率是基准利率 R_f 加上相应的风险溢价 B。由于核心企业信用水平比中小供应商高,所以对于相同融资渠道,核心企业融资利率比供应商低。$R^0_{cor}<R^0_{sme}$;$R'_{cor}<R'_{sme}$。紧急情况下的风险高于正常情况融资风险,因此,对同一企业而言,正常融资渠道利率比紧急渠道利率低,即 $R^0_{cor}<R'_{cor}$;$R^0_{sme}<R'_{sme}$。

4.1.2 事件时间顺序

对比商业信用模式和现款交易模式下企业的交易条款。现款交易是指一手交钱一手交货,即不存在供应商提供商业信用允许买方延期付款的情况。在商业信用条件下,买方在货物发出后一定时期内支付货款。

在现款交易情况下,核心企业在供应商发货后立即支付的批发价为 w^0。在商业信用情况下,核心企业在供应商发货后一定期限内支付的批发价为 w^{TC}。在这种情况下,商业信用合同规定了商业信用到期日,即规定买方在什么时间内付款。为了获取延迟支付行为的影响,假定核心企业可以在到期日后进一步延伸商业信用(即进一步拖欠货款)直到供应商采取一定行动进行收款。供应商采取收款行动单位成本为 I,供应商在到期日收到货款 $D(D \leqslant w^{TC})$ 的成本是 ID。未收回部分有待进一步博弈。

常见商业信用条款包括信用期限和享受现金折扣的条件,如"2/10;n/30"表示客户在 10 天内付款,给予 2% 的现金折扣;如果客户在 10 至 30 天内付款,需要全额付款;超过 30 天付款需支付一定惩罚利息。根据这一信用条款,核心企业在 30 天内付款不会得到任何折扣。考虑到核心企业的地位,核心企业超出 30 天付款不需支付惩罚的利息。

将核心企业和供应商间交易事件发生顺序简化如图 4.2。

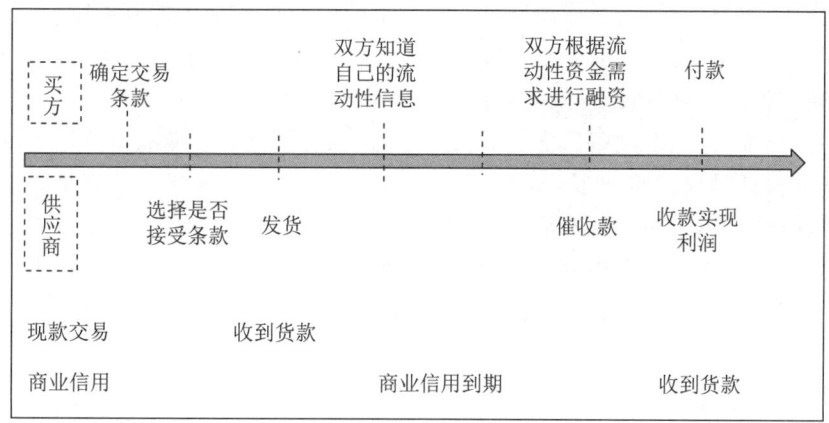

图 4.2　核心企业与供应商交易付款时间顺序

4.1.3　供应链企业间商业信用财务成本模型

本模型主要解释商业信用条件下的财务成本。首先以现款交易为基本状态讨论企业现金持有策略。通过后向求解方式分析供应商和核心企业现金持有策略。在现款交易情况下,供应商初始现金水平为 H_{sme}^0,发货后,供应商现金水平将为 $H_{\text{sme}}^0 + w^0$。

在财务冲击下,供应商需筹集资金为

$$\Delta_{\text{sme}}^0 = X_{\text{sme}} - (H_{\text{sme}}^0 + w^0),$$

供应商净利润为运营收益减财务成本:

$$\pi_{\text{sme}}^0 = w^0 - R_{\text{sme}}^0 H_{\text{sme}}^0 - R_{\text{sme}}' \int_{-\infty}^{+\infty} \Delta_{\text{sme}}^0 \mathrm{d}F(X_{\text{sme}})。$$

相应地,核心企业初始现金水平为 H_{cor}^0,支付货款后,核心企业现金水平为 $H_{\text{cor}}^0 - w^0$,核心企业需筹集外部资金为

$$\Delta_{\text{cor}}^0 = X_{\text{cor}} - (H_{\text{cor}}^0 - w^0),$$

核心企业净利润为销售收入减财务成本:

$$\pi_{\text{cor}}^0 = (P - w^0) - R_{\text{cor}}^0 H_{\text{cor}}^0 - R_{\text{cor}}' \int_{-\infty}^{+\infty} \Delta_{\text{cor}}^0 \mathrm{d}F(X_{\text{cor}})。$$

对供应商和核心企业净利润分别求导可得供应商和核心企业分别选择最优的初始现金持有量。

在现款交易情况下,批发价为 w^c,供应商最佳现金持有量为:

$$H_{\text{sme}}^0 = \bar{F}_{\text{sme}}^{-1}\left(\frac{R_{\text{sme}}^0}{R_{\text{sme}}'}\right) - w^0, \tag{4.1}$$

核心企业最优现金持有量为:

$$H_{\text{cor}}^0 = \bar{F}_{\text{cor}}^{-1}\left(\frac{R_{\text{cor}}^0}{R_{\text{cor}}'}\right) + w^0。 \tag{4.2}$$

有两个地方值得注意:第一是在现款交易情况下,由于流动性冲击发生前就发生货款支付,供应商和核心企业最佳现金持有策略是相互独立的。第二是最佳现金水平与经典报童方案在临界点上具有相似之处。这也表明在管理流动性冲击时现金的作用与管理需求不确定时库存的作用类似。显然,供应商和核心企业最佳现金持有水平在紧急情况下增加,而在正常情况下减少。换句话说,随着金融摩擦水平(用紧急时期和正常时期的利率比来测量)的增加,企业将持有更多的现金作为缓冲。

在经典报童模型中,报童每天卖报需求量是随机的,报童无法准确预测每天的报纸需求量。报童根据报纸需求量的分布来确定最佳订货量。报童无法保证每天订货量都恰好满足需求,但可以保证一段时间内收益最大。根据报童原理,供应商和核心企业持有一定现金来应对流动性冲击,他们无法准确预测流动性冲击发生的时间和需要的资金量,但根据报童模型可以得出最佳现金持有量保证收益最大或损失最小。

最后,供应链上两个企业财务总成本:

$$C_{\text{Total}}^0 = R_{\text{sme}}^0 H_{\text{sme}}^0 + R_{\text{cor}}^0 H_{\text{cor}}^0 + R'_{\text{sme}} \int_{-\infty}^{+\infty} \Delta_{\text{sme}}^0 dF(X_{\text{sme}}) + R'_{\text{cor}} \int_{-\infty}^{+\infty} \Delta_{\text{cor}}^0 dF(X_{\text{cor}}),$$

也就是说供应链总财务成本等于供应链上企业持有现金的财务成本加上应对流动性风险时紧急融资的财务成本。由于供应链总利润等于总收入减总成本。当总收入不随交易条款变化时,交易条款的收益就由财务总成本决定。接下来讨论在什么条件下商业信用会减少供应链财务总成本。本研究主要关注营运资金共享效应下供应链财务成本的变化。

4.2 模型分析

商业信用成本高于现款交易成本的前提下核心企业为什么使用商业信用?本研究的解释是供应链营运资金共享。具体而言是,供应商提供商业信用给核心企业,供应商具有提前收回应收款以应对流动性冲击的选择权;在供应商流动性冲击小的情况下,供应商一般不提前收回货款,此时核心企业通过占用商业信用的形式减少自身现金持有量,进而减少应对流动性冲击的财务成本。接下来首先证明商业信用成本高于现款交易成本,然后分析商业信用条件下供应商现金持有策略,解释商业信用条件下供应商最优现金持有量受收款成本、批发价及流动性风险影响,接着分析买方为中心的供应链上核心企业主导的批发价,最后讨论核心企业的流动性策略。

4.2.1 供应链企业间商业信用财务成本

由于核心企业的市场地位和强议价力,销售合同交易条款由核心企业起主导地位。核心企业不会提出在流动性冲击发生后到期的商业信用合同。

推理4-1:现款交易总财务成本小于商业信用下延期支付财务总成本。

证明:在供应商提供商业信用允许核心企业延期支付情况下,由于核心企业在收入实现,流动性冲击缓解后才支付货款,供应商不能用销售收入来应对流动性冲击,所以供应商最佳现金持有量为 $\bar{F}_{\text{sme}}^{-1}\left(\dfrac{R_{\text{sme}}^0}{R'_{\text{sme}}}\right)$,核心企业最佳现金持有量为 $\bar{F}_{\text{cor}}^{-1}\left(\dfrac{R_{\text{cor}}^0}{R'_{\text{cor}}}\right)$。

商业信用延期支付条件下事前融资(自有资金)的财务成本 $R'_{sme}\bar{F}_{sme}^{-1}+R'_{cor}\bar{F}_{cor}^{-1}$ 等于 $R'_{sme}\left[\bar{F}_{sme}^{-1}\left(\dfrac{R^0_{sme}}{R'_{sme}}\right)-w^0\right]+R'_{cor}\left[\bar{F}_{cor}^{-1}\left(\dfrac{R^0_{cor}}{R'_{cor}}\right)+w^0\right]+(R'_{sme}-R'_{cor})w^0$。由于 $R'_{sme}>R'_{cor}$，$(R'_{sme}-R'_{cor})w^0$ 总是大于 0，即商业信用条件下供应链上企业事前融资财务成本总是大于现款交易下的成本。而现款交易条件下和商业信用条件下，核心企业与供应商外部融资成本是相等的，因此可以推理出商业信用条件下供应链总财务成本是高于现款交易财务成本的。

既然商业信用条件下供应链总财务成本总是高于现款交易财务成本，为什么供应链上企业还要使用商业信用？本研究的解释是：核心企业通过批发价影响供应商的现金持有水平，并让供应商持有的现金为核心企业所用。

4.2.2 供应链企业间商业信用营运决策

4.2.2.1 供应商现金持有策略

商业信用条件下供应商提供商业信用给核心企业，供应商具有提前收回应收款以应对流动性冲击的选择权。先分析供应商要求提前收回应收账款的情况。

在这种情况下，批发价是 w^{TC}，供应商为了在到期日收到货款需要产生一定的收款成本。记收款成本为 I。为了保证流动性，供应商有三种融资渠道：一是事前的内部融资 H^{TC}_{sme}，二是事后的融资 Δ^{TC}_{sme}，第三是收回应收账款 $D(D\leqslant w^{TC})$。在给定的 H^{TC}_{sme} 下，融资顺序取决于相应的融资成本。如果 $I>R'_{sme}$，即收回应收款成本高于外部融资成本，则供应商会寻求外部融资，而不会要求收回应收账款。可以证明核心企业不会要求这种商业信用，原因是这种情况下核心企业将无法享受供应链资金共享效应。

当供应商收回应收账款成本 I 不高于紧急情况下的融资成本，即 $I\leqslant R'_{sme}$。供应商流动性决策如下：

外部融资量 $\Delta^{TC}_{sme}=X_{sme}-(H^{TC}_{sme}+w^{TC})$，

收回应收账 $D^{TC}=\min((X_{sme}-H^{TC}_{sme}),w^{TC})$。

供应商的流动性策略很直观：当供应商流动性冲击小于流动性缓冲时，供应商不会提前收回应收账款，也不会从外部应急融资。当流动性冲击增加时，供应商会收回部分应收账款来补偿流动性冲击，如果全部应收账款回收后还不能填补流动性冲击，供应商才会向金融提供商进行融资。

这个流动性政策下，供应商的净利润如下：

$$\pi^{TC}_{sme}=w^{TC}-R^0_{sme}H^{TC}_{sme}-I\int_{-\infty}^{+\infty}D^{TC}\mathrm{d}F(X_{sme})-R'_{sme}\int_{-\infty}^{+\infty}\Delta^{TC}_{sme}\mathrm{d}F_s(X_{sme})。 \quad (4.3)$$

给定商业信用条件下批发价 w^{TC}，设定 $\dfrac{\partial\pi^{TC}_{sme}}{\partial H^{TC}_{sme}}=0$，推导可得供应商最佳现金持有量 $H^{*,TC}_{sme}$ 满足以下条件：

$$I\bar{F}_{sme}^{-1}(H^{*,TC}_{sme})+(R'_{sme}-I)\bar{F}_{sme}^{-1}(H^{*,TC}_{sme}+w^{TC})=R^0_{sme}。 \quad (4.4)$$

此时供应商最佳现金持有量具有如下单调特征：

命题 4-1：供应商最佳现金持有量的单调性：供应商最佳现金持有量 $H^{*,TC}_{sme}$ 在 $I\in[0,R'_{sme}]$ 单调递增；$H^{*,TC}_{sme}$ 随着批发价 w^{TC} 的增加而减少，随流动性风险 X_{sme} 的增加而增加。

证明见本书附录。

命题 4-1 描述了供应商现金持有策略如何随各种参数变化。当收款成本增加时,供应商最佳现金持有量增加;当批发价增加时,供应商最佳现金持有量减少。当流动性风险水平增加时,供应商最佳现金持有量增加。

当收回应收账款成本高于正常融资渠道时,供应商收款成本增加,预期现金短缺成本更高,促使供应商提前积累更多现金。同理,当应收账款作为应对流动性风险资金来源较小或预期流动性冲击可能性增大时,供应商也会囤积更多现金。

4.2.2.2 核心企业营运策略

(1) 核心企业决定批发价

预期到供应商最佳现金持有量是批发价的反应,核心企业会根据其在商业信用下的净利润来设置批发价,使得供应商的净利润等于它的机会成本。换句话说,由于价格是由核心企业主导的,核心企业会通过价格的设置使供应商净利润与机会成本一致。也就是说,表面上供应商可以根据收益情况决定其自身现金持有量,但是由于其现金持有量受批发价影响,而批发价又由核心企业决定,所以不管供应商持有多少现金,其最终净利润并没有变化,都会等于其机会成本。这表明供应商不能通过改变产品批发价格或改变现金持有量来获得更多的利润。

命题 4-2:商业信用条件下使供应商利润与外部选择相等的最佳批发价 $w^{*,TC}$ 满足以下条件:

(1) 如果收款成本 $I=0$,则 $w^{*,TC}=w^0$,

(2) $I\in[0,R'_{\text{sme}}]$ 时,$w^{*,TC}$ 增加,

(3) $w^{*,TC}$ 随供应商流动性风险增加而增加。

有几点值得注意:首先,当收款成本为零时,商业信用条件下的最佳批发价与现款交易时一致。这是由于如果不存在收款成本,供应商能容易地收回货款,供应商的现金持有策略与现款交易相同。这样,核心企业无须增加批发价来补偿供应商。然而,收款成本为零的商业信用条件下,供应链总财务成本与现款交易的总财务成本并不相同。这是由于供应商不需要收回全部货款应对流动性风险时,核心企业能以延期付款的情况使用供应商的现金。基于这个预期,核心企业可能会减少自身的现金持有水平或紧急时期的银行借款量,从而降低总财务成本。

其次,当收款成本增加时,核心企业决定的批发价必须补偿供应商。同理,如果供应商的流动性风险增加,供应商收回货款或向银行借款的成本可能会增加,因此供应商必须得到补偿,此时批发价也会增加。

综上,提供商业信用对供应商最佳现金持有量的影响取决于两种力量的对比。一方面,根据命题 4-1,收款成本及流动性风险的增加会促使供应商持有更多现金。另一方面,根据命题 4-2,增加的收款成本及流动性风险会导致供应商要求买方支付更高的批发价来补偿供应商。商业信用对供应商最佳现金持有量的影响取决于这两种力量的对比。当收款成本高时,供应商会持有更多现金。

(2) 核心企业现金持有策略

供应商的现金持有策略(商业信用活动)包含了供应链上营运资金共享的价值:供应商

提供商业信用是给自己提供一种选择权,只有当供应商需要应收账款来补偿流动性冲击时,他才会要求提前收回货款。如果供应商流动性冲击不大,或者供应商现金持有水平较高,则供应商不会要求提前收款。这样,这些资金可以被核心企业所使用。

在供应商流动性政策及最佳批发价条件下,研究核心企业的流动性政策。

核心企业的利润除受销售利润$(P-w^{*,TC})$影响外,还受其持有现金成本$(R_{cor}^0 H_{cor}^{TC})$及紧急情况下应筹集的资金成本$(R_{cor}' \int_{-\infty}^{+\infty} \Delta_{cor}^{TC}(H_{cor}^{TC}, X_{cor}, X_{sme}) dF(X_{cor}, X_{sme}))$的影响。核心企业在紧急情况下需要筹集的资金取决于已实现的流动性风险X_{cor}及初始现金流水平H_{cor}^{TC},由供应商收回部分到期应收账款D^{TC}取决于供应商现金持有量$H_{sme}^{*,TC}$和供应商发生流动性风险的可能性X_{sme},因此核心企业需筹集的现金Δ_{cor}^{TC}也是供应商现金持有水平和流动性风险的函数。

此时,核心企业的净利润为:

$$\pi_{cor}^{TC} = P - w^{*,TC} - R_{cor}^0 H_{cor}^{TC} - R_{cor}' \int_{-\infty}^{+\infty} \Delta_{cor}^{TC}(H_{cor}^{TC}, X_{cor}, X_{sme}) dF(X_{cor}, X_{sme}), \quad (4.5)$$

表明核心企业的利润与供应商现金持有水平和流动性风险有关。核心企业在自己营运过程中会考虑供应商的营运行为。也就是说,核心企业现金持有量不仅取决于其日常生产的需要,还考虑了其供应商现金持有量及流动性风险。当核心企业可以共享供应商运营资金时,核心企业会减少现金持有量。

供应商持有现金存在供应链共享的可能:供应商提供商业信用是给自己提供一种选择权,只有需要应收账款来补偿流动性冲击时,供应商才会要求提前收款。如果供应商流动性冲击不大,或者供应商现金持有水平较高,则供应商不会要求提前收款。这样,供应商的资金可以以商业信用的形式被核心企业所使用。

4.2.3 供应链企业间商业信用资金共享效应实现条件

以上研究表明,尽管整体上商业信用财务成本高于现款交易,供应链上存在营运资金共享的可能性。在营运资金共享时,商业信用的效率高于现款交易的效率。下面分析实现营运资金共享的前提条件。

(1) 收款成本

商业信用价值源于低的收款成本,收款成本低于某个临界点时有利于实现营运资金共享。

命题 4-3:对于固定的$R_{cor}^0 > 0$,存在两个分界限:$0 \leqslant I_1 \leqslant I_2 < R_{sme}'$,

1) $I \leqslant I_1$,商业信用更有效率;

2) $I > I_2$,现款交易更有效率。

证明见本书附录。

当收款成本较低时,商业信用比现款交易有效。这是因为供应商流动性冲击较小,不需要要求核心企业支付全部货款,核心企业可利用商业信用延期来处理流动性冲击,从而减少初始现金持有量。然而当收款成本高时,现款交易比商业信用更有效。因为收款成本高时,供应商不仅要为自己的流动性风险融资,还要为多余部分的$w^{*,TC}$融资。由于供应商从正常融资渠道和应急渠道融资成本比核心企业相应成本高,所以相比现款交易,高收款成本的商业信用会增加供应链整体财务成本。

在核心企业紧急融资成本很低的情况下,现款交易更有效。这是由于商业信用的价值在于它允许核心企业用供应商现金来缓和流动性风险,从而节省了核心企业财务成本。如果核心企业流动性风险足够低,则节省的财务成本不足以抵偿由于供应商为提供商业信用而持有更多现金所带来的财务成本。这种情况下核心企业不会选择商业信用交易。换句话说,当核心企业流动性风险低,紧急融资成本也很低的情况下,核心企业会倾向于选择现款交易。因为这种情况下,核心企业并不需要供应商提供的商业信用来应对流动性风险。

(2) 供应商流动性风险

将供应商流动性风险看成随机变量,则流动性风险的均值代表供应商发生流动性危机时所需资金水平,而流动性风险的标准差代表供应商发生流动性危机时所需资金水平的差异程度。当供应商流动性风险的均值越高时,说明供应商发生流动性危机所需要的资金越高,供应商应持有的现金量越高。而当供应商流动性风险的不确定性越大时,则表明供应商为应对流动性危机所持有的现金可能用不上。此时,供应商所持有的现金可以为核心企业所用。

命题 4-4:当供应商面临流动性冲击的不确定性很小时,现款交易比商业信用有效;当供应商面临流动性冲击不确定性增加时,商业信用效率高于现款交易。

命题 4-4 揭示了供应链营运资金共享运营资金的另一个层面,即供应商为自身的流动性需求而准备资金。当不需要用到这些资金时,供应商会将其提供给买方,从而带来商业信用的高效率。如果供应商的流动性冲击不大,供应商总是能精确地准备持有现金量,则供应商与核心企业之间就不存在资金共享的问题,商业信用比现款交易的优势也就无从体现。

(3) 核心企业流动性风险

命题 4-4 揭示当供应商流动性冲击波动存在的情况下的共享效应。接下来的问题是,如果核心企业流动性冲击的波动性不存在,那共享效应还存在吗?

命题 4-5:当核心企业流动性风险固定不变时,如 $R'_{cor}/R^0_{cor} < R'_{sme}/R^0_{sme}$,且收款成本 I 很小,则商业信用交易比现款交易更有效。

命题 4-4 表明当供应商的流动性冲击没有变动时,现款交易效率更高,而命题 4-5 表明,当核心企业的流动性冲击是固定时,商业信用更有效。即,当核心企业外部融资成本比供应商低,且收款成本很低的情况下,商业信用效率比现款交易高。从这个角度看,核心企业实际上是使用商业信用融资来支付确定性的投资。这点与学者们观察到的类金融现象一致。

一般情况下,核心企业事后融资与事先融资的比例小于供应商,比如,供应商和核心企业有相同的银行贷款利率,然而在应急融资时,大企业更容易获得资金,而供应商则可能需要卖掉资产或用个人信用贷款来进行融资,中小供应商的应急融资成本更高。因此,当收款成本不高时,明智的做法可能是让核心企业事先承诺一定数量的现金,并且只在供应商事后产生现金需求时才能满足它。命题 4-5 表明事先和事后融资成本对比对商业信用效率的影响。

4.3 模型讨论

4.3.1 收款成本对供应链企业间资金共享效应的影响

以上分析表明,当供应链企业间收款成本较低,供应商遭遇流动性冲击的不确定性大而核心企业遭遇流动性冲击的不确定性小的情况下,核心企业可以通过供应商的商业信用来共享营运资金,达到减少供应链整体财务成本的效果。由于核心企业在供应链上的决定地位,当核心企业选择商业信用时,其动机是为了共享营运资金,减少财务成本。

(1) 收款成本对产品批发价的影响

根据上文分析,当收款成本为 0 时,商业信用下的批发价等于现款交易时的批发价。当收款成本大于 0 时,商业信用下的批发价高于现款交易时的批发价。收款成本越高,两者的差异越大。换句话说,当收款成本越高时,核心企业要付出更高的采购价格。

在同一收款水平下,核心企业要多支付的采购价格受供应商自身流动性风险的影响。当供应商流动性风险不确定性越大时,其越有可能发生流动性风险,此时供应商要求的补偿越大,核心企业要支付的价格越高;反之供应商要求的补偿越小,核心企业需支付的价格越低。这也表明核心企业难以通过控制产品价格来获得更多收益。

(2) 收款成本对商业信用效率的影响

上述分析表明收款成本变化会带来供应链价值变化。供应链价值可以从供应链现金持有量及供应链财务总成本两个方面来体现。商业信用对供应商最佳现金持有水平的影响取决于两种力量的对比。上述分析结果表明,当收款成本高时,供应商会持有更多的现金,而核心企业会减少现金持有量。因此,只要收款不太高,商业信用条件下整条供应链的现金持有水平低于现款交易的水平。而这种降低来源于商业信用的资金共享效应。这表明,尽管面临更高利率水平的供应商在商业信用条件下需要持有更多现金,但整体来讲,供应链总体整体水平是降低的。

从供应链总成本的角度来看,供应链总财务成本与供应商收款成本成正比。但是收款成本存在一个临界点。当收款成本低于这个临界点时,商业信用效率更高,而超出这个临界点时,现金交易效率更高。且这个临界点会随供应商流动性冲击的增加而增加。由于商业信用资金共享效应价值来自供应商未使用的现金储备,所以当供应商的流动性风险变大时,商业信用交易效率降低。

供应商和核心企业的正常渠道借款利率也会影响商业信用效率。当供应商贷款利率很低时,供应商获得外部资金的成本也低。此时供应商更愿意提供商业信用,企业间商业信用资金共享效应更大,商业信用更有效率。核心企业的情况则相反。由于商业信用条件下,核心企业不需要为完成交易提前融资。核心企业融资成本越高,商业信用资金共享效应能为其节省的财务成本越多,商业信用资金共享效应越大,商业信用更有效率。

供应链金融工具有助于降低供应链企业间收款成本,有利于促进供应链营运资金共享效应的发挥。基于此,应从降低收款成本的角度考虑供应链金融工具的定价。

4.3.2 供应链金融对企业间资金共享效应的影响

供应链金融反向保理模式允许供应商在商业信用到期前按折扣价从金融提供商外获得资金。反向保理降低供应商收款成本是可以预见的,但反向保理在什么条件下能降低成本呢?与现款交易相比,在反向保理支持下的商业信用效率如何?由于供应链金融反向保理并不是免费的,供应商还要支付第三方或者支付金融提供商相应费用,那么在什么条件下,反向保理会提高商业信用的效率?

首先考虑商业信用合同期限问题。商业信用交易条件下,如果买方提前支付货款,则供应商无需寻求反向保理融资。因此,在商业信用提前支付情况下,反向保理没有给供应链带来新价值。可以推理:只有在商业信用展期的情况下,反向保理作用才能体现。也就是说,只有在商业信用期限被延长时,反向保理的价值才能体现出来。此外,供应商需支付的反向保理费用 R_{sme}^{SCF} 应小于供应商紧急情况下融资成本,否则供应商不会选择反向保理。

证明过程与上述模型相似。不同之处在于,供应商通过支付反向保理费用来代替应收账款收款成本。根据上述模型可以推理出反向保理费用不应高于供应商收款成本。当中小供应商需要通过供应链金融反向保理提前收回货款的时候,供应商支付保理费用 R_{sme}^{SCF}。保理费用也可以理解为收款成本的一部分或一种形式,相比非反向保理情况下的收款成本 I 有所下降。假定反向保理下供应商初始现金流量为 H_{sme}^{SCF},批发价为 w^{SCF},供应商从买方处提前收回货款 D_{sme}^{SCF},事后外部融资量为 Δ_{sme}^{SCF},

$$\Delta_{sme}^{SCF} = \min(X_{sme} - H_{sme}^{SCF}, w^{SCF}),$$
$$D_{sme}^{SCF} = X_{sme} - (H_{sme}^{SCF} + w^{SCF})。$$

企业初始现金流量为 H_{sme}^{SCF},批发价为 w^{SCF},供应商净利润为

$$\pi_{sme}^{SCF} = w^{SCF} - R_{sme} H_{sme}^{SCF} - R_{sme}^{SCF} \int_{-\infty}^{+\infty} y_s^f D_{sme}^{SCF} d(X_{sme}) - \beta_{sme} \int_{-\infty}^{+\infty} \Delta_{sme}^{SCF} dF_s(X_{sme}), \quad (4.6)$$

反向保理情况下批发价 w^{SCF}、供应商现金持有水平 $H_{sme}^{*,SCF}(R_{sme}^{SCF}, R_{sme}')$ 满足以下条件:

$$R_{sme}' \bar{F}(H_{sme}^{SCF}) + (R_{sme}' - R_{sme}^{SCF}) \bar{F}(H_{sme}^{SCF} + w^{SCF}) = R_{sme}^0。$$

作为一个决定供应商最佳现金持有量 $H_{sme}^{*,SCF}$ 的外生因素 R_{sme}^{SCF},买方核心企业制定的批发价将使供应商在反向保理下和现款交易下的净利润相等。根据命题4-1和命题4-2,可以推出反向保理下供应商最佳现金持有量与批发价,使供应商激励相容。

根据命题4-1和4-2,推出反向保理下供应商最佳现金持有量如下:
假定供应商紧急情况下的融资利率 $\beta_{sme} \geq 0$,
(1) 在 $R_{sme}^{SCF} \in [0, R_{sme}']$,$H_{sme}^{*,SCF}$ 随 R_{sme}^{SCF} 增加而增加。
(2) 在 $R_{sme}^{SCF} \in [0, R_{sme}']$,$H_{sme}^{*,SCF}$ 随 R_{sme}^{SCF} 增加而增加,现款交易下的批发价小于反向保理下的批发价。$w^0 = w^{*,SCF}(R_{sme}^{SCF}=0) \leq w^{*,SCF}(R_{sme}^{SCF})$。

反向保理下买方核心企业现金持有量及相应的利润如下:
买方核心企业流动性策略为

$$\Delta_{cor}^{SCF}(w^{SCF}, X_{cor}, X_{sme}) = X_{cor} + D^{SCF}(X_{sme}, H_{sme}^{*,SCF}, w^{TC}) - H_{cor}^{SCF},$$

买方核心企业利润为

$$\pi_{cor}^{SCF} = P - w^{SCF} - R_{cor}^0 H_{cor}^{SCF} - R_{cor}' \int_{-\infty}^{+\infty} \Delta_{cor}^{SCF}(H_{cor}^{SCF}, X_{cor}, X_{sme}) dF(X_{cor}, X_{sme})$$
$$+ R_{sme}^{SCF} \int_{-\infty}^{+\infty} D^{SCF} dF(X_{sme})。$$

与商业信用条件下买方核心企业净利润模型不同,反向保理条件下买方净利润增加了新的项目。这一项目是供应商使用反向保理进行应收账款折扣时,核心企业所能获得的利润。

相比现款交易,商业信用产生的收款成本带来供应链效率的下降。反向保理能帮助克服这个问题。反向保理的作用在于一方面拓展了买方信用期限,另一方面允许供应商提前收款,避免流动性冲击带来的损失。

与商业信用交易及现款交易相比,供应链金融反向保理效率如下:

命题 4-6:如果 $R'_{\text{sme}} \geqslant 0$,对于给定的 $R^{\text{SCF}}_{\text{sme}}$,

(1) 如果 $R^{\text{SCF}}_{\text{sme}} = I$,则反向保理比商业信用更有效;

(2) 存在一个 $\widehat{R^{\text{SCF}}_{\text{sme}}} \in [0, R'_{\text{sme}})$,如果 $R^{\text{SCF}}_{\text{sme}} \leqslant \widehat{R^{\text{SCF}}_{\text{sme}}}$,则反向保理比现款交易更有效。

(3) 与现款交易相比,R^0_{sme} 与 R^0_{cor} 差距越大,反向保理效率越高。

(证明见本书附录)

命题4-6的第(1)部分突出了反向保理与商业信用的区别。反向保理费用与收款成本对供应商流动性策略及现金持有策略的作用是相似的。反向保理带来的变化主要体现在买方核心企业方面。在没有反向保理支持的商业信用情况下,供应商为收回货款产生相应的成本。在反向保理支持的商业信用情况下,供应商为获得提前折扣支付相应费用。由于核心企业在供应链金融反向保理中提供的信用支持作用,核心企业收取相应的费用或补偿。供应商支付的保理费用中有一部分转移给买方,买方从反方保理中获得比原来更多的收益。

命题4-6的第(2)部分与命题4-3类似。当反向保理费用低于某个临界点时,反向保理产生的供应链总财务成本低于现款交易。命题4-6的第(3)部分解释了反向保理支持的商业信用和无反向保理支持的商业信用的区别。在没有反向保理支持的情况下,如果供应商商业信用收款成本等于其紧急条件下融资利率,则对供应链而言现款交易比商业信用更有效。

有反向保理支持的情况则有所不同。当反向保理费用等于供应商紧急融资利率,且供应商一般的融资利率与核心企业接近时,供应商最佳现金持有量为 $H^{*,\text{SCF}}_{\text{sme}} + w^0$,这与现款交易下供应商最佳现金持有量没有不同。当供应商面临流动需求超过其现金持有量时,供应商在反向保理支持下从买方核心企业处要求提前支付货款。供应商支付的反向保理费用可以理解为供应链内的内部转移,整条供应链没有产生新的成本。商业信用与现款交易相比没有产生新成本,但供应商可以从买方核心企业处获得低融资成本产生新收益,核心企业可以享用供应链资金共享效应。与现款交易相比,反向保理支持下的商业信用给供应链带来更多收益。

由于买方核心企业可以决定反向保理费用,反向保理支持下商业信用效率总是高于现款交易。这种效率的提高来源于买方核心企业为保理的货款提供相对低的保理利率。根据命题4-6第(1)部分,在内生保理费用条件下反向保理比现款交易效率高。

4.3.3 供应链金融对企业间商业信用期限的影响

以上分析表明供应商和买方企业间商业信用存在运营资金共享效应。尽管供应商的财务融资成本高,商业信用条件下供应商需要花费成本去收回应收账款,但供应商和核心企业之间的商业信用交易效率仍可能比现款交易高。供应链上企业以商业信用形式共享运营资金给整条供应链带来新的收益。当核心企业有多个供应商时,商业信用能进一步降低供应链总融资成本,商业信用营运资金共享效应更为显著。核心企业供应商数量越多,核心企业面临供应商同时收款的波动性越小。核心企业面临要求支付的货款数量变得固定,核心企业需要持有应对流动性冲击的现金量变得更少。核心企业利用不同供应商因流动性风险差异而产生的收款需求差异,低成本地使用了供应商因商业信用提供的营运资金,降低了自身现金持有量。

随着供应商数量的增加,核心企业通过商业信用获得的收益增加。当供应链上存在大量供应商时,核心企业通过商业信用共享运营资金的效果更明显。由于多个供应商同时收回账款的可能性很低,核心企业只需要持有少量固定的现金即可应对一般流动性冲击的需要。在核心企业从供应商处采购数量很大、应付账款规模很多的情况下,商业信用给核心企业带来巨大利润。核心企业可以把更多资金转入资金密集的领域。

仅从供应商的利润公式来看,要提高供应商的收益可以有几个途径,一是提高产品价格,二是降低融资利率。上述分析已表明,由于供应商在供应链上的议价地位,产品价格并不是其所能决定的,融资利率也不是其所能决定的。提升供应商的收益并不只是简单地要求提价或者降低融资利率。

表面上收款成本越高供应商收益越低。然而当收款成本高时,供应商会在销售价格上要求补偿,从而使其最终利润与机会成本一致。也就是说收款成本高低实际上不会影响供应商的收益。但核心企业不同。在收款成本低的情况下,供应商能低成本地收回货款应对流动性冲击,又能提供商业信用促进销售,增强供应链关系,供应商是愿意提供商业信用的。这种情况下,核心企业只需要储备少量现金应对部分供应商的收款需求即可。核心企业可以通过商业信用共享供应商的营运资金,在财务上实现短融长投。因此,低收款成本是有利于核心企业的。

收款成本影响核心企业的收益,核心企业为提高自身收益应考虑降低供应链收款成本。核心企业推动供应链金融反向保理模式有利于降低供应链收款成本。然而当核心企业提供供应链金融的动机是享用供应商营运资金时,核心企业有动机进一步延长账款期限。以上分析了供应链金融反向保理下核心企业的收益,也解释了为什么供应链金融反向保理模式下核心企业会进一步延长信用期限。

4.4 本章小结

本章研究商业信用效率及收款成本对商业信用效率的影响机理。通过构建买方核心企业为主导的供应链财务成本模型,解释供应链上企业延长商业信用期限的机理。本章解释供应链上核心企业运营管理中通过商业信用形式共享供应商资金的机理,并推出供应链金融支持下核心企业进一步延长信用期限的必然性。下文将在此基础上进一步分析延长信用期限对供应链金融发展的系统影响。

与现款交易相比,商业信用在特定情景下效率更高。一是供应商收款成本低,二是供应商紧急融资成本高。这两种情景下,企业间采用商业信用交易的供应链整体融资水平比现款交易低。供应商提供商业信用给买方核心企业,供应商承担了财务成本,整体来看商业信用减少了买方核心企业现金持有量,进而减少了供应链总财务成本。这种情况下商业信用是有效的。

核心企业通过商业信用减少自身现金持有量。当核心企业流动性冲击不确定性小时,商业信用交易比现款交易更有效率。买方核心企业有组织的运营资金管理可以为长期投资筹集资金。当核心企业拥有多个供应商时,商业信用的运营资金共享效应更强。不同供应商暂时用不上的现金为买方核心企业提供了稳定现金缓冲。

反向保理不仅能降低供应商收款成本，还能增强商业信用营运资金共享效应。供应链金融反向保理方案不仅有利于供应商提前收回货款，也有利于核心企业运营资金管理。核心企业可以通过参与供应链金融提高供应链营运资金共享效应。这个解释有利于推动核心企业参与供应链金融。

当核心企业愿意为供应商提供反向保理时，反向保理为供应商提供了融资选择。为了获得运营资金共享效应，核心企业往往会要求更长的商业信用期限。

进一步延长信用期限对核心企业的收益是明显的，但核心企业延长信用期限增加了供应商的成本，有可能导致供应商拒绝提供商业信用或拒绝参与供应链金融，进而导致供应链营运资金共享效应难以发挥。本研究在第 5 章进一步讨论这个问题。

第 5 章　供应链企业间商业信用资金共享效应检验

基于第 4 章供应链企业间商业信用资金共享效应,本章对供应链上企业间商业信用的动机及绩效进行检验,重点关注收款成本对商业信用活动和企业绩效的影响。有文献认为核心企业资金流充裕,融资成本低,融资渠道多样,无需通过商业信用来获取资金共享效应。本章实证表明,核心企业通过商业信用管理企业绩效。在供应链商业信用资金共享效应假设成立的基础上,可以推导出在供应链金融反向保理中,金融机构依据核心企业高质量信用对供应商进行融资,供应商可以以低成本收回应收账款。这种情况下,供应商愿意提供更多商业信用。核心企业可以进一步管理营运资金以获取商业信用资金共享效应。供应链金融有助于核心企业享用供应链上运营资金,核心企业有动机进一步延长信用期限。在本章基础上,第 6 章进一步讨论延长商业信用期限对供应链金融收益分配的影响。

本章内容安排如下:第一部分是研究假设;第二部分是研究设计及数据来源;第三部分是实证检验结果及稳健性检验;第四部分对实证结果进行讨论,最后得出结论。

5.1　研究假设

第 4 章理论分析提出供应链企业间商业信用资金共享效应假设。影响供应链企业间商业信用的关键因素是企业将应收账款和应付账款作为流动性缓冲。对买方而言,通过延长应付账款账期来应对流动性冲击是常见的运营管理方式。而对供应商而言,应收账款作为应对流动性冲击的工具,如果能较容易收回应收账款,则企业更愿意提供商业信用。这种情况下,商业信用是提升企业财务柔性的方式。一方面,通过延长应付账款账期来应对流动性冲击,有利于提升买方企业的财务柔性。另一方面,收款成本较低的情况下,供应商企业可以收回应收账款应对流动性冲击。收款成本影响到供应商提供的商业信用,进而影响到供应商的财务柔性。如果供应链商业信用资金共享效应假设成立,则降低收款成本,有助于提升供应链上企业的财务柔性。供应链金融应收账款融资有助于降低收款成本,有助于提升企业财务柔性,减少外部危机对企业业绩的负面影响。现有文献较少关注到供应链金融这方面的价值。对供应链金融提升财务柔性的研究,有助于为各方主体参与供应链金融决策提供依据。宋华等(2018)提出供应链金融对中小企业资金柔性提升的作用,但没有明确其作用途径。本研究实证结果支持供应链金融反向保理对企业资金柔性提升的作用是通过企业间商业信用活动进行的。

5.1.1　商业信用与企业绩效

商业信用是资金流、实物流、信息流的高度融合。在完美资本市场上,作为社会信用体系的重要组成部分,商业信用可以通过供应链、资本链和信息链以价值链方式实现企业内部经营管理无缝对接,实现企业内外部治理机制的高效统一。中国资本市场被证实大部分时间内弱式有效,商业信用所蕴含的信息和实物价值必然通过以市场为起点流经企业后再回归往复循环过程,实现对企业价值的贡献。

对商业信用带来的影响的实证研究颇丰。国内的商业信用实证研究主要有以下几方面:

(1) 检验商业信用与银行信用的关系。徐绪松,陆隽(2006)提出基于信号理论的博弈模型,分析商业信用与银行贷款之间的关系,认为受到信贷配给的中小企业利用商业信用弥补了部分资金缺口,同时以此向银行发出有关自身风险的信号,使银行更容易辨析中小企业风险类别,更愿意向中小企业提供贷款[149]。石晓军,李杰(2009)建立商业信用和银行信用的联立方程模型,考察商业信用与银行借款之间的关系,认为商业信用和银行借款是我国企业最重要的两类短期融资来源,它们之间的关系及其随宏观经济周期变化的行为是两个重要的金融与经济问题[150]。石晓军,张顺明,李杰(2010)通过检验商业信用对银行借款的替代作用,来反映商业信用对信贷政策的抵消作用,认为商业信用对信贷政策的抵消作用大约为17.2%,抵消作用的程度具有同步性反经济周期规律[81]。刘仁伍,盛文军(2010)实证检验了商业信用和银行信用的关系,认为商业信贷机制对银行信贷机制有显著的补充作用[151]。

(2) 检验商业信用资源配置效应。石晓军,张顺明(2010)通过两阶段计量分析模型,检验商业信用对融资约束的作用及融资约束对效率的影响,认为在我国商业信用通过融资约束的降低有效提高企业规模效率[152]。余明桂,潘红波(2010)检验商业信用资源再配置效应,认为国有企业获得更多的银行信用但并没有发挥信用再分配功能,而私有企业尽管只获得少量的银行信用却较好地发挥信用再分配功能。如果银行体系适当增加对私有企业的信用配置,同时减少对国有企业的信用配置,可以充分发挥私有企业的信用再分配功能,提高银行体系的资源配置效率[153]。同样是检验商业信用资源再配置效应,刘小鲁(2012)认为商业信用增大了市场交易费用和风险,商业信用并没有改善资源效率[154]。谢诗蕾(2011)在控制了规模、成立时间、行业竞争性等因素后,银行短期借款越多的公司提供了更多的商业信用,支持了商业信用的"再分配"观,认为利用银行信用提供商业信用再分配的现象只在非国有上市公司中存在,盈利状况较差的非国有上市公司在银行信用的基础上提供了更多的商业信用[155]。王竹泉,翟士运,王贞洁(2014)研究认为商业信用是供给与需求共同作用下的一种均衡,是资金在供应链上的重新分配。金融危机中,商业信用只能提供暂时资金支持,而不能"一劳永逸"[156]。

(3) 检验商业信用与企业投资效率的关系。王鲁平,毛伟平(2009)研究商业信用、银行信用和投资的关系,发现相对于低成长的公司,高成长公司中商业信用与投资的负相关程度更强,而银行借款与投资的负相关程度在高低成长公司中差异不显著[157]。李林红(2014)研究商业信用融资与公司投资行为之间的关系。结果发现:我国上市公司商业信用的使用促进了固定资产、无形资产和在建工程投资支出的增加;相对于民营上市公司,国有上市公司获得的商业信用更多,但国有上市公司并没有因此提高商业信用的投资行为,而民营上市公司其商业信用融资的使用显著地提高了对投资支出[158]。孙浦阳,李飞跃,顾凌骏(2014)从投资视角研究商业信用能否成为企业有效融资渠道,研究认为中国企业能够利用商业信用作为融资渠道,对于小企业、私营企业以及外部金融环境较差的企业,商业信用对其融资帮助更大。当正规部门融资成本上升时,国有及外资企业以及外部金融环境良好的企业能够更为有效地使用商业信用作为融资渠道[159]。周雪峰(2014)从融资治理角度讨论商业信用对非效率投资的影响,认为上市公司的商业信用能够抑制过度投资,发挥治理作用,同时商业信用又能够缓解投资不足,发挥融资功能[160]。黄兴孪,邓路,曲悠(2016)和邓路,曲悠(2016)分别从货币政策角度研究了商业信用对企业投资行为和企业业绩增长的影响[161-162]。张良(2016)从非效率投资中介效应和组织冗余调节效应分析商业信用是否能提升企业绩效[163]。

(4) 检验商业信用与出口的关系。韩剑(2012)研究企业内外部融资与出口的关系,以商业信用融资衡量企业融资约束情况,认为出口本身不能缓解企业内部融资约束,银行贷款约束对中国企业出口选择有决定性影响,而企业商业信用融资约束无法通过出口进行有效化解[164]。他们研究认为应纠正中国企业对外出口偏好,加快国内外金融体制的改革和创新,改善企业外部融资环境。陆利平,邱穆青(2016)认为商业信用对出口的促进作用在于能有效地为出口扩张提供更多的营运资本融资[165]。周定根,杨晶晶(2016)构建一个考虑信息不对称的国际贸易模型,研究了商业信用中预先支付的形式,认为预先支付不仅为出口企业的部分生产成本融资,且传递出进口企业的质量信息[166]。

此外,蒋逸(2014)研究商业信用与生产规模和订单履约率的关系,通过建立委托—代理模型分析农户的决策行为,证明企业为订单农户提供商业信用,提高农户的生产规模,可以有效缓解企业的委托代理风险[167]。周雪峰(2016)研究商业信用破产威胁效应,认为商业信用是自然性债务融资方式,具有破产威胁效应[168]。李任斯(2016)从二元供应链关系和三元供应链关系角度研究了供应链关系与商业信用融资与企业价值的关系[169]。付佳(2017)研究税收规避与企业商业信用融资及企业绩效的关系,认为税收规避与企业商业信用融资显著负相关,商业信用融资与企业绩效显著正相关[170]。

上述文献从不同角度研究商业信用对社会经济活动和企业活动带来的影响,主要判断商业信用是否起作用,商业信用通过什么机制起作用。用企业绩效衡量企业经济活动产出情况,商业信用反映了企业的财务状况和经营效率,能对企业绩效产生影响。

从商业信用主体来看,商业信用可以分为提供商业信用和接收商业信用两方。提供商业信用和接收商业信用对企业绩效影响的机制并不相同。

从商业信用接收方来看,商业信用是一种短期融资形式。MM理论认为,在理想的金融市场中,企业内外部融资并无差异,企业投资行为只与投资需求有关,与其财务状况无关。但现实金融市场并不完美,企业投资与其财务状况有密切关联。根据信贷配给理论,企业因信息不对称问题而被排斥在信贷市场之外,为了获取资金满足投资需要,企业将商业信用作为银行信用的替代。商业信用在一定程度上缓解了企业资金困难问题,由于商业信用具有融资功能,对面临融资约束或融资渠道受限的企业而言,商业信用是一种资金来源,可减少投资不足概率,提高财务灵活性,拓展绩效提升空间。在理性经济人假设下,企业接收商业信用影响企业绩效的路径为:通过应付交易适度占用外部资本市场资金缓解自身融资约束,进而投资于净现值为正的投资项目,最终提升企业绩效。

与接收商业信用的融资动机不同,企业提供商业信用表现为经营动机。企业将商业信用作为实现扩大销售、提高市场占有率、降低交易成本等市场竞争策略的手段。通过提供商业信用的方式,企业可以更加灵活地实施价格歧视,扩大销售。商业信用的使用实现了商品转移和资金支付的分离,在不需要即时支付的情况下,企业可以积累支付义务,实现定期支付偿还义务。商业信用降低了企业交易成本,也降低了企业现金流出的不确定性。

根据文献提出如下假设:

假设1:提供商业信用与企业绩效显著正相关关系。

假设2:接收商业信用与企业绩效显著正相关关系。

然而,根据上文分析,提供商业信用和接收商业信用可能都与企业绩效有关,但是提供商业信用和接收商业信用与企业绩效关系的机理并不相同。考虑到商业信用与企业绩效之间的关系复杂,商业信用与企业绩效不会显示出直接的相关关系。预期上述假设1和假设2并不成立。如果预期得到证实,并不是表明商业信用与企业绩效没有关系,而是表明需要进一步探索商业信用与企业绩效发挥作用的条件和机理。

上文模型表明,商业信用交易在特定情况下比现款交易有效率。商业信用可能带来供应链整体融资成本下降的效应,这个效应的收益由供应商和核心企业共享。供应商允许核心企业延时支付的情况下,供应商提供商业信用,核心企业接收商业信用。由于供应商和核心企业从商业信用交易中获得的收益并不相同,谁的收益更大并不好比较。

对商业信用提供方而言,提供商业信用需要耗费企业自身资源,产生各种成本,但企业依然愿意提供商业信用,表明企业从商业信用交易中获得某种收益。根据上文商业信用资金共享效应模型,供应链上资金富足的企业将暂时不用现金流以商业信用形式提供给供应链相关企业,有利于保持供应链上企业的财务柔性,有利于维持供应链本身的资金稳定,也有利于企业绩效。

为了探究商业信用和企业绩效的关系机理,下文首先研究提供商业信用和接收商业信用的影响因素,接着分析财务柔性在商业信用和企业绩效之间的中介效应,最后检验收款成本的调节效应。如果财务柔性的中介效应检验通过,则表明商业信用在帮助企业管理现金流应对不确定风险中起着重要作用。如果收款成本的调节效应检验通过,则表明收款成本对企业间商业信用活动绩效有显著影响,为降低收款成本推动商业信用发展提供现实依据。

5.1.2 商业信用影响因素

国内学者从不同角度对影响商业信用的因素进行实证研究。

(1)规模对商业信用的影响。钟田丽,陈静,高源(2006)构建计量经济模型研究认为我国市场环境下大企业和中小企业在利用商业信用方面没有显著性差异[171]。这个研究否定了大企业因信用状况良好而可以利用较多商业信用的传统观点。王明虎,席彦群(2013)认为商业信用提供与否受到企业规模和融资成本的影响[172]。规模小时,企业在竞争中处于劣势,依靠商业信用融资来提供商业信用。当规模增大时,企业在竞争中逐渐处于优势,提供商业信用的程度可以降低,获得银行信用比例增大,商业信用融资减少,提供商业信用能力增加。苏汝劼,冯晗(2009)研究认为企业所提供商业信用的规模和企业规模之间的关系,在发达国家和发展中国家表现迥异,发达国家是正相关关系,而发展中国家是负相关关系。企业规模、关系网络和商业信用三者之间的关系是造成这一差异的主要原因[173]。

(2)市场地位对商业信用的影响。张新民,王珏,祝继高(2012)认为市场地位高的企业利用商业信用进行经营性融资,而市场地位低的企业资金困难,同时还需要提供商业信用,他们的研究强调草根金融的发展对中小企业的重要性[174]。吴争程,陈金龙(2016)研究发现,中小企业接受比大型企业更少的商业信用,提供比大型企业更多的商业信用,体现中小企业较弱的市场地位。高市场地位的企业接受商业信用,低市场地位的企业提供商业信用[175]。吴争程,陈金龙(2016)[176]、刘欢等(2015,2019)[177-178]、王雄元等(2015)[179]、陈胜蓝(2018)[180]讨论了强势买方商业信用问题,将市场地位视为影响商业信用的重要因素。

(3)融资约束对商业信用的影响。魏志华,曾爱民,李博等(2014)认为几乎没有融资成本的商业信用对企业而言是一种非常宝贵的短期资金来源,企业要善于利用商业伙伴授予的商业信用来缓解约束[181]。该文首次提示了良好金融生态环境的作用机制在于融资约束企业获得了更多商业信用和银行贷款来解困。其后众多学者从融资约束角度讨论融资约束的影响。他们大多从中小企业角度出发,把商业信用作为缓解融资约束的工具。可以预期大企业和小企业使用商业信用的影响机制有所不同。大企业是否将商业信用作为缓解融资约束的工具目前文献并没有统一答案。

(4)流动性冲击对商业信用的影响。刘晓英(2007)分析商业信用行业分布,认为盈利能力对商业信用影响最大[182]。史建平,杨如冰,周欣(2010)认为,中小企业商业信用地位与其流动性状况有关,与其资产规模无关[183]。苏存,马力,侯世宇(2011)认为金融抑制是中小企业大规模使用商业信用的主因[184]。曾爱民(2011)研究发现财务柔性强的企业在金融危机中具有更强的资金筹集和调用能力,能更好地为其投资提供所需资金[185]。曾爱民(2013)研究了金融危机对不同财务柔性企业投资行为的影响[186]。学者们解释了财务柔性对金融危机冲击下企业投资行为的影响,但目前还没有从财务柔性角度解释商业信用对企业投资行为的影响。王竹泉等(2014)研究发现企业通过占用商业信用,通过运营资金应对流动性风险[156]。于欢(2016)研究了金融危机、财务柔性及商业信用供给,他从商业信用供给的角度讨论了财务柔性对商业信用供给行为的影响[187]。李丽君等(2016)在供应链视角下研究企业财务困境控制问题[188]。

(5)信任对商业信用的影响。毛道维,张良(2007)认为商业信用不是受融资动机或经营动机影响,而是受供应链关系影响。沿着产业链延伸的商业信用建立在长期重复交易所产生的彼此信任的基础之上,企业间的合作关系可能是影响产业价值链上企业的商业信用的更为重要的因素。供应链关系是企业间信任的体现[189]。刘凤委,李琳,薛云奎(2009)研究认为信任程度高的地方,会采取交易成本低的商业信用模式[190]。陈德球,梁媛,胡晴(2014)从家族控制权角度研究商业信用,认为家族企业获得的商业信用越强,企业资本配置效率越高,这种效果在社会信任程度较高的地区更为显著[191]。王伟(2015)研究社会信任、政治关系对民营企业商业信用模式的影响及两者对民营企业绩效水平的作用[192]。冯丽艳,肖翔,赵天骄(2016)认为良好的社会责任表现能够促进企业在购销活动中与供应商形成较好的商业信任关系,降低使用商业信用的交易成本[193]。张兴亮(2016)研究企业家声誉与商业信用的关系,认为企业家声誉能使供应商对企业产生信任,有助于企业较少使用预付账款这种交易成本较高的商业信用模式,在社会信任水平越低的地区,企业家声誉产生的上述作用越显著[194]。

(6)制度对商业信用的影响。曹向,匡小平(2013)从市场化程度角度研究制度环境对商业信用的影响,认为市场化程度越高,企业获得的商业信用融资越多,市场化改革可以缓解企业融资约束,实现商业信用融资的有效配置[195]。徐虹,林钟高,余婷(2013)研究内部控制有效性和商业信用的关系,认为企业内部控制有效性越高,会计稳健性程度越高。内部控制有效性的提高和会计稳健性的增强有助于降低企业与供应商之间的交易成本,从而在交易合约中更容易获得交易成本较低的商业信用模式[196]。刘俊,郭平,曹向(2015)从外部审计质量角度研究制度环境对商业信用的影响,认为不同制度环境下外部审计质量对商业信用模式的选择存在一定的影响,高质量审计可以使交易双方采用融资成本较低的商业信用模式[197]。

信任和制度是重要的外部条件,它们对商业信用的影响本质上是降低了商业信用交易成本。对商业信用起影响作用的因素又可以根据企业内部资金实力情况和外部政策条件的不同而有所不同。货币政策是重要的影响因素。陆正飞,杨德明(2011)认为商业信用与货币政策有关。货币政策宽松期是买方市场,在货币政策紧缩期是替代性融资[47]。张西征,刘志远(2014)认为货币政策收紧或宏观经济收缩时,商业信用资金从上市公司部门流向非上市企业部门;反之,当货币政策过度宽松或宏观经济过度扩张时,上市公司部门通过商业信用渠道从非上市企业部门吸纳商业信用资金[198]。

除了上述因素外,张良,马永强(2016)研究组织冗余调节效应,发现商业信用与企业绩效间呈倒 U 型关系,非效率投资起着显著 U 型中介作用,组织冗余发挥显著的倒 U 型调节效应[163]。何威风,刘巍(2018)发现商业信用管理者能力效应,认为管理者能力会影响企业间商业信用的使用,管理者能力越强,企业商业信用越多。

以上文献可以推出,企业商业信用活动与企业绩效有关,而企业商业信用活动又受到其他因素的影响。基于上文构建模型,推理出商业信用通过财务柔性影响企业绩效,商业信用存在财务柔性中介效应。不同收款成本情景下商业信用带来的企业绩效不同,商业信用对企业绩效的作用存在收款成本调节效应。

5.1.3 财务柔性中介效应

财务柔性是指企业及时获取或调用财务资源,以便预防或利用不确定性事件,把握有效的投资机遇,实现企业价值最大化的能力。一般来说,财务柔性强的企业更能及时调用和筹集财务资源,更好地应对外部冲击或利用不确定性事件带来的投资机会。企业获得财务柔性的途径主要有三,一是依靠内源资金,包括现金存量、经营现金流量,在不影响持续经营情况下的处置企业资产以及对支付政策的合理安排;二是获取外部资金,包括企业所能筹集的权益资金、负债资金(银行借款、发行商业票据和企业债券等);三是经理层的管理技能。

现有文献对企业如何获取和保持财务柔性的研究主要有三个方面:(1)通过持有高额现金获取财务柔性;(2)通过保持低财务杠杆获取财务柔性;(3)通过选择合适支付政策获取财务柔性。金融危机之后,大量企业由于现金流断裂而出现破产清算现象。企业愿意持有现金以应对流动性风险,"现金为王"的理念越来越受到实务界的重视,但文献对商业信用在获取财务柔性方面的作用关注尚显不足。

根据财务柔性理论,财务柔性代表企业能低成本获取或重组财务资源的能力。财务柔性对企业的价值在于提供一种处理未来不可预见事件的选择权。财务柔性可以帮助企业在面对负向冲击时避免财务困境,同时也可以帮助企业在遇到投资机会时获得融资。企业依赖财务柔性的根本原因是融资约束和不确定性。建立财务柔性的重要手段是低杠杆、现金持有、银行信贷额度、灵活股利政策等(于欢,2016)。[187]

财务柔性作为财务资源储备,可以有效缓解企业面临的融资约束,显著提高企业投资能力和绩效水平。在财务柔性中,现金持有价值更高,持有现金有利于企业抓住增进企业价值的机会。曾爱民,傅元略,魏志华等(2011)与曾爱民,张纯,魏志华(2013)[188]研究发现,财务柔性有利于降低企业的融资约束,给企业带来更好的财务业绩。

于欢(2016)研究财务柔性对企业提供商业信用的影响,发现企业通过储备财务柔性的方式,有效缓解金融危机对商业信用的负面作用,能够对企业绩效起积极作用。在金融危机情况下,企业为提供商业信用的融资出现困难,而通过持有现金和保持低杠杆建立财务柔性储备的企业能有效应对金融危机的冲击。不同财务柔性企业提供商业信用不同,财务柔性水平高的企业能促进商业信用对企业绩效的影响[187]。以上研究关注到财务柔性、商业信用和企业绩效之间可能有联系,但还没有明确指出三者之间的关系。

以上文献表明,在商业信用对企业绩效的影响过程中,财务柔性起着重要作用。本研究第4章理论推理,供应链企业间商业信用具有供应链营运资金共享效应。企业使用商业信用管理来提升财务柔性。买方核心企业通过使用商业信用可以将资金用于投资,实现短融长投。通过管理运营资金,企业减少因资金不足而放弃有价值的投资机会,通过筹集资金执行原定投资计划。买方核心企业有目的地通过管理运营资金,提高财务柔性来提升企业绩效。

买方核心企业通过管理商业信用,提高财务柔性来提高企业绩效符合影响关系研究中的中介效应研究,即商业信用对企业绩效的影响是否通过财务柔性起中介桥梁作用。中介效应是影响关系的延伸,如果商业信用对企业绩效的影响的确通过财务柔性起中介桥梁作用,则表明商业信用对企业绩效的影响过程中存在财务柔性中介效应。提出假设:

假设3a:在其他条件相同的情况下,企业使用商业信用水平增加,企业绩效也增加。

假设3b:在其他条件相同的情况下,企业使用商业信用增加,企业财务柔性水平也增加。

假设3c:在其他条件相同的情况下,企业财务柔性水平增加,企业绩效增加。

假设3成立表明企业通过管理商业信用来提升企业绩效。

财务柔性对供应商的作用可能有所不同。一般而言,融资约束企业较少提供商业信用。已有文献研究表明财务困难的企业依然提供商业信用,融资约束不一定是影响企业提供商业信用的关键因素。根据本研究第4章模型分析,如果供应商能及时收回账款,则供应商提供商业信用与融资约束无关。如果能及时收回货款,而供应商的财务柔性增加,供应商更愿意提供商业信用。这种情况下,财务柔性不是体现为中介效应,而是体现为调节效应。提出假设:

假设4a:在其他条件相同的情况下,企业提供商业信用水平增加,企业绩效也增加。

假设4b:在其他条件相同的情况下,企业提供商业信用增加,企业财务柔性水平也增加。

假设4c:在其他条件相同的情况下,企业财务柔性水平增加,企业绩效增加。

如果假设4成立,则表明财务柔性在提供商业信用和企业绩效关系中同样存在中介效应。反之,财务柔性在提供商业信用和企业绩效关系中不存在中介效应。

根据本研究第4章模型分析,供应商通过收回应收账款来应对流动性危机,供应商提供商业信用有利于促进销售,然而提供商业信用产生的应收账款对供应商造成巨大财务成本。如果供应商能及时收回账款,则供应商提供商业信用与其财务情况关系不大。如果供应商能及时收回货款或者收回货款成本低,供应商的财务柔性将增加,供应商将更愿意提供商业信用。这种情况下,财务柔性对供应商商业信用与企业绩效的关系不是体现为中介效应,而是体现为调节效应。提出假设:

假设5:不同柔性水平下,提供商业信用和企业绩效的关系不同。

假设5成立,则表明财务柔性对供应商的作用与对核心企业不同。

企业融资渠道可以分为银行信用和商业信用两种。银行信用是企业通过金融机构贷款,商业信用是企业通过供应链交易中的延期支付进行短期融资。商业信用传递渠道一般指容易获得资金的供应商通过商业信用渠道将资金转给不易获得融资的企业。然而,实践中观察到容易从资本市场获得资金的大买家要求资金成本更高的中小供应商提供商业信用。这一现象引起学者们的关注。郎咸平(2010)将占用商业信用的模式称为类金融模式,即大企业像商业银行一样,低成本或无成本吸纳、占用供应链上各方资金并通过滚动的方式长期供自己使用,从而得到快速扩张发展的营商模式[200]。姚宏(2012)研究了零售业核心企业的类金融模式,认为以占用供应商营运资金为特征的类金融模式是一把"双刃剑",运用得当能够发挥其低成本优势及由此带来的快速规模扩张和强劲的盈利能力,而一旦失控则会导致资金链断裂,其多米诺骨牌效应甚至会危及金融安全和社会稳定[201]。随露(2018)[202]、许珂珂(2018)[203]研究了类金融模式问题。如果上文假设3成立,则表明核心企业通过商业信用管理提升自身财务柔性水平达到提升企业绩效的目的。这一结论将为核心企业商业信用类金融模式提供实证依据。

如果上文假设5成立,则表明提升供应商财务柔性水平将促进供应商提供商业信用,这不仅有利于供应商促进销售提升绩效,也有利于买方企业通过商业信用管理提升绩效。这一结论将为供应链企业间商业信用活动决策及以核心企业为主导的供应链金融模式如何促进商业信用活动提供实证依据。

5.1.4 收款成本调节效应

在不同条件下,商业信用活动与企业绩效的关系表现有所不同。刘凤委,李琳,薛云奎(2009)研究表明商业信用模式与交易成本有关[190]。信任程度越高,交易成本越低,反之交易成本越高。在信任程度低时,企业多采用交易成本高的商业信用模式。研究表明交易成本是影响商业信用的关键因素。在企业提供商业信用时,收款成本高低也影响企业商业信用模式、水平的不同。MING H(2018)研究了收款成本和商业信用之间的关系,收款成本低时,企业能及时收回应收账款应对现金流风险。提供商业信用可以带来销售增加,促进供应链企业间的关系,从而促进企业绩效。但是提供商业信用需要占用企业大量的财务资源,加剧企业的资金困难。在收款成本低的情况下,企业在遇到现金流冲击时能及时收回应收账款,企业更愿意将闲置资金以商业信用的形式提供给供应链上下游合作企业,为企业创造良好的供应链上下游合作环境[5]。

以上文献表明,在商业信用对企业绩效影响的过程中,收款成本可能起着调节作用。这符合影响关系研究中的调节效应研究,即商业信用对企业绩效的影响过程中,不同收款成本导致商业信用对企业绩效的影响程度不同。调节效应也是影响关系的延伸。如果不同收款成本下商业信用对企业绩效的影响程度的确不同,则表明收款成本在商业信用对企业绩效的影响过程中起调节效应。为检验收款成本调节效应提出如下假设:

假设6:在其他条件相同的情况下,收款成本与企业间商业信用水平负相关。收款成本越低,企业提供商业信用水平越高。

假设6成立,收款成本低的情况下,企业更有可能以商业信用形式共享供应链运营资金,发挥商业信用资金共享效应,则降低收款成本更能促进企业提供商业信用。

假设7:与收款成本高的情况相比,收款成本低更能促使企业提供商业信用提升企业绩效。

假设7成立,则收款成本在提供商业信用与企业绩效之间起调节效应。

考虑收款成本和融资约束的交互关系,提出假设:

假设8:在收款成本低的情况下,融资约束与企业提供商业信用没有显著关系。

假设8成立,则在收款成本低的情况下,企业通过及时收回应收账款以应对流动性冲击,存在财务困难的企业也提供商业信用。预计收款成本低的情况下,企业提供商业信用越多。

考虑收款成本和企业规模的关系。根据第4章理论分析,收款成本越低,企业越能通过商业信用提升财务柔性水平。这里包括两种情况。第1种情况,对大企业而言,收款成本低,对方企业更愿意提供商业信用,企业更能利用商业信用融资提升财务柔性。预期大企业更能通过商业信用融资提升企业绩效。提出假设:

假设9:相比收款成本高的情况,收款成本越低,企业越能通过使用商业信用提升企业绩效。

第2种情况,对中小企业而言,收款成本低则企业能及时收回应收账款。收款成本越低,提供商业信用的企业绩效越高,即收款成本通过及时收回提供的商业信用来影响企业绩效。提出假设:

假设10:相比收款成本高的情况,收款成本越低,企业越能通过提供商业信用提升企业绩效。假设9对大企业组成立,假设10对中小企业组成立。

5.2 研究设计

为了研究供应链营运资金共享效应的存在及收款成本对共享效应的影响,探索商业信用的作用途径,设计检验模型如下:

5.2.1 模型设计

5.2.1.1 提供商业信用与企业绩效的关系

以企业绩效为因变量,提供商业信用水平为核心自变量构建回归模型,检验提供商业信用与企业绩效的关系。在提供商业信用与企业绩效关系检验的基础上,进一步检验财务柔性的中介效应和收款成本的调节效应。

根据以上假设,参考中介效应方法(温忠麟,叶宝娟,2014)[204],构建财务柔性中介效应检验分层回归模型,构建方程如下:

$$QYJX = \alpha_0 + \alpha_1 REC + control + \varepsilon \quad (5.1)$$

$$FLEX = \beta_0 + \beta_1 REC + control + \varepsilon \quad (5.2)$$

$$QYJX = \delta_0 + \delta_1 REC + \delta_2 FLEX + control + \varepsilon \quad (5.3)$$

根据中介效应的程序和原理,预期如下:第一,模型(1)提供商业信用REC的系数α_1显著为正,提供商业信用越多,企业绩效越高。第二,模型(2)中提供商业信用REC的系数β_1和模型(3)中财务柔性FLEX的系数δ_2至少有一个显著。第三,如果模型(3)中提供商业信用REC的系数δ_1也显著,则表明在提供商业信用对企业绩效的影响过程中,财务柔性起部分中介作用;如果提供商业信用REC的系数δ_1不显著,则在提供商业信用对企业绩效的影响过程中,财务柔性起完全中介作用。上述模型控制了相应变量及行业和年份固定效应。

为检验收款成本的调节效应,对收款成本进行虚拟化处理,以收款成本高为参照项。在模型(1)的基础上加入收款成本和提供商业信用的交互项,构建分层回归方程如下:

$$QYJX = \alpha_0 + \alpha_1 REC + \alpha_2 REC * COST + control + \varepsilon。 \quad (5.4)$$

5.2.1.2 接收商业信用与企业绩效的关系

进一步,以企业绩效为因变量,接收商业信用水平为核心自变量构建回归模型,检验接收商业信用与企业绩效的关系。在接收商业信用与企业绩效关系检验的基础上,进一步检验财务柔性的中介效应和收款成本的调节效应。

根据以上假设,参考中介效应方法(温忠麟,叶宝娟,2014)[204],构建财务柔性中介效应检验分层回归模型,构建方程如下:

$$QYJX = \alpha_0 + \alpha_1 TC + control + \varepsilon \quad (5.5)$$

$$FLEX = \beta_0 + \beta_1 TC + control + \varepsilon \quad (5.6)$$

$$QYJX = \delta_0 + \delta_1 TC + \delta_2 FLEX + control + \varepsilon \quad (5.7)$$

根据中介效应的程序和原理,预期如下:第一,模型(1)接收商业信用TC的系数α_1显著为正,接收商业信用越多,企业绩效越高。第二,模型(2)中接收商业信用TC的系数β_1和模型(3)中财务柔性FLEX的系数δ_2至少有一个显著。第三,如果模型(3)中接收商业信用TC的系数δ_1也显著,则表明在接收商业信用对企业绩效的影响过程中,财务柔性起部分中介作用;如果接收商业信用TC的系数δ_1不显著,则在接收商业信用对企业绩效的影响过程中,财务柔性起完全中介作用。上述模型控制了相应变量及行业和年份固定效应。

为检验收款成本的调节效应,对收款成本进行虚拟化处理,以收款成本高为参照项。在模型(1)的基础上加入收款成本和接收商业信用的交互项,构建分层回归方程如下:

$$QYJX = \alpha_0 + \alpha_1 TC + \alpha_2 TC * COST + control + \varepsilon。 \quad (5.8)$$

本研究也观察了企业规模、产权性质等变量的调节作用,不再累述。

5.2.2 变量选择与测量

5.2.2.1 核心变量

本研究检验企业绩效与商业信用及收款成本的关系。核心变量是企业绩效变量、商业信用变量和收款成本变量。
(1) 企业绩效(QYJX)。
参照相关文献,用总资产收益率(ROA)测量企业绩效。
(2) 提供商业信用(REC)。
用(应收账款+应收票据)/总资产测量企业提供商业信用水平。
(3) 接收商业信用(TC)。
用(应付账款+应付票据+预收账款)/总资产测量企业商业信用融资指标。
(4) 财务柔性(FLEX)。
财务柔性指标的测量一般有三种方法:一是单指标判断法,用财务杠杆率或现金持有量指标表示企业财务柔性强弱;二是多指标结合法,结合多项财务指标综合判断企业财务柔性水平;三是多指标综合法,同时考虑多个指标并对不同指标赋予不同权重算出一个综合得分(曾爱民,2013)。本研究使用现金持有量占总资产比例测量财务柔性指标。
(5) 收款成本(COST)

收款成本意味着企业提供商业信用收回货款的成本。收款成本的测量可以分为内部收款成本和外部收款成本。供应链内部收款成本体现在供应链伙伴关系上。供应链伙伴关系好,合作关系越长,则收款成本越低。对内部收款成本的测量有以下几种处理方式:第一种处理方式,王贞洁等(2017)用企业是否利用供应商管理库存来测量企业与供应商的关系[98]。第二种处理方式,毛道维(2007)借鉴金融投资组合中的B值来判断企业间是竞争还是合作[189]。第三种处理方式,用超龄应收账款比例代表收款成本。超龄应收账款比例越大,说明收款成本越大。

外部收款成本可以体现在非正式信任制度、正式交易制度及交易文化上。用以下方式测量收款成本。

第一,用社会信任水平来测量。社会信任水平越高,企业间收款成本越低,反之越高。社会信用水平使用中国综合社会调查(chinese general social survey,CGSS)调查数据。CGSS调查是中国第一个全国性、综合性、连续性的社会调查项目。就社会信任而言,主要是使用调查中的问题:"总的来说,您是否同意这个社会上绝大多数人都是可以信任的?"目前,CGSS公开了2010—2013年及2015年社会信任调查数据。使用社会信任水平来测量各地的收款水平。用各地区没有回答"非常同意"和"较同意"的比例来代表收款成本,该比例越高,信任程度越低,收款成本越高。用社会信任水平测量收款成本,对社会信任水平进行排序,将社会信任水平低于中位数的定为社会信任水平低,收款成本高;将社会信任水平高于中位数的定为社会信用水平高,收款成本低。这里,收款成本是一个分类变量。

第二,用公司所在地法制水平测量。法制水平越高,企业间发生违约事件的收款成本越低。法律发展水平高的外部条件下,企业容易通过法律渠道直接或间接收回货款,企业更愿意提供商业信用。在外部法律环境完善的情况下,企业提供商业信用产权明确,发生纠纷时容易采用法律手段维护自身权益,这种情况下,企业更愿意提供商业信用。公司所在地法治水平使用王小鲁等《中国分省份市场化指数报告(2018)》[245]中的"市场中介组织的发育和法律制度环境"。

第三,用公司所在地金融发展水平测量。金融发展水平越高,收款成本越低。

5.2.2.2 其他控制变量

参照文献选择控制变量,变量定义见表5.1。

表5.1 变量定义表

变量	定义
QYJX	总资产收益率(ROA)代表企业盈利能力,用来测量企业绩效
REC	提供商业信用=(应收账款+应收票据)/总资产
TC	接收商业信用=(应付账款+应付票据+预收账款)/总资产
FLEX	财务柔性=现金持有量/总资产
GROW	营业收入增长率
COST	收款成本,用信任水平测量
FINA	融资约束=银行短期贷款/总资产
SIZE	虚拟变量,大企业记为1,小企业为0
SOE	虚拟变量,国有产权性质取值为1,非国有产权为0

5.2.3 样本选取与数据来源

本研究收集了2008—2018年中国A股上市公司数据。样本数据来自CSMAR数据库。样本数据按以下数据筛选:(1)剔除金融保险类上市公司;(2)剔除财务数据缺失、无效的公司;(3)剔除该期间被ST的公司。最终确定有效观测值为37571个。为了剔除极端值对结论的影响,本研究对筛选样本的连续变量上下1%进行了winsorize处理。采用软件STATA进行数据分析。

本研究选择了CGSS公开的2010—2013年及2015年社会信任调查数据作为收款成本测量数据。有缺失数据的年份用相邻年份数值替代。

5.3 实证结果与分析

在实证分析中,首先对变量间的关系进行全样本观察,然后进行分样本观察,最后在控制住其他变量的基础上,研究企业绩效和商业信用活动的关系。

5.3.1 描述性统计

表5.2报告了主要变量的描述统计结果。

表5.2 主要变量描述统计

变量	样本量	最小值	均值	最大值	标准差
ROA	37 571	−2 146.161 3	0.616 5	23 509.768 6	121.859 0
GROW	37 571	−1.000 0	0.234 9	107.128 3	1.015 3
REC	37 571	−0.004 6	0.140 9	0.996 9	0.119 6
TC	37 571	−1.539 4	0.551 5	1.000 0	0.268 2
FINA	37 571	0.000 0	0.433 7	2.539 4	0.264 3
FLEX	37 571	−0.164 8	0.138 3	1.000 0	0.150 8

续表

变量	样本量	最小值	均值	最大值	标准差
SIZE	37 571	0.000 0	0.500 0	1.000 0	0.500 0
SOE	37 571	0.000 0	0.43	1.000 0	0.496
COST	37 571	0.000 0	0.289 3	1.000 0	0.453 4

表(5.3)对样本作分组对比,观察不同企业特征下商业信用活动是否有所变化。

表5.3 样本分组对比

	分组变量	分组类型	均值	显著性
REC	企业规模	小企业	0.144	0.000
		大企业	0.134	
	产权性质	非国有产权	0.152	0.000
		国有产权	0.126	
	收款成本	低收款成本	0.144	0.000
		高收款成本	0.133	
TC	企业规模	小企业	0.570	0.000
		大企业	0.528	
	产权性质	非国有产权	0.577	0.000
		国有产权	0.513	
	收款成本	低收款成本	0.560	0.000
		高收款成本	0.537	
FLEX	企业规模	小企业	0.145	0.000
		大企业	0.130	
	产权性质	非国有产权	0.160	0.000
		国有产权	0.108	
	收款成本	低收款成本	0.153	0.000
		高收款成本	0.126	
ROA	企业规模	小企业	0.067	0.378
		大企业	1.260	
	产权性质	非国有产权	−0.066	0.278
		国有产权	1.538	
	收款成本	低收款成本	−0.053	0.077
		高收款成本	0.014	

观察到不同规模、不同产权、不同收款成本下企业应收类资产比率、应付类资产比率、财务柔性水平有显著不同,而企业绩效没有显著差异。样本对比分析对企业商业信用活动进行探索,为进一步研究商业信用活动规律提供经验观察。

5.3.2 相关分析

表5.4展示了变量间相关系数。代表企业绩效的ROA变量与其他变量关系显著。各变量之间有相关关系,但相关程度不高,可以进行回归分析。

表 5.4 变量相关系数

变量	ROA	GROW	REC	TC	FINA	FLEX
ROA	1					
GROW	0.053***	1				
	0.000					
REC	−0.009*	−0.021***	1			
	0.091	0.000				
TC	0.039***	0.049***	0.184***	1		
	0.000	0.000	0.000			
FINA	−0.038***	−0.051***	−0.135***	−0.899***	1	
	0.000	0.000	0.000	0.000		
FLEX	0.036***	0.155***	−0.087***	0.346***	−0.382**	1
	0.000	0.000	0.000	0.000	0.000	

通过回归分析研究其他变量不变的情况下,企业商业信用活动与企业绩效之间的关系。

5.3.3 回归分析

5.3.3.1 财务柔性中介效应检验

财务柔性在提供商业信用和企业绩效之间的中介效应分析涉及 3 个模型,见表 5.5。模型(1)因变量是企业绩效,核心自变量是提供商业信用。模型(2)在模型(1)基础上加上中介变量财务柔性。模型(3)因变量是财务柔性,核心自变量是提供商业信用。所有变量均进行标准化处理。

表 5.5 财务柔性中介效应检验 I

模型	模型(1) QYJX		模型(2) QYJX		模型(3) FLEX	
	B	标准误	B	标准误	B	标准误
常数	−0.011	0.009	−0.016	0.009	−0.144	0.008
REC	−0.011*	0.006	0.005	0.375	−0.158***	0.005
FINA	−0.013**	0.006	0.001	0.860	−0.386***	0.005
GROW	−0.006	0.005	−0.011**	0.005	0.120***	0.005
SIZE	0.011	0.011	0.012	0.011	−0.043***	0.010
SOE	0.013	0.011	0.024**	0.012	−0.288***	0.010
FLEX	—	—	0.037***	0.006	—	—
R 方	0.018		0.036		0.205	
调整 R 方	0.000		0.001		0.205	
F 值	2.219**		7.535***		1786***	

续表

模型	模型(1) QYJX		模型(2) QYJX		模型(3) FLEX	
	B	标准误	B	标准误	B	标准误
ΔR 方	0.000		0.001		—	
ΔF	2.129**		34.102***		—	

* $P<0.05$，** $P<0.01$

对比模型(1)和模型(2)，R方有所变化。在模型(1)中，应收账款与企业绩效的关系显著为负，说明提供商业信用对企业绩效产生显著负影响。模型(3)中，应收账款与财务柔性关系也显著为负，说明提供商业信用对企业财务柔性呈显著负相关关系。模型(2)中财务柔性对企业绩效的关系显著。说明在提供商业信用和企业绩效的关系中，财务柔性的中介效应显著。由于模型(2)中应收账款对企业绩效的关系不显著，根据中介效应原理，应收账款对企业绩效的影响过程中，应收账款完全通过中介变量财务柔性水平影响因变量企业绩效。财务柔性在应收账款和企业绩效之间起完全中介效应。

进一步考核接收商业信用与企业绩效关系中财务柔性的中介效应，见表5.6。模型(4)因变量是企业绩效，核心自变量是接收商业信用。模型(5)在模型(4)基础上加上中介变量财务柔性。模型(6)因变量是财务柔性，核心自变量是接收商业信用。所有变量均进行标准化处理。

表5.6 财务柔性中介效应检验 II

模型	模型(4) QYJX		模型(5) QYJX		模型(6) FLEX	
	B	标准误	B	标准误	B	标准误
常数	0.075	0.013	0.030	0.013	0.285	0.012
TC	0.024*	0.014	0.025*	0.015	0.012*	0.016
FINA	−0.023	0.017	0.039**	0.017	−0.394	0.016
SIZE	−0.018	0.014	0.006*	0.014	−0.147	0.014
SOE	0.074***	0.014	−0.029**	0.014	−0.286	0.014
COST	−0.068***	0.016	−0.046**	0.016	−0.139	0.015
FLEX	—	—	0.159***	0.007		
R 方	0.005		0.029		0.181	
调整 R 方	0.005		0.028		0.181	
F 值	21.671		97.407		873.911	
ΔR 方	—		0.023		—	
ΔF	—		473.496		—	

* $P<0.05$，** $P<0.01$

对比模型(4)和模型(5)，R方有所变化。在模型(4)中，接收商业信用与企业绩效的关系显著，说明接收商业信用对企业绩效产生显著影响。模型(6)中，接收商业信用与财务柔性的关系也显著。模型(5)中财务柔性对企业绩效的关系显著,说明在提供商业信用和企业绩效的关系中,财务柔性的中介效应显著。由于模型(5)中提供商业信用对企业绩效的关系也显著,根据中介效应原理,财务柔性在接收商业信用和企业绩效之间起部分中介效应。在接收商业信用对企业绩效的影响过程中,一部分是通过中介变量财务柔性水平实现的,另一部分是自变量接收商业信用直接对因变量企业绩效产生影响的。

以上分析表明,在商业信用和企业绩效的关系中存在财务柔性中介效应。但财务柔性在提供商业信用和接收商业信用与企业绩效的中介效应有所不同。财务柔性在提供商业信用与企业绩效的中介效应是完全中介效应,在接收商业信用与企业绩效的中介效应是部分中介效应。

5.3.3.2 收款成本调节效应检验

在商业信用对企业绩效的影响过程中,如果不同收款水平下商业信用对企业绩效影响程度有显著差异,则表明收款成本调节效应存在。把提供商业信用和接收商业信用对企业绩效的关系分开,分别考察在提供商业与企业绩效的关系中和接收商业信用与企业绩效的关系中收款成本效应是否存在。

采用分层回归分析方法研究收款成本调节效应。表5.7中模型(7)因变量是企业绩效,核心自变量是提供商业信用和收款成本,模型(8)在模型(7)基础上加上收款成本和提供商业信用的交互项。

表 5.7 收款成本调节效应检验 I

模型	模型(7) QYJX		模型(8) QYJX		模型(9) FLEX	
	B	标准误	B	标准误	B	标准误
常数	−0.004	0.011	−0.004	0.002	−0.004	0.002
REC	−0.006***	0.000	−0.009***	0.001	−0.009***	0.001
FINA	0.001**	0.047	0.002*	0.001	0.002**	0.049
GROW	0.001	0.522	0.001	0.547	0.001	0.520
FLEX	0.008	0.011	0.001	0.001	0.000	0.001
SIZE	−0.003	0.164	−0.003	0.002	−0.03	0.172
SOE	0.002**	0.012	0.002**	0.012	0.002	0.428
COST	−0.001*	0.068	0.001*	0.087	0.004	0.098
REC*SOE			0.008	0.144		
REC*COST					0.008	0.000
R方	0.001		0.003		0.002	
调整R方	0.001		0.003		0.002	
F值	8.690		9.711		9.478	
ΔR方	—		0.002		0.001	
ΔF	—		1.021		0.078	

* $P<0.05$, ** $P<0.01$

上述模型在模型（2）基础上，加入收款成本变量和相应交互项变量，考察收款成本、企业规模和产权性质的调节效应。表5.8中，ΔR方和ΔF显著增加，说明在提供商业信用和企业绩效之间存在调节效应。由于模型中企业规模SIZE与企业绩效关系不显著，没有进一步考察REC*SIZE交互项关系。产权性质SOE与企业绩效关系显著，提供商业信用和企业产权性质交互项REC*SOE并不显著，企业产权调节效应没有通过检验。收款成本与企业绩效关系是显著为负，提供商业信用和收款成本之间交互项REC*COST显著，说明收款成本存在调节效应。REC符号为负，说明提供商业信用与企业绩效负相关，COST符号为负，说明收款成本与企业绩效为负相关，REC*COST的符号为负，说明收款成本越高，企业提供商业信用与企业绩效之间的负向相关关系越大，反之，收款成本低，提供商业信用与企业绩效的负向影响越小。在提供商业信用和企业绩效关系中，收款成本起负向调节作用。

上述模型在模型（5）基础上，加入收款成本变量和相应交互项变量，考察收款成本、企业规模和产权性质的调节效应，见表5.8。

表5.8 收款成本调节效应检验 II

模型	模型(10)		模型(11)		模型(12)	
	QYJX		QYJX		FLEX	
	B	标准误	B	标准误	B	标准误
常数	0.030	0.013	0.030	0.013	0.030	0.013
TC	0.024*	0.014	0.029*	0.017	0.024	0.018
FINA	0.039**	0.017	0.039**	0.017	0.039**	0.017
FLEX	0.159***	0.007	0.159***	0.007	0.159***	0.007
SIZE	0.006	0.014	0.006	0.014	0.006	0.014
SOE	−0.029**	0.014	−0.028**	0.016	−0.028**	0.014
COST	−0.046***	0.003	−0.046***	0.016		
TC*COST			−0.012	0.015		
TC*SOE					0.003	0.014
R方	0.029		0.029		0.029	
调整R方	0.028		0.028		0.028	
F值	97.407		83.578		83.429	
ΔR方			0		0	
ΔF			−13.892		−13.978	

* $P<0.05$，** $P<0.01$

模型(10)中收款成本与企业绩效关系显著为负，与收款成本低相比，收款成本高企业绩效低。模型(11)中加入接收商业信用和收款成本交互项。ΔR方和ΔF没有显著增加。接收商业信用与企业绩效正相关且显著，收款成本与企业绩效关系显著负相关，接收商业信用和收款成本之间交互项TC*COST不显著，表明接收商业信用和企业绩效的关系中收款成本调节效应不显著。模型(12)中加入接收商业信用和产权性质交互项。产权性质与企业绩效显著正相关。与民营产权相比，国有产权企业绩效更高。接收商业信用和产权性质之间交互项 TC*SOE 不显著,表明接收商业信用和企业绩效的关系中产权性质调节效应不显著。

对比提供商业信用和提收商业信用与企业绩效关系中收款成本的作用。收款成本调节效应在提供商业信用和企业绩效的模型中通过检验,在接收商业信用和企业绩效的模型中并未通过检验。收款成本低,提供商业信用与企业绩效关系的显著。研究结论表明,是否降低收款成本对商业信用接收方而言影响不大,但对商业信用提供方而言却很重要。收款成本低的情况下,可以低成本收回因提供商业信用产生的应收账款,同时可以发挥商业信用在促进销售提高企业绩效方面的作用。降低收款成本对提供商业信用的一方提升企业绩效有显著意义。

5.3.4 内生性检验与稳健性检验

5.3.4.1 内生性问题

解决内生性问题的途径:一是工具变量,二是采用固定效应模型。上文分析中均考虑了固定效应。收款成本作为主要解释变量,在一定程度存在内生性。不能排除有潜在变量同时与收款成本和企业提供商业信用及企业利用商业信用运营管理有关。采用工具变量二阶段方法可以缓解内生性问题。参照李明辉(2019)用审计变更 SWITCH 情况为工具变量[206]。审计变更越多,社会共同信任水平越低,收款成本越高。首先进行了外生性检验和弱工具检验,结果表明,审计变更情况符合工具变量要求,可以作为工具变量。工具变量一阶段回归结果(表 5.9)表明,工具变量与收款成本之间呈显著相关,工具变量二阶段回归结果(表 5.10)表明,收款成本与企业绩效呈反向相关关系。工具变量回归中其他控制变量的符号与系数没有发生显著变化,不再赘述。

表 5.9 内生性检验:工具变量一阶段回归结果

模型	模型(13)		模型(14)	
	COST		COST	
	B	标准误	B	标准误
SWITCH	0.013***	2.880		
BLOOD			−0.001***	−2.861
控制变量	控制		控制	
常数项	0.725***	21.762	0.824	16.603
调整 R 方	0.064		0.064	

表 5.10 内生性检验:工具变量二阶段回归结果

模型	模型(15)		模型(16)	
	企业绩效(工具变量:SWITCH)		企业绩效(工具变量:BLOOD)	
	B	标准误	B	标准误
COST	−0.269***	−2.744	−2.868**	−2.163
控制变量	控制		控制	
常数项	−0.200**	−2.778	−2.450**	−2.411
Wald Chi2	119.43		408.92	
N	9 173		9 173	

5.3.4.2 其他稳健性检验

通过解释变量再定义对以上结果进行稳健性检验。对收款成本进行再测量,用地方法律发展水平测量收款成本,选用王小鲁等《中国分省份市场化指数报告(2018)》[205]中相关数据进行回归,结果基本一致。

采用其他工具变量进行内生性检验。模型(16)用工具变量无偿献血水平BLOOD进行内生性检验。无偿献血水平越高,社会共同信任水平越高,收款成本越高。本研究还采用减少样本量和采用滞后一期的数据进行稳健性检验,检验结果基本一致。

5.4 实证结果讨论

综合以上分析,对上文提出的假设进行检验结果汇总如下:

假设1和假设2通过检验,商业信用和企业绩效之间存在正向联系。假设3a、假设3b、假设3c通过检验,表明商业信用融资与企业绩效关系存在财务柔性的中介效应。假设4a、假设4b、假设4c通过检验,表明提供商业信用与企业绩效关系存在财务柔性的中介效应。

假设5表明不同柔性水平下,提供商业信用和企业绩效的关系不同,没有通过检验,财务柔性水平不体现为调节效应。假设6通过检验,在其他条件相同的情况下,收款成本与企业间商业信用水平负相关。收款成本越低,企业提供商业信用水平越高。收款成本低的情况下,企业更有可能以商业信用形式共享供应链运营资金,发挥商业信用资金共享效应。降低收款成本更能促进企业提供商业信用。假设7通过检验,与收款成本高的情况相比,收款成本低更能促使企业提供商业信用提升企业绩效。收款成本在提供商业信用与企业绩效之间起调节效应。假设8通过检验,在收款成本低的情况下,融资约束与企业提供商业信用没有显著关系。

假设9和假设10考虑收款成本和企业规模的关系。尽管理论预期大企业更能通过商业信用融资提升企业绩效。对大企业而言,收款成本低,对方企业更愿意提供商业信用,企业更能利用商业信用融资提升财务柔性。中小企业则是通过及时收回提供的商业信用来影响企业绩效。然而实证结果没有足够证据支持假设9和假设10。这可能与样本有关,也可能与分析过程对大企业和小企业的范围界定有关。这并没有否定大企业和小企业的商业信用活动绩效不同,在将来研究中可以针对大企业和小企业的商业信用活动规律做进一步观察。

本部分实证结果为商业信用营运资金共享效应的存在提供实证支持,也为降低收款成本发挥商业信用营运资金共享效应提供了理论依据和实证支持。

5.4.1 商业信用的营运资金共享效应

商业信用促进企业绩效。通过商业信用融资,企业可以低成本使用供应商资金。样本分组中,大企业组商业信用融资与企业绩效显著正相关,小企业组商业信用融资与企业绩效没有显著关系。大企业更能使用商业信用融资管理企业绩效,小企业难以通过运营管理管理企业绩效。

从提供商业信用角度看,提供商业信用与企业融资约束程度没有显著关系,但小企业样本组中提供商业信用与融资约束有关。一般而言,不管是否受到融资约束,企业都提供商业信用。小企业组受融资约束的影响较大。小企业组提供商业信用的情况与其财务情况有关,融资约束越高,企业提供商业信用越小。实证表明,小企业通过商业信用融资渠道向大企业传递商业信用,资金充裕的大型企业通过商业信用反而得到更多资金。资金相对紧张的中小企业在受到信贷约束情况下向大型企业提供商业信用,这一结论与吴争程(2014,2016)[175-176]研究一致。根据张新民(2012)[174]及FABBRI D,KLAPPER L F(2016)[67]关于市场地位的解释,资金相对紧张的中小企业在受到信贷约束情况下向大型企业提供商业信用,体现了大企业较强市场地位和中小企业较弱的市场地位。在发展中国家,大型企业在上下游产业结构中具有较强的谈判能力,能低成本地获取供应商的流动性;而中小企业处于较弱市场地位,面临强大竞争压力,不得不提供商业信用。

商业信用是企业间配置金融资源的重要途径。从理论上讲,只要金融市场存在缺陷,商业信用就可以起到增进金融市场资源配置效率的作用。在金融市场发达的国家,融资渠道比较畅通的大企业会向小企业提供商业信用,从而改善资金配置效率(余婧,2012)[207]。市场地位假说虽然指出了大企业强势议价力对企业间商业信用的影响,但没有解释这种商业信用活动如何影响市场效率。本研究第4章提出商业信用营运资金共享效应,指出在一定市场情况(收款成本低、核心企业和中小供应商面临流动性风险特征不一致的情况)下,由中小企业向大企业提供商业信用能降低供应链整体资金成本,提高市场效率。商业信用资金共享效应假说是对商业信用市场地位假说的补充。

5.4.2 降低收款成本促进企业间商业信用营运资金共享效应

商业信用是企业在商品买卖过程中由于交易过程与支付过程在时间上的分离所产生的应收应付或债权债务关系。从买方角度看,商业信用是购买商品时通过延期支付占用其他企业资金的行为,而从卖方角度看,商业信用是卖方提供给买方的延期付款方式。商业信用在功能上兼具竞争市场手段和融资工具的作用。

信用是交易的基础,是市场主体履约意愿和履约能力的表现。信用是形成良好营商环境的基石。对商业信用活动的研究有助于营造良好信用环境,优化营商环境。

在法制等正式制度尚不健全的经济转轨国家和地区,非正式制度起着重要的作用。刘凤委,李琳,薛云奎(2009)指出转轨经济环境下信任作为非正式制度影响企业交易成本和商业信用模式[190]。

信任在商品购销活动中起重要的作用。学术界多次观察到信任对商业信用的影响。冯丽艳,肖翔,赵天骄(2016)研究认为良好社会责任促进企业在购销活动中与供应商形成较好商业信任关系,降低商业信用交易成本[193]。孙兰兰,翟士运,王竹泉(2017)认为社会信任强化供应商关系,增强商业信用融资效应[208]。声誉是信任的一种形式。企业家声誉能使供应商对企业产生信任,有助于企业选择交易成本较低的商业信用模式。企业家声誉、政治关系、审计质量、社会责任都是信任的体现,本质上是由于信任降低了企业商业信用交易成本。不管是企业家声誉产生的信任或者是审计质量传递的信息,都是降低了交易的成本,进而影响了企业的商业信用活动。

对交易双方而言,信任的作用在于提供稳定的心理预期,降低彼此间信息不对称产生的交易成本。当不可预见的事件发生时,较高的信任度会促使交易各方更快达成协议。信任在事前可以减少交易双方为获得交易机会而产生的信息搜集成本,在事后可以减少交易各方的监督和执行成本,减少耗费在事后讨价还价和争议上的资源投入。在缺乏信息的情形下,交易各方将就未来可以发生的状况进行长时间、困难的协商,交易各方还可能安排契约性和结构性防御来保护自己。

交易成本又称交易费用,根据科斯的定义,交易成本是市场上发生的每一笔交易的谈判和签约费用及利用价格机制存在的其他方面的成本。信任是交易成本的一种体现,信任程度高有利于降低交易成本。信任程度的差异也会影响企业间商业信用模式。

根据张维迎的观点,信任的来源有三类:基于个体特征的信任、基于制度的信任和基于信誉的信任。在法制等正式制度尚不健全的经济转轨国家和地区,非正式制度起着重要的作用。基于个体特征产生的信任(包括企业家声誉、政治关系、社会责任、市场地位)等降低商业信用交易成本,影响商业信用模式。随着市场经济发展,因个体特征产生的信任影响将下降。市场需要完善的法律制度和金融制度保障,通过正式制度建设来降低交易成本。本研究关注交易成本对商业信用的影响,对于参与商业信用活动的企业来说,是否能及时收回货款也是交易成本的体现。本研究关注收款成本对商业信用活动的影响,有助于在商业信用活动规律基础上,通过金融产品和相关制度建设,为提升企业间的信任、降低交易成本、优化营商环境提供依据。

根据上文实证结果,收款成本是影响企业间商业信用的关键因素。收款成本对大企业绩效没有明显影响,对小企业绩效却有明显影响。对大企业组,加入收款成本后商业信用融资对企业绩效的影响没有显著变化;对小企业组,加入收款成本后小企业融资约束对企业提供商业信用的影响系数变为不显著。实证结果支持收款成本的作用。当收款成本低时,小企业容易收回为大企业提供商业信用产生的应收账款。虽然应收账款占用了中小企业的资金,但提供商业信用有利于促进销售,有利于与大企业建立良好供销关系。如果小企业能以低成本收回货款时,小企业愿意提供更多商业信用。

实证结果支持商业信用营运资金共享效应,商业信用营运资金共享效应的发挥取决于收款成本。基于此,为推进商业信用的运营资金共享效应,应采取政策降低收款成本。供应链金融反向保理模式有助于降低供应商收款成本,因而有助于促进供应链资金共享效应。

供应链金融反向保理降低企业间收款成本,促进企业间运营资金共享效应。从这个角度看,供应链金融是有利于核心企业的。目前多数文献关注供应链金融对中小企业的价值,而忽略供应链金融对核心企业的价值。核心企业通过参与供应链金融,为中小企业提供融资便利和融资选择,也为自己享用供应商资金创造机会。显然,核心企业有动机进一步延长信用期限以享用供应商运营资金。对供应链而言,企业间运营资金共享效应提高了供应链资金使得效率,获得供应链整体效率的提升。但运营资金共享效应的成本是由中小企业承担的,这加大了中小企业资金困难程度。应该明确企业间资金共享效应是需要供应链各方共同维护的,否则不仅破坏供应链资金共享效应的积极作用,还给供应链带来潜在危机。供应链上核心企业应谨慎考虑是否进一步要求延长信用期限。

5.4.3 商业信用期限的决策与影响

商业信用期限决策是商业信用管理研究的重要内容。学者们通过建立数理模型加数值算例的方式研究商业信用期限决策问题。比如，贾涛，徐渝(2009)讨论需求依赖于库存量的供应链商业信用期限问题[269]；于丽萍，黄小原，徐家旺(2009)分析商业信用对供应商与零售商各自目标利润及供应链的总利润的影响，建立了商业信用契约协调模型，推导了最优信用期限和最优订货量[210]。代大钊，张钦红(2013)分析了延期支付与提前支付政策下，零售商的订货决策和制造商的期望利润[211]。秦娟娟(2015,2016)分别讨论了需和求依赖于库存量的供应链商业信用期限决策和时变供需下基于商业信用的零售商最优订货策略[212-213]。彭红军，孙恺(2016)研究商业信用融资模式下，制造商的生产、定价以及信用额度决策、分销商的订货决策[214]。王志宏，张怡，郭剑锋(2017)构建商业信用激励模型推导下商业信用契约的最优配置和销售商的最优订购决策，分析销售商库存成本、市场规模等参数对激励契约和销售商最优决策，以及供应链成员和系统收益的影响[215]。

上述研究通过数理模型构建了企业收益和商业信用期限决策之间的关系，为企业商业信用期限决策提供了支持。然而，现有研究多只从商业信用角度研究商业信用期限，较少将商业信用期限放在更大的系统视角下进行考虑。上述实证检验结果表明，企业间以商业信用形式进行营运资金共享，商业信用期限是影响营运资金共享效应的关键因素。营商环境越好，企业间的文化信任越高，制度约束越高，则企业随意变更商业信用期限的可能性越低，企业越有可能通过商业信用管理来应对流动性缓冲，企业间运营资金共享效应越强。相反，商业信用期限的随意变更，给企业运营管理带来的不确定性增大，则可能破坏商业信用营运资金共享效应。供应链金融反向保理虽然有利于降低收款成本，促进企业间商业信用，但如果核心企业基于市场地位随意延长商业信用，则可能破坏商业信用的效率，也可能破坏供应链金融的初衷。供应链金融反向保理是否能有效发挥作用，有赖于各方的积极参与和配合。下一章进一步探讨核心企业进一步延长信用期限带来的供应链收益影响。

5.5 本章小结

本章基于上文供应链企业商业信用营运资金共享效应模型，对供应链上企业商业信用的动机及绩效进行检验，重点关注收款成本对商业信用的影响，检验收款成本的调节效应和财务柔性的中介效应。

应用中国上市公司数据及中国社会调查数据等进行实证分析。测量收款成本、财务柔性在商业信用活动与企业发展绩效关系间的作用。

在商业信用和企业绩效的关系中存在财务柔性中介效应，但财务柔性在提供商业信用和接收商业信用与企业绩效的中介效应有所不同。财务柔性在提供商业信用与企业绩效的中介效应是完全中介效应，在接收商业信用与企业绩效的中介效应是部分中介效应。

收款成本调节效应在提供商业信用和企业绩效的模型中通过检验，在接收商业信用和企业绩效的模型中并未通过检验。收款成本低，提供商业信用与企业绩效的关系显著。研究结论表明，是否降低收款成本对商业信用接收方而言影响不大，但对商业信用提供方而言却很重要。收款成本低的情况下，可以低成本收回因提供商业信用产生的应收账款，同时可以发挥商业信用在促进销售提高企业绩效方面的作用。降低收款成本对提供商业信用的一方提升企业绩效有显著意义。

以上分析通过内生性检验和稳健性检验,研究表明供应链运营资金共享效应假设成立。企业通过收回应收账款来应对流动性风险,而没有发生流动性危机时,可以让渡这部分资金的使用,对这部分资金的免费或低成本使用,可以促进供应链合作伙伴的发展。

供应链金融方案会影响收款成本效应。根据第 4 章和第 5 章分析结果,供应链企业间存在商业信用营运资金共享效应。供应链反向保理有助于降低供应链收款成本,进而有助于推进商业信用营运资金共享效应。供应链上核心企业会进一步延长信用期限以最大化自身利益。第 6 章研究核心企业进一步延长信用期限带来的供应链收益分配影响。

第6章　商业信用资金共享效应对供应链金融收益的影响

第4章和第5章研究表明商业信用资金共享效应提高了企业间商业信用效率。核心企业以商业信用形式享用供应链上运营资金,降低核心企业及供应链整体现金持有量,进而降低供应链整体财务成本。商业信用资金共享效应前提条件是收款成本低。在收款成本低条件下,供应商提供商业信用有利于降低供应链整体财务成本。在收款成本高条件下,商业信用资金共享效应难以发挥作用。供应链金融反向保理模式允许供应商将对核心企业的应收账款向金融机构要求提前融资,相当于降低了供应商应收账款收款成本,供应链金融反向保理有利于促进企业间商业信用资金共享效应。

在商业信用资金共享效应作用下,核心企业乐意参与供应链金融,推动反向保理模式发展。由于供应链金融反向保理模式使供应商获得提前收款的选择权,核心企业会通过延长信用期限来扩大参与供应链金融的收益。由于信用期限越长,核心企业从商业信用资金共享效应中收益越大,核心企业有动机进一步延长信用期限。

在商业信用期限固定的情况下,供应链金融有利于缓解供应商因提供商业信用而产生的财务负担。在中小供应商缺乏其他融资渠道的情况下,供应链金融有利于缓解中小供应商融资约束。然而,在核心企业试图延长信用支付期限的情况下,供应链金融对中小企业价值将大打折扣。中小企业难以通过供应链金融获得实质性的收益,中小企业参与供应链金融的意愿将下降。

商业信用资金共享效应与供应链金融价值的关系是复杂的。一方面供应链金融有利于促进商业信用资金共享效应,另一方面,商业信用资金共享效应带来信用期限延长,又会影响到供应链金融收益在核心企业和中小企业之间的分配。文章接下来对供应链金融价值的分析,用定量方式考察信用期限对供应链金融收益的影响。研究结果表明商业信用资金共享效应通过信用期限影响供应链金融收益分配,进而影响供应链上企业参与供应链金融的意愿。本章分析参考 TANRISEVER F,H.C,REINDORP M, et al(2016)[121]及李雪薇(2017)[110]对供应链金融价值的分析。不同的是,他们侧重从中小企业角度解释供应链金融价值,本研究侧重从供应链整体收益角度分析供应链金融价值。

本章内容安排如下:首先构建模型测量供应链金融收益,发现无论从财务角度还是运营角度供应链金融收益分配都与商业信用期限有关;其次从商业信用期限角度讨论供应链金融收益的分配及权衡,发现中小企业侧重于财务收益而核心企业侧重于运营收益;最后用数值分析展示信用期限对供应链金融各主体收益的影响。

6.1 供应链金融收益模型构建

6.1.1 问题描述与模型假设

参照 TANRISEVER F,H.C,REINDORP M,et al(2016)[122]构建由一个供应商和一个买方核心企业构成的供应链模型。供应链上的供应商是受融资约束的、信用级别较低的中小企业。相对供应商来说,核心企业是信誉更好、融资成本更低、信用级别更高的企业。假定:(1)供应商为核心企业提供原材料和投入品。这些原材料和投入品具有独特性,核心企业短期内难以找到替代品。(2)供应商自有资金有限,通过借款来满足营运资金需要。

供应链金融价值体现在供应链金融与传统贷款相比的变化。通过供应链金融与传统银行贷款两种方案的对比,研究供应链金融的价值及产生价值的约束条件。

6.1.2 事件时间顺序

首先构建基础模型,从财务角度考虑供应链金融收益,然后放松基础模型的条件,从运营角度考虑供应链金融收益。

(1)财务角度的收益测量

假定供应商面临的需求总量是固定的,但需求到达的时间并不固定,需求到达时间是随机的。需求到达时间随机,可以根据需求到达的一般情况,计算需求到达时间的期望值。供应商根据需求到达时间的期望值筹集生产所需资金及应对短期流动性负债的资金。

模型对应的事件发展顺序如下:

供应商在 $t=0$ 时拥有现金资金 H,在 $t=T$ 时刻(即期末)需要偿还到期短期负债 θ。供应商通过运营产生现金流,但是收到货款的时间取决于买方企业发现市场机会产生需求订单的时间。假设生产是即时的,需求到达的时间是随机的,记为随机变量 $\tau,\tau\in[0,T]$,需求量为常数 U。

收到买方企业需求订单后,供应商用现金(来源于内部自有资金或原有的金融机构贷款)购买订单所需原材料,根据订单要求生产最终产品,然后销售给买方核心企业。供应商每单位最终产品销售价格为 p,原材料单位成本为 c,在需求到达的时刻,供应商采购原材料,现金减少 cU。供应商不能立刻收回货款,供应商为买方核心企业提供商业信用,允许买方核心企业过一段时间再支付货款。因此,当供应商完成订单生产时,其现金没有立刻增加,应收账款相应增加 pU。在这个过程当中,供应商为买方核心企业提供商业信用,产生应收账款。从产生应收账款到买方核心企业最终支付货款的期间为 l。

当短期流动负债到期时,如果供应商顺利收回应收账款,且应收账款值大于短期流动负债值,则企业将偿还短期流动负债。如果此时供应商尚未收回应收账款,且自有资金不足以支付流动负债,则供应商需要进行外部融资。

假定供应商有两种融资方式,一是传统银行贷款,二是供应链金融。以下对传统银行贷款和供应链金融两种融资方式进行对比:

在传统银行贷款融资方式下,银行根据供应商资产水平、征信水平提供融资。银行贷款

融资利率 R_{sme}^{0} 等于风险利率加上相应费用,$R_{sme}^{0}=R_{f}+\beta_{sme}^{0}$。其中 R_{f} 是无风险利率,β_{sme}^{0} 代表风险溢价。风险溢价指供应商破产或发生财务危机情况下所产生的直接和间接费用,也包含交易费用以及管理者和外部投资者之间的信息不对称等所造成的相应费用。β_{sme}^{0} 表示传统贷款情况下供应商风险溢价。

在供应链金融模式下,供应商将应收账款出售给金融提供商,金融提供商向供应商收取的融资利率等于无风险利率加上相应的费用,即 $R_{sme}^{SCF}=R_{f}+\beta_{sme}^{SCF}$。$\beta_{sme}^{SCF}$ 代表供应链金融模式下供应商的风险溢价,这是参照应收账款对应方买方核心企业的信誉来确定的。由于借助了核心企业的信用,供应链金融的融资利率低于传统银行贷款融资利率,R_{sme}^{SCF} 小于 R_{sme}^{0}。

用 T^{0} 代表传统银行贷款模式下核心企业的支付期限。用 T^{SCF} 代表供应链金融模式下核心企业的支付期限。传统文献往往直接假定 $T^{SCF}>T^{0}$。与传统文献不同,本研究将 T^{SCF} 作为一个决策变量,通过分析供应商参与供应链金融的约束条件,来研究核心企业支付期限对供应链金融价值的影响,进而为核心企业是否延长信用期限提供决策的理论依据。

采取复利计息方式计算货币时间价值,最初投资 H_{0} 在连续复利情况下经过 T 时间后的终值为 $H_{0}(1+R_{f})^{T}$。

在 $t=0$ 时刻,供应商拥有初始现金量为 H;

在 $t=\tau$ 时刻,假设供应商有足够的现金购买原材料,供应商在收到核心企业订单后,立即用现金购买原材料并收到原材料 cU。

在 $t=T$ 时刻,供应商流动负债到期,此时如果供应商已收回应收账款,则供应商不需要进行外部融资,因为 $(H-cU)(1+R_{f})^{\tau}>\theta$。

如果供应商还未收回应收账款,则供应商期末现金资产为 $(H-cU)(1+R_{f})^{\tau}<\theta$。现有资金不足以应对短期流动负债,短缺的部分需要向外融资。

在传统银行贷款情况下,融资数额为 $\mathrm{Loan}=\theta-H(1+R_{f})^{\tau}+cU(1+R^{0})^{T-\tau}$,借款需要在 $\tau+T_{b}$ 时刻偿还。

在供应链金融模式下,供应商需要融资的数额不变,融资利率变为 R^{SCF}。由于供应商在 $t=T$ 时刻将应收账款出售给金融提供商,在 $t=\tau+T_{SCF}$ 时刻才能向核心企业收回应收账款,供应商需融资期限为 T_{SCF}。

(2)运营角度的收益测量

运营角度是在考虑供应商的生产和库存数量的情况下,企业参与供应链金融的相对财务收益变化。

假定供应商需要在接到买方需求之前生产并对产品进行库存。事件发生的顺序和假设如下:

在 $t=0$ 时刻,供应商决定生产和库存的数量 Q,数量 Q 取决于供应商对核心企业需求的预测。假定需求规模是一个随机变量,其概率特征为供应商和核心企业充分了解。供应商用现金购买原材料,假定生产和运输的时间都为零。因此,供应商的现金减少为 $H-cQ$,假定供应商有充足的现金购买原材料。其他的短期债务在期末到期。

在 $t=\tau$ 时刻,核心企业观察到需求 X_{Q},并向供应商订货。供应商马上把库存货品运给核心企业。此时,供应商销售量为 $\min(X_{Q},Q)$。假定需求机会马上消失,即不足的库存会失去这次机会,而超过需求的库存没有价值。

在时间 $t=T$ 时刻,供应商需偿还短期债务 θ。这里有两种可能情况:

如果 $\tau+l \leqslant T$,则供应商收到应收账款不超过其短期融资到期日,则在 T 时现金储备量的值为 $(H-cU)(1+R_f)^T+p_s\min(X_Q,Q)(1+R_f)^{T-\tau}$,其中,$(H-cU)(1+R_f)^T$ 代表积累的现金在 $t=T$ 的终值,$p_s\min(X_Q,Q)(1+R_f)^{T-\tau}$ 代表利润期末终值。假定这些现金足以应对短期债务。

如果 $\tau+l>T$,则在短期债务到期时,供应商的应收账款尚未收回。期末现金终值为 $(H-cU)(1+R_f)^T$,这不足以支付短期债务 θ,供应商需要向外借款以支付短期债务。此时向外借款的量为 $N=\theta-(H-cQ)(1+R_f)^T$。借款在应收账款收回时马上归还。

6.2 参与供应链金融收益分析

这里,供应链金融具体指应收账款融资中的反向保理。针对核心企业与其上游供应商之间因贸易关系产生的应收账款,金融提供商与核心企业达成反向保理协议,为核心企业的上游供应商提供一揽子融资结算服务。供应商持有核心企业的应收账款,只要取得核心企业的确认,就可以转让给金融提供商以取得融资。

基于核心企业优质信用为其上下游企业提供金融服务产品具有一定的合理性,但供应链金融的价值并不是由供应链金融产品本身的合理性决定,而是由其相对金融产品而言的比较优势决定。企业是否愿意参与供应链金融,不仅取决于其参与供应链金融的直接收益,还取决于其相对其他金融产品的收益。参照 TANRISEVER F,H.C,REINDORP M,et al(2016)[122]构建供应链金融反向保理与传统银行贷款收益对比模型。

6.2.1 财务角度的供应链金融收益分析

注意到供应商参与意愿是供应链金融发展的关键,首先考虑供应商的期望收益。对供应商而言,财务角度的供应链金融收益有两种情况。第一种情况,供应商没有传统融资渠道,供应链金融提供了融资渠道。第二种情况,供应商有其他融资渠道(为了研究方便,统一称为传统银行贷款),供应链金融提供了一种新的融资形式选择。此时企业参与供应链金融的收益来自供应链金融相比传统银行贷款而言所能节省的资金成本。

第一种情况,供应商,通常是中小企业,在缺乏其他融资渠道的情况下通过供应链金融获得融资,供应链金融的价值是明显的。第二种情况,供应链金融的收益则体现在供应链金融相比传统银行贷款而言的收益,即供应链金融价值体现在其与传统银行贷款相比的收益之差。供应链金融相比传统银行贷款节省的成本越多,其价值越明显。

为了突显支付期限对供应链金融价值的影响,下文分析思路如下:首先分别测算两种情况下企业现金流,然后算出两种情况下现金流折现价值,接着对现金流折现值进行估计,得到供应链金融价值与相关影响因素的关系式,最后关注支付期限对供应链金融价值的影响。

设 Loan_0 为当 $R_f=0$ 时供应商需要借款的金额,则 $\mathrm{Loan}_0=H+cU-m$。由于需求到达时间随机,供应商需要融资时间长 $\tau+l-T$ 是随机变量,将其期望值记为 E,将支付期限记为 l。为捕捉两种情况下支付期限的变化,将传统银行贷款下支付期限记为 l_0,供应链金融下支付期限记为 l_{SCF}。传统银行贷款下需融资的期限期望值为 E_0,供应链金融下融资期限

期望值记为 E_{SCF}。

供应链金融给供应商、核心企业及供应链整体带来的预期收益如下。

供应商的预期收益为：
$$\pi_{sme}=(R_{sme}^{SCF}-R_f)\times E_0\times Loan_0-(R_{cor}^{SCF}-R_f)\times E_{SCF}\times Loan_0-R_f\times p\times U\times(l_{SCF}-l_0), \quad (6.1)$$

核心企业的预期收益为：
$$\pi_{cor}=R_f\times p\times U\times(l_{SCF}-l_0), \quad (6.2)$$

供应链总预期收益为
$$\pi_{total}=(R_{sme}^{SCF}-R_f)\times E_0\times Loan_0-(R_{cor}^{SCF}-R_f)\times E_{SCF}\times Loan_0。 \quad (6.3)$$

证明过程是先分析传统银行贷款渠道下期望收益,再分析供应链金融情况下期望收益,两者之差体现为供应链金融相比传统银行贷款的比较优势。将两种情况下的现金流贴现,可以得出供应商参与供应链金融的预期收益。参照 TANRISEVER F, H.C, REINDORP M, et al(2016)[122]及李雪薇(2017)[110]在求解过程中借助泰勒级数,求出预期收益的近似值,并对该值进行分解。具体如下：

(1) 供应商融资期望收益

中小供应商参与供应链金融的预期收益为：
$$\pi_{sme}=E_r[\widehat{DH_{sme}^0}]-[\widehat{DH_{sme}^{SCF}}]$$
$$=(R_{sme}^{SCF}-R_f)\times E_0\times Loan_0-(R_{cor}^{SCF}-R_f)\times E_{SCF}\times Loan_0-R_f\times p\times U\times(l_{SCF}-l_0)$$

将供应商的收益做进一步分解：

供应商收益$(R_{sme}^{SCF}-R_f)\times E_0\times Loan_0-(R_{cor}^{SCF}-R_f)\times E_{SCF}\times Loan_0-R_f\times p\times U\times(l_{SCF}-l_0)$

可以分解为三部分：

表6.1 供应商收益分解

符号	解释
$(R_{sme}^{SCF}-R_f)*E_0\times Loan_0$	传统贷款情况下期望融资费用
$(R_{cor}^{SCF}-R_f)*E_{SCF}\times Loan_0$	供应链金融下供应商融资费用
$R_f*p*U*(l_{SCF}-l_0)$	供应链金融下核心企业付款期限延长造成的机会成本

供应商参与供应链金融期望收益由三个部分组成的：(1)供应商传统银行贷款下期望融资成本$(R_{sme}^{SCF}-R_f)\times E_0\times Loan_0$；(2)供应商供应链金融情况下期望融资成本$(R_{cor}^{SCF}-R_f)\times E_{SCF}\times Loan_0$；(3)供应链金融模式下核心企业延长信用期限而造成的机会成本为$R_f\times p\times U\times(l_{SCF}-l_0)$。

根据以上分析,对于中小供应商来说,供应链金融的价值取决于以下几个因素：第一,无风险利率。供应商进行供应链金融的机会成本,是随无风险利率的增加而增加的。机会成本增加,供应商参与供应链金融的收益将减少,这部分收益转移给核心企业。第二,供应商和核心企业之间的融资成本差距。由于风险溢价不同,供应商和核心企业融资成本并不相同,两者之间存在差距,供应商的融资成本比核心企业融资成本高。风险溢价的差距决定了两者融资成本的差距。供应商和核心企业融资成本之间的差距越多,供应商从供应链金融中获得的收益就越多。原因是在核心企业风险固定的情况下,供应商与核心企业风险溢价的差距体现了供应商的风险水平。风险越高,供应商原有融资成本越高。在供应链金融下,供应商的单位融资成本下降得越多,供应商从供应链金融中获得的收益也越多。第三,供应商的运营特点和营运资本策略。除了供应商的风险溢价特性外,供应商的运营特点和营运资本策略也影响供应商的供应链金融收益。供应商的现金持有量、短期债务量、经营规模及需求波动性等运营特点决定了供应商的营运策略,营运策略决定供应商进行外部融资的频率和数额。相对而言,持积极运营策略的供应商会从供应链金融中获得更多收益。原因是,相比保守策略的供应商而言,持积极运营策略的供应商持现金储备量更低,短期债务量更高,需求波动更大。供应商需要以更高的成本借款更长的时间,供应链金融能为其节约更多融资成本。

核心企业利润具体计算过程如下:

供应商选择进行外部融资的情况下,核心企业应付账款的账期为 l_0,将现金流全部折现到 $t=0$ 时刻,

$$DH_{cor}^0 = \frac{p \times U}{(1+R_f)^{\tau+l_0}},$$

参照 TANRISEVER F,H.C,REINDORP M,ET AL(2016)及李雪薇(2017)对于 R_f 在 0 点处应用一阶泰勒级数近似,可以求出:

$$\widehat{DH_{cor}^0} = -p \times U(1-R_f(\tau+l_0)),$$

$$E_\tau[\widehat{DH_{cor}^0}] = -p \times U(1-R_f(\bar{\tau}+l_0))。$$

同理,供应商选择供应链金融的情况下,买方应付账款的期限为 l_{SCF},将现金流全部折现到 $t=0$ 时刻,

$$DH_{cor}^{SCF} = \frac{p \times U}{(1+R_f)^{\tau+l_{SCF}}},$$

对于 R_f 在 0 点处应用一阶泰勒级数近似,可以求出:

$$\widehat{DH_{cor}^{SCF}} = -p \times U(1-R_f(\tau+l_{SCF})),$$

$$E_\tau[\widehat{DH_{cor}^{SCF}}] = -p \times U(1-R_f(\tau+l_{SCF}))。$$

所以,供应商选择供应链金融时核心企业的期望收益为:

$$\pi_{cor} = E_\tau[\widehat{DH_{cor}^{SCF}}] - E_\tau[\widehat{DH_{cor}^0}] = R_f \times p \times U \times (l_{SCF}-l_0)。$$

核心企业期望收益为 $R_f \times p \times U \times (l_{SCF}-l_0)$,表明核心企业期望收益受供应商提供的商业信用总量、支付期限及无风险利率水平的影响。供应商提供的商业信用总量越多,核心企业期望收益越大;供应商对核心企业应收账款规模(对应核心企业应付账款规模)越大,核心企业期望收益越大;供应商提供商业信用期限越久,允许核心企业支付账款期限越长,核心企业期望收益越大;无风险利率越大,核心企业期望收益越大。核心企业通过延长应付账款资金的付款期限,可以获得额外的无风险收益,并可以通过这样的方式将节省的营运资本进行投资。根据核心企业期望收益的测量公式 $R_f \times p \times U \times (l_{SCF}-l_0)$,核心企业通过赊购方式节省的营运资本可以投资到流动资产中,在供应商提供商业信用允许核心企业延长付款期间可以赚取相当于无风险利率的收益。延长信用期限越长,核心企业收益越大。信用

第 6 章　商业信用资金共享效应对供应链金融收益的影响

期限是核心企业收益的关键因素。

（2）供应链总期望收益

整个供应链上企业的总期望收益等于供应商期望收益加上核心企业期望收益：

$$\pi_{\text{total}} = \pi_{\text{sme}} + \pi_{\text{cor}}$$
$$= (R_{\text{sme}}^{\text{SCF}} - R_f) \times E_0 \times \text{Loan}_0 - (R_{\text{cor}}^{\text{SCF}} - R_f) \times E_{\text{SCF}} \times \text{Loan}_0。$$

该公式表明供应链总期望收益与无风险利率无关。供应链总期望收益与供应商和核心企业间外部融资成本差距有关。供应商与核心企业之间的风险溢价越大，供应商与核心企业之间外部融资成本差距越大，供应链金融能为供应链带来的整体收益越大。当市场不存在摩擦时，即风险溢价为 0、金融产品手续费也为 0 时，供应链总期望收益为零，表明市场不存在摩擦的情况下，供应链金融不创造价值。当存在市场摩擦时，供应链总收益大于零，表明供应链金融对供应链整体是产生价值的。正是由于市场不完美，市场存在摩擦，供应链金融才具有价值。供应链金融整体价值被买方核心企业和供应商共享。

本研究主要是要捕捉信用期限对供应链金融价值的影响，认为信用期限的延长会影响供应商参与供应链金融的意愿，进而可能影响到核心企业自身的利益。因此，下文主要分析信用期限如何影响供应商参与意愿。

根据以上计算的供应商和核心企业的期望收益公式，供应商、核心企业以及供应链整体的期望收益都需要大于等于零，可以推导出企业参与供应链金融的参与约束，即在条件得到满足的情况下，供应链各方在供应商选择供应链金融比选择传统外部融资时获得的收益更大：

$$(R_{\text{sme}}^{\text{SCF}} - R_f) \times E_0 \times \text{Loan}_0 - (R_{\text{cor}}^{\text{SCF}} - R_f) \times E_{\text{SCF}} \times \text{Loan}_0 \geqslant R_f \times p \times U \times (l_{\text{SCF}} - l_0), \quad (6.4)$$

$$l_{\text{SCF}} \geqslant l_0, \quad (6.5)$$

$$(R_{\text{sme}}^{\text{SCF}} - R_f) \times E_0 \times \text{Loan}_0 \geqslant (R_{\text{cor}}^{\text{SCF}} - R_f) \times E_{\text{SCF}} \times \text{Loan}_0。 \quad (6.6)$$

在供应链金融下，核心企业会要求将应付账款的付款期限延长或者至少付款期限保持不变。付款期限的延长会对供应商预期收益造成复杂的影响。一方面，由于核心企业的付款期限延长，供应商需要承担更长时间的外部融资成本；另一方面，更长的收款期限意味着供应商更有可能面临内部资金不足的情况，导致其需要进行外部融资来补充营运资本。所以供应链金融反向保理融资约定的付款期限越长，供应商从反向保理融资中获得的收益越小，越可能选择不进行反向保理融资。反向保理中的融资利率是信用期限的减函数。

反向保理中的融资利率和信用期限的关系进一步受无风险利率影响。如果无风险利率增加，供应商从供应链金融获得的收益下降，选择供应链金融的可能性降低。

如果供应商采用的是偏保守的营运资本政策，其需要进行外部融资的频率较低，采纳供应链金融会产生机会成本，在这种情况下，供应商选择供应链金融的可能性也会降低。

值得关注的是，当无风险利率是正数时，如要付款期限延长造成的机会成本足够大，则供应链整体参与约束与中小企业参与约束产生分离，此时能给供应链带来整体收益的供应链金融方案可能会被供应商拒绝。

供应链金融在以下条件下使各个参与方期望收益最大：

$R_{\text{sme}}^{\text{SCF}} = R_{\text{cor}}^{\text{SCF}} = R_f + \beta_{\text{cor}}, l_{\text{SCF}} = l_0, k = 0$ 时，供应商期望收益最大，其最大化收益为：

$$\pi_{\text{sme}}^{\max} = (R_{\text{sme}}^0 - R_{\text{cor}}^0) E_{\text{SCF}} \times \text{Loan}_0,$$

$R_{\text{cor}}^{\text{SCF}} = R_f + \beta_{\text{cor}}, l_{\text{SCF}} = l_{\text{SCF}}^*, k = 0$ 时，核心企业期望收益最大，其最大化收益为

$$\pi_{\text{cor}}^{\max} = R_f \times p \times U(l_{\text{SCF}}^* - l_0),$$

其中,l_{SCF}^* 由下面的等式求出:

$$\beta_{\text{cor}} \times E_0 \times \text{Loan}_0 - \beta_{\text{cor}} \times E_{\text{SCF}} \times \text{Loan}_0 = R_f \times p \times U(l_{\text{SCF}}^* - l_0),$$

$R_{\text{cor}}^{\text{SCF}} = R_f + \beta_{\text{cor}}, l_{\text{SCF}} = l_F, k = 0$ 时,供应商和核心企业的总期望收益最大,其最大化收益为

$$\pi_{\text{total}}^{\max} = (\beta_{\text{cor}} - \beta_{\text{sme}}) \times E_0 \times \text{Loan}_0.$$

可以看出当 $k=0$ 时,供应商参与反向保理的概率在其他条件不变的情况下是最大的,所以 $k=0$ 是供应商最大化的一个条件。同时,π_{cor} 随 l_{SCF} 增大而增大,但是约束条件显示 l_{SCF} 越小供应商越可能采用供应链金融方式融资,所以当 $\beta_{\text{sme}} \times E_0 \times \text{Loan}_0 - \beta_{\text{cor}} \times E_0 \times \text{Loan}_0 = R_f \times p \times U(l_{\text{SCF}}^* - l_0)$ 时可以求出最优 l_{SCF}。

计算整个供应链的最大化期望收益

$$\pi_{\text{total}}^{\max} = \max[\beta_{\text{sme}} \times E_0 \times \text{Loan}_0 - (\beta_{\text{cor}} + k) \times E_{\text{SCF}} \times \text{Loan}_0],$$
$$\beta_{\text{sme}} \times E_0 \times \text{Loan}_0 \geqslant (\beta_{\text{cor}} + k) \times E_{\text{SCF}} \times \text{Loan}_0 + R_f \times p \times U(l_{\text{SCF}}^* - l_0),$$
$$l_{\text{SCF}} \geqslant l_0, k \geqslant 0.$$

供应链整体预期收益随着 k 的增加而减少,同时供应商参与约束右侧的式子是与 k 和 l_{SCF} 正相关的。可见要提高供应商参与供应链金融的积极性就需要 k 和 l_{SCF} 尽可能变小。

综上,在付款期限与传统外部融资保持一致,且金融提供商对反向保理融资合约加收的手续费为零的情况下,供应商可以使用买方核心企业的借款利率进行贷款,供应商参与反向保理融资的期望收益最大。在金融提供商对反向保理融资合约不收手续费,且供应商处于外部融资和反向保理融资无差别临界点的情况下,买方核心企业实现收益最大化。

6.2.2 运营角度的供应链金融收益分析

如上文分析,除财务方面收益外,供应链金融收益还体现在企业生产运营方面。为捕捉财务收益和运营收益,在上文分析基础上进一步考虑供应链实体生产中供应商产量决策及其对链上企业收益的影响。

用供应商的最优生产数量作为测算供应链金融运营价值研究的基础。首先分别测算出传统外部融资和供应链金融下供应商的最优生产数量。然后测算出在各自最优生产数量下对应供应商能取得的最佳价值。

由于此时供应商最优生产数量符合报童模型,在库存生产的情况下,在传统银行贷款融资和供应链金融下供应商最优的生产数量分别为:

$$Q^{*,0} = F^{-1}\left(\frac{P^0 - c^0}{P^0}\right); \quad Q^{*,\text{SCF}} = F^{-1}\left(\frac{P^{\text{SCF}} - c^{\text{SCF}}}{P^{\text{SCF}}}\right).$$

可以得出在考虑生产运营的情况下供应商的预期收益情况。与基础模型相似,首先测量供应商在传统银行贷款下的生产收益情况,借用泰勒级数求出其贴现值,然后用相同办法测量供应链金融情况下的资金现值。两者的差值为供应链金融的预期收益。

求出传统银行贷款下供应商最佳价值 $V_{\text{sme}}^0(Q^{*,0})$ 和供应链金融下供应商最佳价值 $V_{\text{sme}}^{\text{SCF}}(Q^{*,\text{SCF}})$,两者的差值为供应链金融的收益 $V_{\text{sme}}^{\text{SCF}}(Q^{*,\text{SCF}}) - V_{\text{sme}}^0(Q^{*,0})$,记为 π_{sme}。

$$V_{\text{sme}}^0(Q^{*,0}) = pE[\min(Q^{*,0}, X_Q)](1 - R_f(\bar{\tau} + l_0)) - cQ^{*,0} - \beta_{\text{sme}} \times N(Q^{*,0}) \times E_0,$$

$$V_{\text{sme}}^{\text{SCF}}(Q^{*,\text{SCF}})$$
$$= pE[\min(Q^{*,\text{SCF}}, X_Q)](1-R_f(\bar{\tau}+l_{\text{SCF}}))-cQ^{*,\text{SCF}}-(\beta_{\text{cor}}+k)N(Q^{*,\text{SCF}}) \times E_{\text{SCF}},$$

其中,$N(Q^{*,0})=N(Q,R_f=0)=\theta+cQ-H>0$,

$$c^0 = c(1+\beta_{\text{sme}} \times E_0),$$
$$c^{\text{SCF}} = c(1+(\beta_{\text{cor}}+k) \times E_0),$$
$$p^0 = p(1-R_f(\bar{\tau}+l_0)),$$
$$p^{\text{SCF}} = p(1-R_f(\bar{\tau}+l_{\text{SCF}})),$$
$$E_0 = E_\tau[\tau+l-T],$$
$$\bar{\tau} = E[\tau].$$

进一步求出供应链金融下提升供应商最优生产数量的条件。根据以上模型,供应商最优生产数量受到外部融资利率差距、信用期限和无风险利率的影响。特别地,在考虑外部融资成本的情况下,供应商采购成本随外部融资成本的增加而增加。$c^0 = c(1+\beta_{\text{sme}}E_0)$,而销售价格随延长期限所带来的减少利润预期而减少,$p^0 = p(1-R_f(\bar{\tau}+l_0))$。

在供应链金融下,融资成本下降带来采购成本下降。而信用期限的延长则增加了融资成本,进而增加采购成本。同时,信用期限的延长带来预期销售价格的下降。

因此,供应链金融所带来的运营收益取决于以上各项因素对供应商财务成本的净影响。供应链金融下提高营运绩效的约束条件为 $\beta_{\text{sme}}E_0(1-R_f(\bar{\tau}+l_0)) \geqslant (\beta_{\text{cor}}+k)E_{\text{SCF}}(1-R_f(\bar{\tau}+l_{\text{SCF}}))+R_f(l_{\text{SCF}}-l_0)$。

如果满足以上条件,则供应商在供应链金融下会增加生产数量,进而提高供应链运营收益。反之,供应商参与供应链金融并不会带来供应链运营收益的增加。

用 p_0 代表卖方单位销售价格,在库存生产条件下,供应链金融为各方带来的期望收益为:

供应商期望收益:
$$\pi_{\text{sme}} = p^{\text{SCF}}E_{\min}(Q^{*,\text{SCF}}, X_Q) - p^0 E_{\min}(Q^{*,0}, X_Q) - c(Q^{*,\text{SCF}}-Q^{*,0})$$
$$+ \beta_{\text{sme}}N(Q^{*,0})E_0 - (\beta_{\text{cor}}+k)N(Q^{*,\text{SCF}})E_{\text{SCF}},$$

核心企业期望收益:
$$\pi_{\text{cor}} = E_{\min}(Q^{*,\text{SCF}}, X_Q)(\bar{p}-p^{\text{SCF}}) - E_{\min}(Q^{*,0}, X_Q)(\bar{p}-p^0),$$

供应链总期望收益:
$$\pi_{\text{total}} = \bar{p}E_{\min}(Q^{*,\text{SCF}}, X_Q) - E_{\min}(Q^{*,0}, X_Q) - c(Q^{*,\text{SCF}}-Q^{*,0})$$
$$+ \beta_{\text{sme}}N(Q^{*,0})E_0 - (\beta_{\text{cor}}+k)N(Q^{*,\text{SCF}})E_{\text{SCF}},$$

其中,$\bar{p} = p^0(1-R_f\bar{\tau})$。

接下来对比供应商参与供应链金融的约束条件及供应商实现最优生产数量的约束条件。可以发现,两者基本是一致的,但也存在约束条件不同的情况。当两者约束条件不同,供应商可能参与供应链金融,却不提高生产数量。

供应商提升产量提高供应链运营绩效的条件受到无风险利率水平、供应商现金持有水平的影响。

(1) 无风险收益率的影响

如果 $R_f = 0$,则供应商运营绩效增加的条件是:

$$\beta_{sme}E_0 \geqslant (\beta_{cor}+k)E_{SCF}\,。$$

如果 $R_f>0$,则存在初始现金流 H 的边界 $\hat{H}$,如果初始现金流超过 $\hat{H}$,则供应商的参与约束将变紧,如果初始现金流低于 $\hat{H}$,则供应商的参与约束将放松。即,当现金持有水平越高时,机会成本越大,参与约束越大。

在无风险利率为零时,供应链金融不存在机会成本,因此 $p^0=p^{SCF}$,此时,生产数量的增加来源于生产成本的减少,由此,供应链创造了新的运营价值。

但是当无风险利率大于零时,供应链金融存在机会成本,这个机会成本取决于无风险利率的大小及延长信用期限的长短。由于单位成本的下降会带来价格的下降,即 $p^0>p^{SCF}$。这种情况下,生产数量的增加不一定会带来收益的增加。在这种情况下,虽然供应链金融能实现最优产量,提升运营绩效,但供应商拒绝参与供应链金融。

(2) 供应商运营政策的影响

如果供应商的运营政策是保守的,比如现金持有量 H 增加,则供应链参与供应链金融的约束条件与提升运营绩效的约束条件之间的分离更大。即尽管供应链金融会带来产量的提升,但当供应商的运营政策是保守时,供应商越可能拒绝参与供应链金融。

当供应商持保守运营政策时,其所需要的外部融资量很少,融资产生的机会成本很大。此时供应链金融所带来的机会成本可能会超过其所带来的运营收益的增加。

而另一方面,当供应商的运营政策是激进时,即使生产数量下降,运营收益下降,供应商还是选择参与供应链金融。也就是说当供应商现金持有量不足时,供应商参与供应链金融所节省的财务成本超过降低产量所降低的运营收益。此时供应商会选择参与供应链金融。

综上,供应商生产数量的提高不一定带来收益的增加。考虑运营收益的情况比仅考虑财务收益的情况复杂。在仅考虑财务收益的情况下,延长信用期限对供应商的影响是非线性的。而同时考虑运营收益的情况下,供应商的收益更加复杂。供应商可能参与供应链金融,但不提升产量;也可能提升产量却不参与供应链金融。即供应商的财务收益和运营收益并不完全一致。因此核心企业要权衡延长信用期限给供应商利益带来的变化。

6.2.3 供应链金融收益分配权衡

参照 TANRISEVER F, H.C, REINDORP M, et al(2016)[122]对供应链金融收益进行分解。在库存生产的情况下,供应链金融的价值体现为减少供应商外部融资成本及提升供应商运营绩效。在供应链金融方案下,如果供应商没有改变生产计划,即生产数量还是为 $Q^{*,0}$,则供应链金融总收益变成外部融资成本减少带来的收益。

当生产水平确定时,中小供应商节省了预期的融资成本,并支付了买方延长付款期限所产生的机会成本。而当生产水平不确定时,中小供应商的收益情况则由生产数量的变化决定。

用符号表示:财务收益:

$$\mathrm{FIN}_{sme}=V_{sme}^0(Q^{*,0})-V_{sme}^{SCF}(Q^{*,0}),$$

运营收益:

$$\mathrm{OPE}_{sme}=V_{sme}^{SCF}(Q^{*,SCF})-V_{sme}^{SCF}(Q^{*,0}),$$

$$总收益=\mathrm{FIN}_{sme}+\mathrm{OPE}_{sme}=V_{sme}^{SCF}(Q^{*,SCF})-V_{sme}^0(Q^{*,0}),$$

可以求得：
$$\text{FIN}_{\text{sme}} = -R_f p(l_{\text{SCF}} - l_0) E_{\min}(Q^{*,0}, X_Q) + N(Q^{*,0})(\beta_{\text{sme}} E_0 - (\beta_{\text{cor}} + k) E_{\text{SCF}}),$$
$$\text{OPE}_{\text{sme}} = p^{\text{SCF}}(E_{\min}(Q^{*,\text{SCF}}, X_Q) - E_{\min}(Q^{*,0}, X_Q)) - c^{\text{SCF}}(Q^{*,\text{SCF}} - Q^{*,0}),$$

买方核心企业的期望收益同样可以分为财务收益和运营收益。
$$\text{FIN}_{\text{cor}} = R_f p(l_{\text{SCF}} - l_0) E_{\min}(Q^{*,0}, X_Q),$$
$$\text{OPE}_{\text{cor}} = (\bar{p} - p^{\text{SCF}})(E_{\min}(Q^{*,\text{SCF}}, X_Q) - E_{\min}(Q^{*,0}, X_Q))。$$

当生产水平固定时，核心企业期望收益来自延长信用期限所带来的无风险收益。而当生产水平不固定时，除财务收益外，核心企业期望收益还来自供应商生产数量的提高。当核心企业的边际利润很大或无风险利率很低时，供应商的运营收益将超过财务收益。

综上得出运营角度供应链金融最优合约设计：

当 $R^{\text{SCF}} = R_f + \beta_{cor}$，$l_{\text{SCF}} = l_0$，$k = 0$ 时供应商预期收益最大；

当 $R^{\text{SCF}} = R_f + \beta_{cor}$，$l_{\text{SCF}} = l_{\text{SCF}}^*$，$k = 0$ 时买方核心企业预期收益最大。

其中，
$$l_{\text{SCF}}^* = \arg\max\{E_{\min}(Q^{*,\text{SCF}}, X_Q)(\bar{p} - p^{\text{SCF}}) - E_{\min}(Q^{*,0}, X_Q)(\bar{p} - p^0))\}$$
$$p^{\text{SCF}} E_{\min}(Q^{*,\text{SCF}}, X_Q) - p^0 E_{\min}(Q^{*,0}, X_Q) - c(Q^{*,\text{SCF}} - Q^{*,0})$$
$$+ \beta_{\text{sme}} N(Q^{*,0}) E_{\text{SCF}} - (\beta_{\text{cor}} + k) N(Q^{*,\text{SCF}}) E_{\text{SCF}} = 0。$$

当 $R^{\text{SCF}} = R_f + \beta_{\text{Fcor}}$，$l_{\text{SCF}} = l_0$，$k = 0$ 时，供应链整体利益最大。

在需求不确定情况下，当信用期限没有进一步延长及没有供应链金融、没有产生交易成本时，供应商收益和供应链总收益最大。而对核心企业而言，库存生产模式下存在最优的内部模式。由于内部化的经营效益，核心企业不愿意使中小企业的参与受到约束，宁愿牺牲一些直接经济利益以换取中小企业更高的库存水平。这在很大程度上取决于核心企业的利润率，如果核心企业的利润率比较大，则核心企业延长信用期限的边际价值很低。反之，当核心企业的利润率相对较低时，则核心企业延长信用期限的边际价值较高，核心企业有可能通过延长信用期限来获取更大的财务利益。

综上，供应链金融期望收益可以划分为两部分，一部分是财务收益，另一部分是运营收益。财务收益体现为产量不变的情况下供应链金融带来的融资成本下降。运营收益体现为供应链金融带来的产量变化进而为供应链双方带来运营绩效变化。根据上述分析，供应链金融整体收益权衡如图 6.1 所示，中小企业侧重财务收益，核心企业侧重运营收益。

	财务收益	运营收益
中小企业	√	
核心企业		√

图 6.1　供应链金融财务收益和运营收益权衡

综上，无论从财务角度还是从运营角度，核心企业延长信用期限所能获得的收益是有限的。由于延长信用期限所带来的影响，核心企业不可能独占供应链全部收益。如上文所述，延长信用期限增加了供应商外部融资成本，也增加了供应商现金流短缺而丧失商业机会的可能性。这种交互对供应商的影响是非线性的，因此也限制了核心企业进一步延长信用期限的可能性。

结合第 4 章和第 5 章对商业信用资金共享效应的分析，供应链金融反向保理价值体现在两个方面：一方面对中小供应商而言，反向保理借用核心企业高信用降低了供应商与金融机构之间信息不对称，降低中小供应商融资成本；另一方面对核心企业而言，反向保理降低中小供应商收款成本，提高商业信用效率，有利于核心企业低成本共享供应商运营资金，从而降低核心企业资金成本。反向保理是一个双赢方案。

商业信用资金共享效应促使核心企业延长支付期限。在商业信用资金共享效应影响下，核心企业有动机进一步延长信用期限。原因是信用期限越长，核心企业从商业信用资金共享效应中受益越大。分析表明，核心企业延长支付期限不影响供应链金融的价值，但影响供应链金融收益分配。核心企业要求的商业信用期限越长，供应商愿意接受的供应链金融合约价格越低。在同一价格条件下，核心企业要求延长商业信用期限，降低供应商对供应链金融的参与意愿。本研究认为在供应链金融反向保理设计中，包含延长信用期限的供应链金融合约是低效率的。

6.3 信用期限对供应链金融收益影响数值分析

上述分析表明商业信用资金共享效应对信用期限的影响，信用期限对供应链金融收益分配的影响。接下来用数值分析法展示信用期限对供应链金融收益的影响。

参数初始值如表 6.2。先计算得出供应商的利润，再在不同参数下讨论供应商和核心企业的收益变化。采用 MATLAB 软件进行算例分析。

表 6.2 参数初始值

	单位	初始值
l_0	days	30
$\triangle_1 = l_{SCF} - l_0$	days	10
R_f	%	3
β_{sme}	%	12
β_{cor}	%	3
k	%	1
H	—	1 000
θ	—	1 000
T	days	360
U	—	100
p	—	10
c	—	5

6.3.1 信用期限对供应商收益的影响

算例表明延长信用期限会快速减少供应链金融产生的总价值。图 6.2 显示延长期限与供应商愿意接受的供应链金融价格的关系。曲线上的点代表供应商使用供应链金融和传统外部融资的无差异点。曲线下方代表供应商愿意接受的供应链金融价格及期限区域；曲线上方代表供应商拒绝接受的供应链金融价格及期限区域。

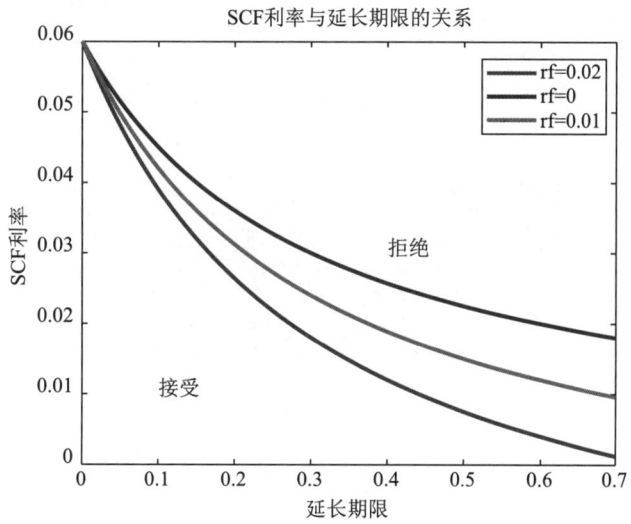

图 6.2 延长期限与供应链金融利率关系

图 6.2 也展示了在不同无风险利率水平下的无差异点。使用供应链金融时,供应商的融资利率等于无风险利率水平加上核心企业的风险溢价再加上供应链金融手续费。在信用期限相同时,无风险利率水平越低,供应商愿意接受的供应链金融价格的空间越大,反之越小。随着信用期限的延伸,供应商愿意接受供应链金融的空间越小。对比不同运营策略的供应商,发现积极型供应商更愿意接受供应链金融合约。

供应商愿意接受的供应链金融价格受无风险利率水平的影响。无风险利率水平越低,供应商愿意接受延长的信用期限越长,反之越短。无风险利率越高表明企业机会成本越高,此时供应商愿意接受延长期限越短。

图 6.3 显示初始信用期限长短与供应链金融价值的关系。初始信用期限越长,供应链金融价值越明显。特别是对持有现金量少、资金成本高的供应商而言,供应链金融价值更为明显。

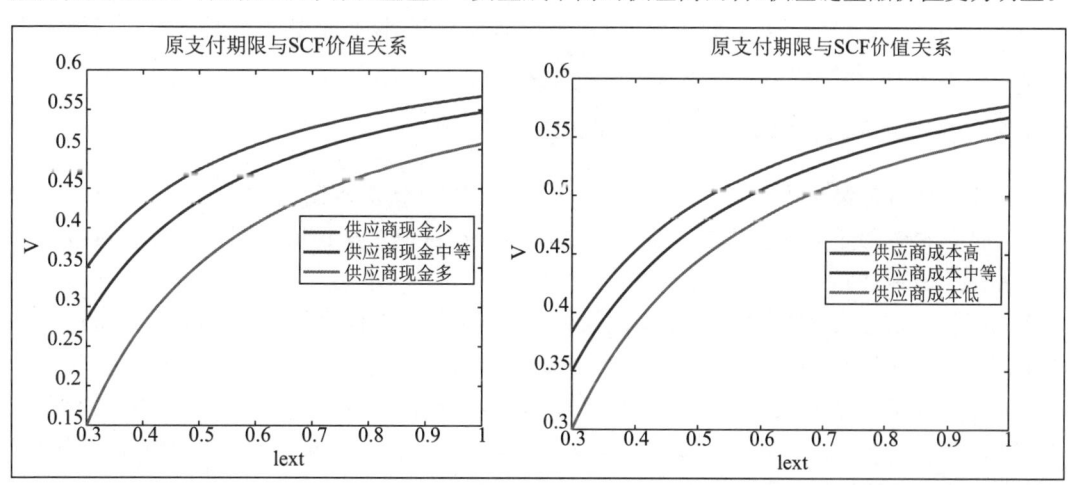

图 6.3 初始信用期限与供应链金融价值的关系

核心企业延长信用期限会影响供应商参与供应链金融的收益。当延长信用期限带来的成本超过供应商参与供应链金融的收益时,供应商将拒绝参与供应链金融。如图6.4,当核心企业支付期限延长时,供应商愿意接受的供应链金融价格是下降的;在同一利率水平下,现金持有量越高,资金成本越低的供应商愿意接受的信用期限延长越小。反之,当核心企业信用期限延长越多时,供应商愿意接受的供应链金融价格越低。

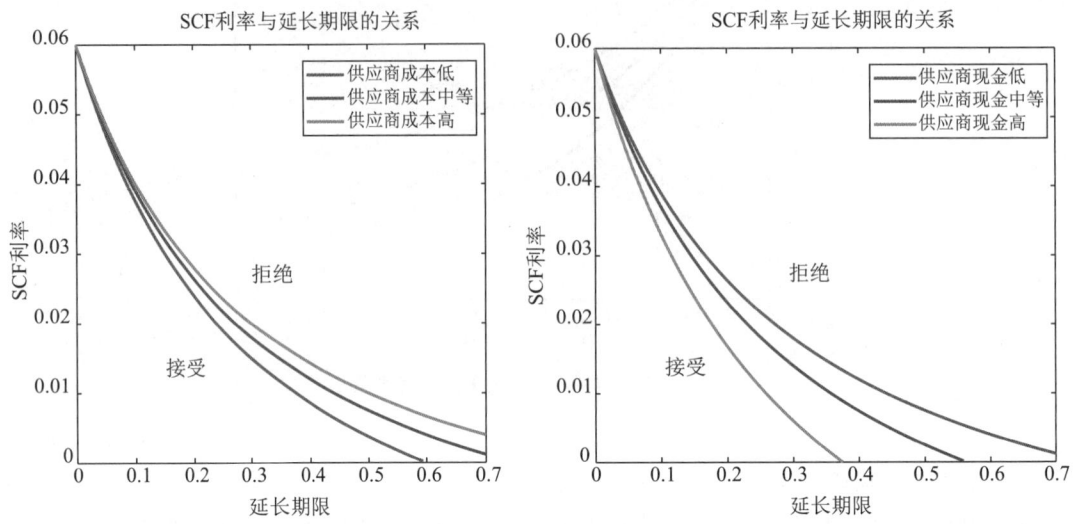

图 6.4　延长信用期限对中小企业可接受供应链金融利率的影响

6.3.2　信用期限对核心企业收益的影响

从图6.5可以发现在供应链金融总收益固定的情况下,核心企业和供应商两者收益此消彼长。由于核心企业在供应链中的强势地位,核心企业尽可能地延长信用期限以获取最大收益。然而,当供应商和核心企业之间的信用水平差距扩大时(假定核心企业信用水平不变),核心企业收益增长比例小于供应链总体收益的增长。当无风险利率到达一定水平后,核心企业收益占比趋于稳定,且保持在1以下。研究表明,核心企业无法通过延长信用期限获得供应链所有的收益。

6.3.3　信用期限对供应链整体收益的影响

给定供应商产品批发价 $p=12$,采购成本为10,在市场需求随机的情况下,供应商进行库存生产。根据假定 $c^0=0$,即供应商超出的库存没有价值。这种情况同样适合经典报童模型。如第4章所述,在经典报童方案中,报童每天卖报需求量是随机的,报童无法准确预测每天的报纸需求量,报童根据报纸需求量的分布来确定最佳订货量。报童无法保证每天订货量都恰好满足需求,但可以保证一段时间内收益最大。

由于供应商面临的买方需求是随机变量,供应商无法准确预测应对需求所需生产和库存的产品数量。根据其所掌握的概率信息,可以找到最佳生产数量使收益最大或损失最小。根据报童模型,求出供应商最佳生产数量及相应的最佳生产价值。

在存在延长期限的情况下,由于批发价受预期延长期限的影响而下降,采购成本受预期

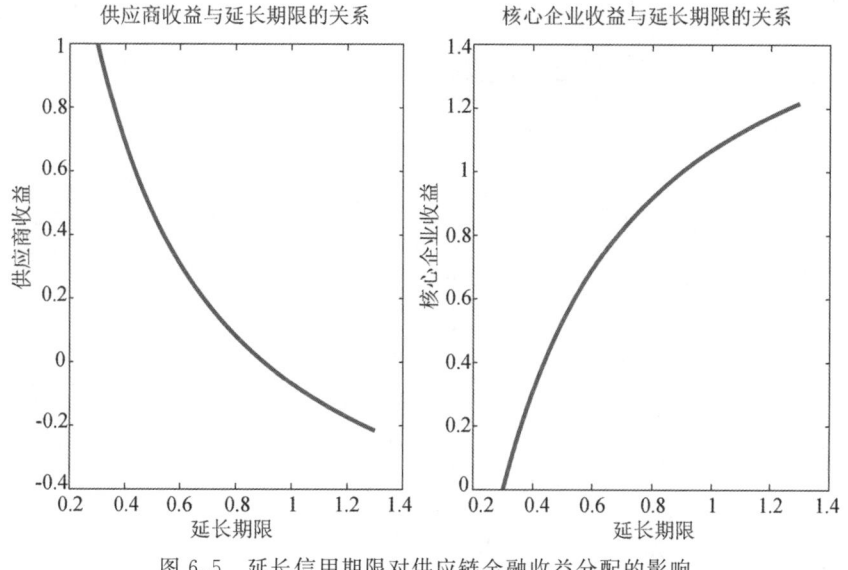

图 6.5 延长信用期限对供应链金融收益分配的影响

延长期限的影响而上升,所以在不同信用期限下,供应商最佳产量与最佳价值是变化的。如图 6.6,随着信用期限的延长,供应商最佳产量是下降的,相应的供应商所能取得的最佳价值也是下降的。

可见,虽然供应链金融有助于供应商获得融资,存在帮助实现提高产量的可能,但是供应链金融潜在的延长信用期限则可能导致供应商并不愿意提升产量。换句话说,在延长期限的情况下,供应链金融为供应商提供了提高产量的可能性,但提高产量不一定是供应商的最佳选择。

当无风险利率等于 0 时,供应商参与供应链金融的约束与提升运营绩效的约束一致。但当无风险利率大于 0 时,两种约束存在分离。主要原因是存在机会成本。图 6.7 表明虽然供应链金融给供应商带来运营绩效的提高,但供应商拒绝参与供应链金融。也就是说,虽然供应链金融存在提升产量的可能性,但由于延长期限,供应商提升产量并不能带来实际收益的增加,供应商可能拒绝参与供应链金融,最终影响到供应链金融对实体经济的促进作用。

进一步观察供应商运营策略的影响,如图 6.8,资金成本越高,供应商愿意接受供应链金融约束越松。反之,资金成本越低,供应商越不愿意接受带有潜在延长信用期限要求的供应链金融合约。此时,虽然存在提升产量促进实体经济发展的空间,但实际难以实现。

当供应商现金持有量越低时,可以接受供应链金融约束越松。当供应商持有越多现金时,其并不愿意接受潜在延长信用期限要求的供应链金融合约。此时,提升产量促进实体经济发展的空间也难以实现。

研究表明当供应商持保守运营政策时,其所需要的外部融资量很少,融资产生的机会成本很大。此时供应链金融所带来的机会成本可能超过其所带来的运营收益的增加。参与供应链金融对其而言并不是一个好选择。信用期限的延长将最终导致稳健型中小企业离开而激进型企业留下,这不利于供应链金融风险控制。

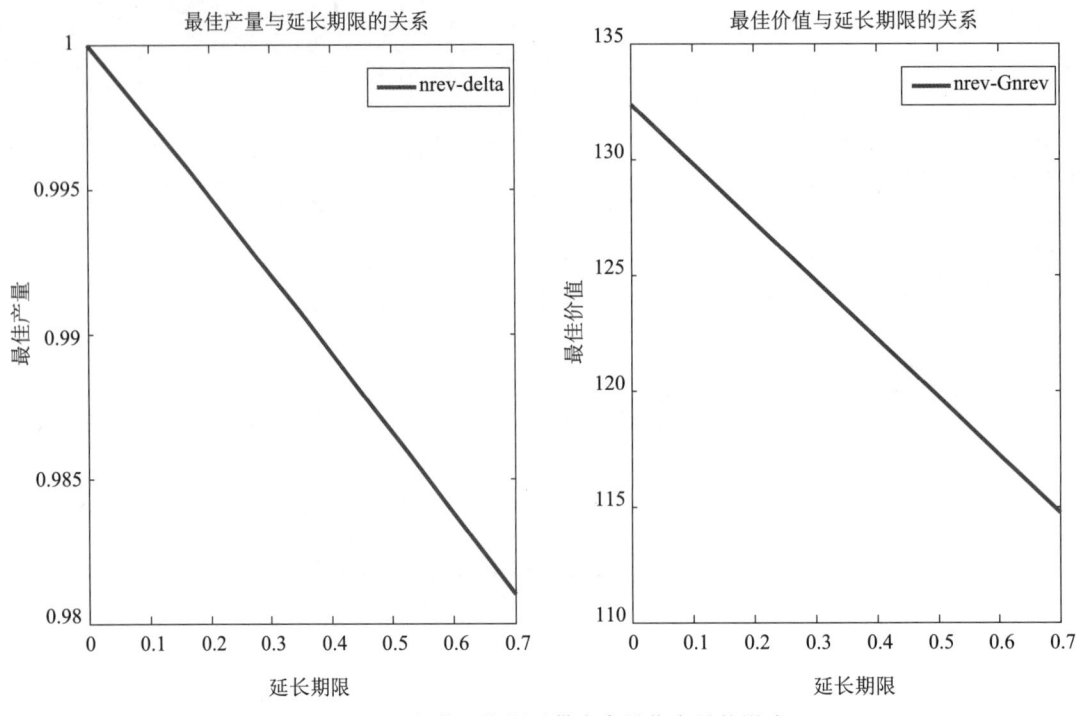

图 6.6 延长信用期限对供应商最优产量的影响

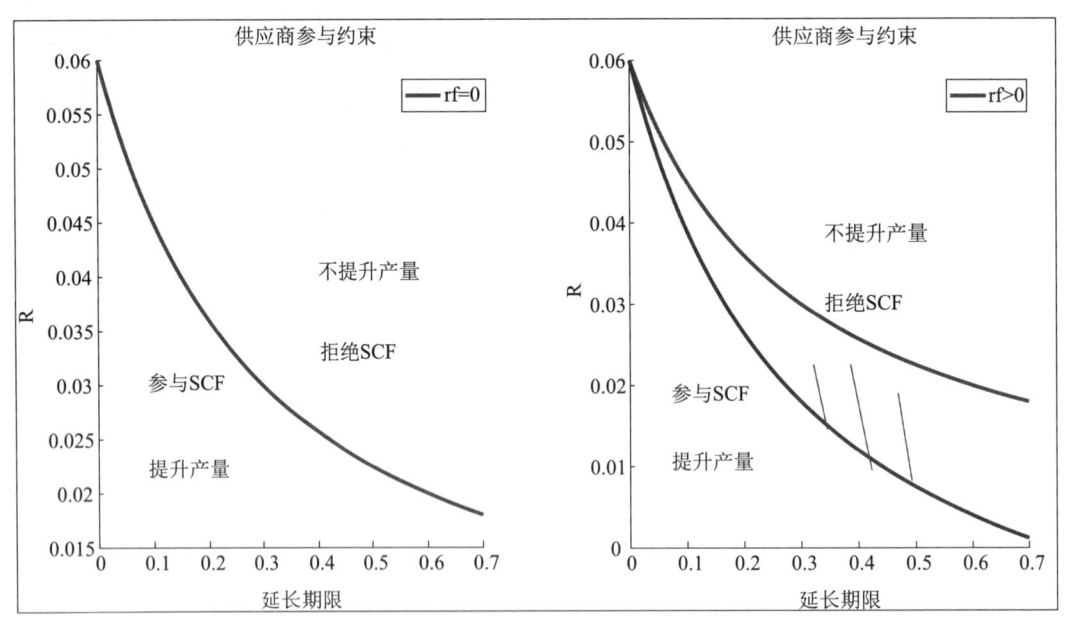

图 6.7 供应商参与供应链金融的约束

进一步,对供应商而言,运营收益占总收益的比例不高,而对核心企业而言,运营收益所占比例较高。对买方核心企业而言,运营收益很容易超过财务收益。算例表明,运营收益占买方总收益的 50% 以上。观察到买方运营收益会超过财务收益的几种情况:信用等级差距

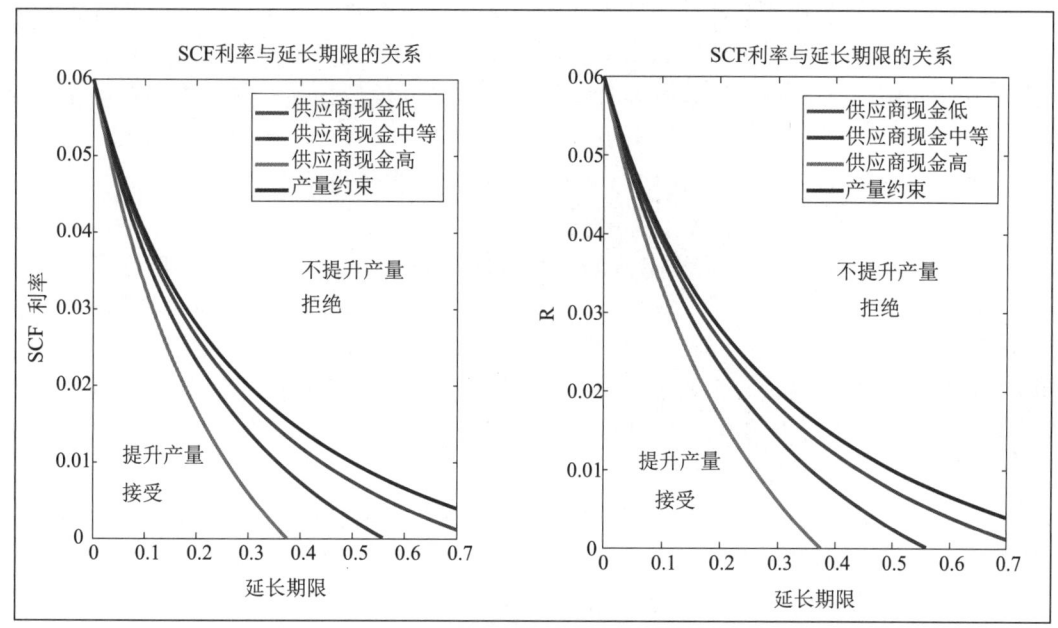

图 6.8 供应商运营策略的影响

大,正常信用期限长,买方利润大,供应商利润小,延长的信用期限小。在这些情况下,延长信用期限会使供应链上供应商所占收益减少,而核心企业所占收益增加。

综上,用供应链金融带来的价值变化来代表供应商和买方的收益变化。供应链金融会给供应商带来明显的价值,特别是当供应商有较高成本、较低现金持有量及面临较长期限的情况下,供应商的收益最为明显。这种情况下,供应商要借大量的贷款并借较长的期限。在中国信用期限较长的现象相比其他发达国家地区明显,因此,供应链金融的价值很明显。

然而,本研究也注意延长信用期限会快速减少供应链总收益。根据本研究结果,延长信用期限会大大提高核心企业的收益而减少供应商的收益。核心企业占据了供应链金融的大部分收益,短期来看,有利于激励核心企业参与供应链金融,但长期来看会影响中小企业利益,并最终影响供应链金融的发展。

6.4 模型讨论

在核心企业支持的供应链金融反向保理模式中,由于供应链金融帮助缓解信息不对称,理论上供应链金融利率小于传统银行贷款的利率。供应链金融价值似乎显而易见。然而企业融资成本除了受融资利率影响外,还要考虑融资金额和融资时间。企业信用销售产生应收账款。由于中小企业缺少自有资金,需要通过外部融资来支持应收账款。应收账款产生资金成本取决于应收账款规模及应收账款期限。由于核心企业买方强势地位,应收账款期限往往由买方决定。如果买方延长信用期限,则尽管供应商单位融资利率下降,整体融资成本还是上升的。此外,在供应链金融支持下,中小企业可能获得融资以扩大生产规模。然而由于信用销售,中小企业生产规模扩大并不意味着利润扩大。当生产规模扩大带来应收账款规模扩大时,中小企业需要承担的融资成本更大。这可能意味着供应链金融缓解企业融资难问题,但没有真正降低企业融资成本,这将影响企业对供应链金融价值的判断。

本质上,中小企业在供应链金融和传统银行贷款之间的选择是一个资本结构问题。根据 MM 理论,在完善的金融市场中,中小企业选择哪个融资方式与企业价值无关。在完美市场中企业是不能通过供应链金融进行套利的。在没有摩擦市场上,供应链金融没有产生价值。

然而没有摩擦的市场并不存在。在存在信息问题的情况下,外部资金比内部自有资金更昂贵。根据融资优序理论,企业应按信息不对称程度增加的顺序使用资金,先使用内部资金,然后发行有担保债务,再发行无担保债务,最后再进行股权融资。在供应链金融反向保理模式下,由于供应商与核心企业之间的关系及高质量核心企业信用,缓解金融机构与中小供应商之间的信息不对称,有效地降低中小供应商的融资成本。从这个角度看,供应链金融是产生价值的。

但是信用期限的延长带来了一个权衡。如果信用期限没有延伸的情况下,则中小供应商将优先选择供应链金融,然后再选择传统的银行贷款。在信用期限延长的情况下,中小供应商的选择则会发生改变。供应链金融下核心企业延长信用期限,会在某种程度上抵消供应商可能获得的收益。除了延长信用期限产生影响外,供应链金融价值还受到无风险利率、营运资本政策和企业经营特点等因素影响。

无风险利率对供应链金融的影响体现在机会成本。核心企业通过参与供应链金融实现共享运营资金的动机。无风险利率体现了其所占用资金的机会成本。无风险利率不会影响供应链总收益,但会影响核心企业和供应商的个体利益。低风险的无风险利率甚至可能会抑制供应链金融合约的订立,因为当无风险利率水平低时,核心企业从供应链金融合约所获得的收益可能少于其参与供应链金融建设的成本,这种情况可能会影响核心企业参与供应链金融的积极性。

当核心企业和供应商之间融资水平差距大时,供应链金融合约价值大。当原有信用期限较长、需求不确定性大及供应商采取积极营运策略时,中小企业参与供应链金融的收益大。

可以发现,在供应链总收益不变的情况下,中小企业和核心企业参与供应链金融的收益是一个此消彼长的形态。核心企业由于强势地位延长信用期限而占据供应链金融收益,但延长信用期限可能会带来复杂的结果。

单方面延长信用期限会影响供应商经营及创造价值的潜力。信用期限延长一点点可能带来供应商的收益受到很大的损失。延长信用期限会影响供应商的运营决策并且会减少供应链整体收益。延长信用期限对供应商意味着增加财务成本,当供应商存在其他融资渠道时,供应商将不再选择供应链金融。

当无风险利率不为零时,供应链金融对中小供应商带来的业务提升并不意味着价值创造,反之亦然。在无风险利率为正的情况下,中小企业的业务增强与价值创造并不相互影响。中小供应商需谨慎考虑供应链金融延长信用期限所带来的机会成本。在生产水平下降的情况下,可能考虑参与供应链金融,而在生产水平提高的情况下,反而不参与供应链金融。

供应链金融的收益除了财务收益之外,还有运营的提升。在供应商的边际收益小,核心企业边际收益大,信用等级差距大,正常信用期限长的情况下,核心企业的运营收益可能远大于财务收益,这种情况下,供应商的财务收益大于运营收益。核心企业可能通过延长信用期限增加了财务收益,但却损失了运营收益。相反,不延长信用期限,核心企业让渡了部分财务收益,但可以通过享受提高的服务水平而获得营运收益。延长信用期限可能在短期内为核心企业带来收益,但长期来看会破坏供应商的利益,从而使整个供应链受损。从这个角度看,延长信用期限是一个低效率决策,核心企业应谨慎延长信用期限。

供应链上企业应清楚延长信用期限所带来的结果。中小供应商会拒绝带来负面价值的供应链金融合约。核心企业也必须注意一个不好的供应链金融合约对供应商的影响。虽然特殊情况下供应商也会接受核心企业延长期限的行为,但整体上延长信用期限是一种低效率行为。

以上分析也解释了目前国内供应链金融保理业务发展缓慢的现象。保理有银行保理和商业保理两类。从国内发展现状来看,银行保理发展快,而商业保理发展不快。有一种解释认为保理演变为一种银行放贷形式。在国内金融严重流动性过剩、金融产品竞争激烈的条件下,流动资金贷款是符合客户心理的便捷产品。保理是一个有效的金融产品,却难与流动资金贷款相竞争,因为对客户而言,当供应链金融所带来的收益与其他金融产品相比没有明显优势时,客户并不会选择供应链金融产品。

6.5 本章小结

本章从供应链金融相比传统银行贷款的优势来考察供应链金融的价值,从财务收益和生产运营收益两方面进行分析。

文章模型量化了供应链金融反向保理模式给参与者带来的收益,并解释了几个相关因素的联系。影响供应链金融收益的因素主要有无风险利率水平、核心企业与供应商融资成本差、企业运营特点及核心企业延长的信用期限。

无风险利率对供应链金融的影响体现在机会成本。无风险利率不会影响供应链总收益,但会影响核心企业和供应商的收益分配。较低的无风险利率会降低买方核心企业向中小供应商提供参与供应链金融机会的动机。核心企业与中小供应商的融资成本差距是关键影响因素,当两者差距越大时,中小企业能通过供应链金融获得的收益越多。持积极运营策略的中小企业通过供应链金融所能获得的收益高于保守型中小企业。

中小供应商获得的收益受到买方企业延长信用期限的影响。在外部融资成本差价大情况下,买家可以在中小供应商参与供应链金融的同时延长信用期限。反之,中小供应商通过供应链金融所获得的收益可能被延长信用期限吞噬了。中小企业对延长信用期限特别敏感,付款期限的小幅度延迟可能会导致中小企业相对收益大幅度减少。

生产运营角度是在财务分析角度基础上进一步考虑中小企业融资额的影响。中小企业根据自己参与供应链金融的预期来决定最佳产量。供应链金融下中小供应商有更多资金提升产量,但提升产量带来的影响是复杂的。产量增加,销售额增加,相应的应收账款也增加。中小企业需要为提供商业信用筹备的资金额也越多。当买方延长信用期限时,中小企业融资期限延长,融资成本增加。中小企业增加产量带来的收益可能被延长信用期限抵消。买方企业延长信用期限影响中小供应商的决策,最终影响供应链生产。

核心企业如果只注意到延长支付期限所带来的资金收益,并通过延长支付期限的方式来扩大资金收益,会影响中小企业收益,最终影响自身收益。相反,如果买方核心企业注意到延长信用期限所带来的影响,合理让渡延长信用期限所带来的财务收益,不仅中小企业通过供应链金融真正获得收益,而且维护供应链整体运营收益,维护供应链运营资金共享效应。

反向保理模式是基于核心企业信用的供应链金融创新形式,既满足核心企业运营管理需要,也满足中小供应商资金需要。本研究第 4 章和第 5 章分别通过模型和实证检验了企业商业信用的运营资金共享效应,也讨论了在运营资金共享效应驱动下,核心企业具有延长信用期限的动机。本章认为信用期限是影响供应链金融收益分配的重要因素,研究表明延长信用期限所带来的影响可能是复杂的。接下来将从系统动态角度研究核心企业延长信用期限对供应链金融系统的动态影响。

第7章 商业信用资金共享效应对供应链金融系统的动态影响

本研究第4~6章解释供应链金融内在价值：供应链金融通过共享核心企业信用促进商业信用资金共享效应。内在价值是供应链金融得以发展的关键。本章进一步将供应链金融放在动态市场条件下，综合考虑内外部因素变化对供应链金融发展的影响。先测量参与供应链金融各主体的参与收益，然后运用系统动力学方法将各方收益联系起来。运用系统动力学的方法研究供应链金融系统，有利于整体观察供应链金融运行情况。

本章的内容安排是：首先构建模型，将上文供应链金融内在价值与外在市场表现结合起来；其次是模型检验和模型分析；接着仿真分析主要检验外部因素变化及核心企业商业信用模式变化对供应链金融发展的影响；最后讨论延长支付期限对供应链金融内在价值及市场发展的影响。

7.1 模型构建

本章构建模型模拟供应链金融市场的整体持续发展，具体体现为企业参与意愿对供应链金融市场发展的影响。市场条件是一系列影响供应链参与者的变量。参照主流财务期刊中供应链金融参与者对相关市场条件的判断构建市场条件结构。在影响企业参与供应链金融的因素中，本研究关注供应链金融所带来的降低短期融资成本的直接收益及核心企业延长支付期限对供应链金融市场的整体影响。

供应链金融收益及企业参与供应链金融的机会是依据市场条件变化的，它们同时会受到其他企业是否决定接受该方案的制约。先用子模型来测量供应链金融直接收益，然后构建供应链金融反向保理模式市场扩散模型，这个模型包含了直接收益子模型及导致供应链各主体直接收益演化的内部因素和外部因素。

如果供应链金融方案能被正确地执行，则这个方案将对供应链各主体产生收益，形成对买方、供应商、金融提供商多赢的形势（SEIFERT R, SEIFERT D, 2011）[125]。这个优势会对买方和供应商带来直接或间接的收益。直接收益是为买方和供应商节省资金成本；间接收益则是为供应商提供多样化资金，提高供应链伙伴关系及供应商稳定性。在本研究中更关注直接收益，即供应链金融参与者资金成本的下降。

7.1.1 供应链金融内在价值

参照 DELLO IACONO U, REINDORP M, DELLAERT N(2015)[120]构建供应链金融

内在价值模型。图 7.1 构建三种情景体现供应链金融内在价值。图中供应商收款天数的变化对应的是买方付款天数的变化。

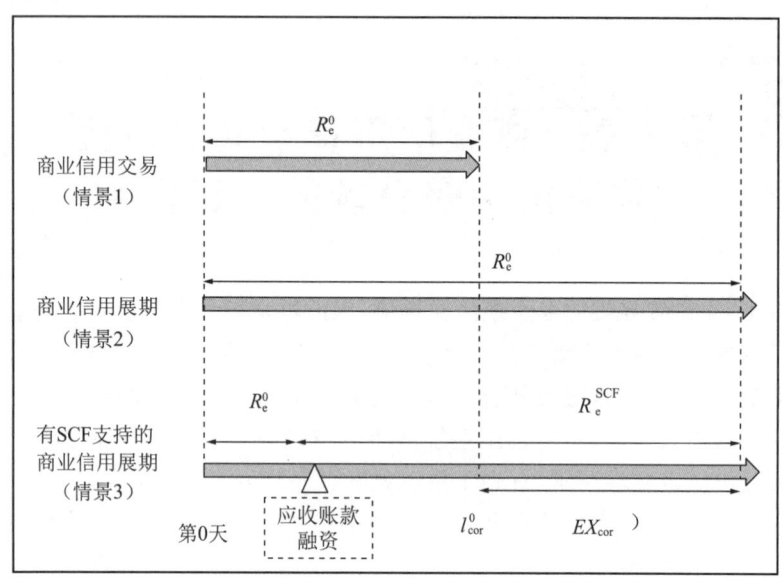

图 7.1　供应链金融内在价值

对供应链的买方和供应商而言，参与供应链金融的直接收益是营运资本的缩减。对金融提供商而言，提供反向保理的收益来自供应商将其应收账款向其转让的费用及贷款给供应商的利率（除此之外，可能还有建立金融提供商关系，促进其他金融产品销售的收益，此处暂不考虑）。

情景 1 是代表最初商业信用交易情况。该情景下，供应商正常供货，约定支付期限为 l_{cor}^0 天，核心企业在 l_{cor}^0 天后正常支付货款。在这段时间内，供应商以利率 R_{sme}^0 进行融资。l_{cor}^0 天收到买方货款。这种情况下，核心企业付款时间与供应商收款时间是一致的。$l_{cor}^{SCF} = l_{sme}^{SCF}$。

情景 2 是供应链金融尚未介入的情况。供应商正常供货，约定信用期限为 l_{cor}^0 天。l_{cor}^0 天后，买方延长支付货款。对供应商而言，需增加为货款融资的天数，融资成本变化（l_{cor}^0 + EX_{cor}）/360 * R_{sme}^0，融资成本增加；而对买方而言，延长支付货款有助于提高营运绩效。这种情况下，买方利用商业信用来提高自己的营运资金并提高现金流水平。这导致供应商不得不增加额外的成本来应对延长收款。虽然短期内供应链核心企业提高了营运绩效，但由于损害了供应商的利益，长期而言将会损害供应链利益。

情景 3 供应链企业参与供应链金融。供应商正常供货，在发货时将发票提交给金融提供商，在第 10 天即可收到金融提供商支付的货款。这 10 天内，供应商以 R_{sme}^0 为货款融资。供应商为提前收到货款而支付金融提供商融资利率为 R_{sme}^{SCF}，R_{sme}^{SCF} 小于供应商原来的融资利率 R_{sme}^0，则对供应商而言提高了营运效率。在反向保理情况下，能消除情景 2 所带来的问题。核心企业的营运目标是 l_{cor}^{SCF}，比如为 90 天，核心企业与金融提供商约定 90 天时进行结算，同意金融提供商以 R_{sme}^{SCF} 的利率给供应商提前融资，R_{sme}^{SCF} 小于供应商原来的融资利率。只要买方延长支付的期限不是太长，则供应商在反向保理下的融资成本低于情景 1。从上文分析来看，买方的确有进一步延长支付期限的动机，因此，如何确定买方支付期限依然是一个问题,决定着供应商是否愿意参与供应链金融。

在第 3 种情景下,供应商向金融提供商要求提前折扣,金融提供商产生收益。如果供应商没有要求提前折扣(情景 2 或情景 3 中 $RED_{sme}=0$),则金融提供商没有利润产生。假设提供反向保理的金融提供商之前没有为供应商的营运资金融资。如果金融提供商之前有为供应商的营运资金融资,则金融提供商直接收益就会有所调整。为了简便,此处只考虑直接收益,没有考虑金融提供商减少其贷款前尽职调查成本,减少坏账管理风险及增加客户等收益等其他收益。

情景 3 供应链金融反向保理模式通过向买方提供扩展支付条款和提供流动性及向供应商提供融资解决方案来弥补情景 2 的不利影响。由于买方已经从情景 2 中收获了直接的营运资金收益,而供应商可以通过更低的供应链金融利率进行融资,通过提前收回货款而增加了流动性。情景 3 与前两个情景相比,买方执行供应链金融的收益在于成功地延长了支付期限又不会给供应商带来财务压力,体现出明显优势。

进一步考虑情景 3 可能存在的问题。买方过度延长支付期限破坏供应商的现金流,最终可能会影响到买方自身利益,而买方可能没有意识到拖延支付所带来的副作用。现代商业运作特点是供应链与供应链之间的竞争代替企业与企业间的竞争。持续采购稳定性是供应链成功的关键。当买方依赖关键供应商的关键产品和专业知识进行创新时尤其如此。拖延支付对供应商现金流的影响可能破坏供应链持续稳定性。

表 7.1 展示了与直接收益有关的变量。根据以上分析,确定各方在供应链金融反向保理模式中的收益。这些公式中的变量值是事先确定的。在市场模型中进一步考虑市场变动的情景。

表 7.1　研究变量及定义

变量名称	定义	单位	说明
R_{cor}	买方资金成本	%/年	买方从资本市场获得融资的利率
R_{sme}^0	供应商资金成本	%/年	供应商从资金市场获得融资的利率
R_{sme}^{SCF}	反向保理利率	%/年	供应商提前收到货款向金融提供商支付的反向保理利率
R_f	金融提供商融资成本	%/年	金融提供商从资本市场获得融资的利率,相当于基本利率
l_{cor}^0	初始买方支付期限	天	参与 SCF 前买方支付货款给供应商所需天数
l_{sme}^0	初始供应商收款期限	天	参与 SCF 前供应商收到买方货款所需的天数
EX_{cor}	买方延长支付的期限	天	买方在约定期限外延长支付的天数
RED_{sme}	供应商减少的收款天数	天	参与 SCF 后,供应商拿到货款的天数与原来相比的缩减额
l_{cor}^{SCF}	买方实现支付的天数	天	通过反向保理,买方最终实现支付的天数
l_{sme}^{SCF}	供应商实现收款的天数	天	通过反向保理,供应商拿到货款的天数

(1) 核心企业收益测算

对买方而言,引入反向保理的收益来自情景 1 和其他两种情景的对比。不管供应商是否向金融提供商提出折扣,买方的收益都来自延长支付期限所带来的营运成本下降。

买方收益＝应付账款总量×[SCF 方案下支付期限
　　　　－非 SCF 方案下支付期限)/365]×买方的融资成本

$$= 应付账款总量 \times 延长期限 / 365 \times R_{cor} \quad (7.1)$$

进一步考虑运营收益的话,则买方收益更加复杂。设置了一个运营收益系数,这个系数可能大于1也可能小于1。如第6章分析所示,如果供应商限制产量,则最终将损害买方收益,此时买方运营收益系数小于1。当不考虑实体生产时,运营系数等于1。

$$买方收益 = 应付账款总额 \times 延长期限 / 365 \times R_{cor} \times 运营系数 \quad (7.2)$$

(2) 供应商收益测算

供应商直接收益是供应商可以提前以较低利率收回应收账款,而不用等待买方付款。

$$\begin{aligned}
供应商收益 &= 应收账款总量 \times (缩短的支付期限/365) \times 供应商融资成本 \\
&\quad + 应收账款总量 \times (缩短的支付期限/365) \times \\
&\quad (非 SCF 条件下的利率 - SCF 条件下的利率) \\
&= 应收账款总量 \times (供应商原融资利率 - 参与供应链金融后融资利率) \times \\
&\quad 供应商节省的收款期限/365
\end{aligned} \quad (7.3)$$

(3) 金融提供商收益测算

金融提供商从供应链金融方案中所得到的收益,除了收取的相关费用外,还有其他收益,比如供应链金融可能带来交叉销售其他产品的机会。为了简便,此处仅计算与应收账款融资费用相关的收益。这个收益来自金融提供商向供应商收取反向保理的费用与金融提供商融资成本之间的差价。金融提供商的收益也取决于供应商使用反向保理所能节省的时间,即供应商提前获得货款的时间。

$$\begin{aligned}
金融提供商的收益 &= 应收账款总量 \times 供应商节省的收款期限/365 \times \\
&\quad (反向保理费用 - 金融提供商融资成本)
\end{aligned} \quad (7.4)$$

以上收益是供应链主体参与供应链金融的基础。对于同一方案,不同主体利益不同。对买方而言,参与供应链金融意味着与金融提供商一起发起反向保理计划。对供应商而言,参与反向保理意味着向金融提供商提前折扣。假定只有当收益是正时,供应链主体才会参与反向保理模式。这个行为是内生的,即各主体可以决定是否参与供应链金融。

图7.2展示供应链金融内在价值因果回路,解释供应链金融应收账款融增资系统中的增加回路和调节回路。

供应商收益取决于供应商收入和供应商成本。供应商收入取决于生产量与交易量。供应商持有现金程度及其自身现金短缺程度决定其生产能力和生产量。交易量受生产能力及竞争力影响。交易量增加收入增加,同时应收账款也增加。然而应收账款增加供应商成本增加,供应商收益减少。供应商收益减少加剧供应商资金短缺,资金短缺一方面影响供应商生产量,进而影响交易量及核心企业收益,另一方面增加断链风险,最终影响核心企业收益。

供应链金融发展一方面促进应收账款融资,有助于减少供应商融资困难,提升供应商收益;另一方面供应链金融允许核心企业进一步延长信用期限,供应商延迟收款。在延长信用期限影响下,应收账款总额增加,供应商成本增加,供应商收益受损。

供应链金融一方面允许核心企业进一步延长信用期限,核心企业运营收益增加。另一方面延长信用期限,增加供应商成本,减少供应商收益,增加供应商资金短缺程度及断链风险,最终影响到核心企业收益。

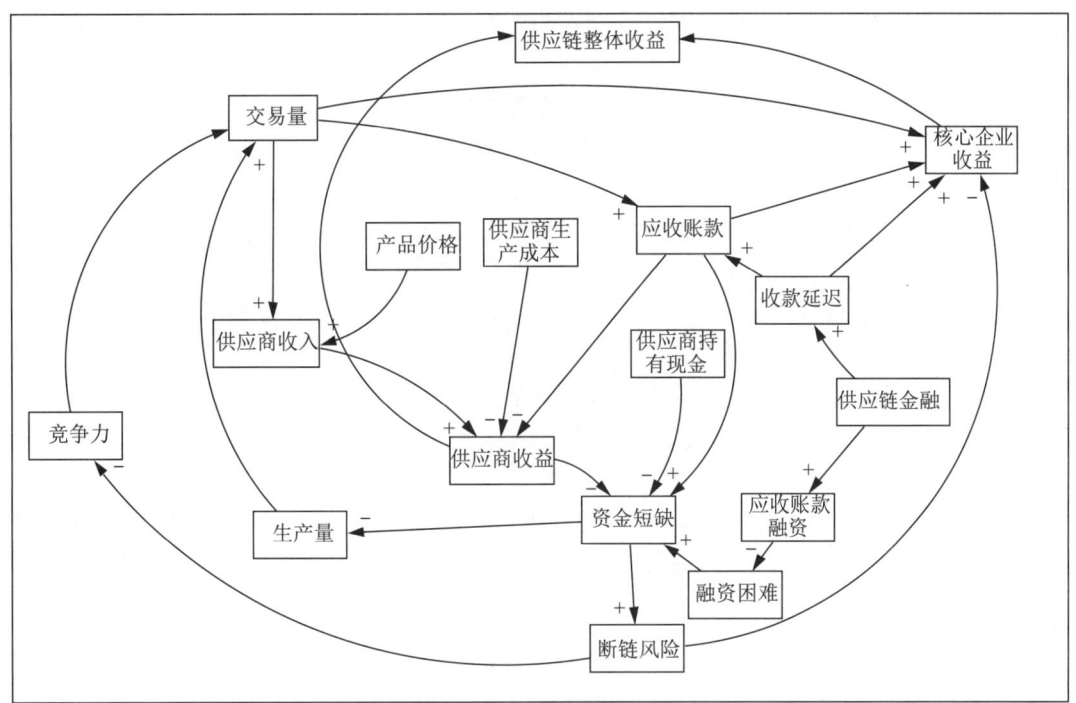

图 7.2　供应链应收账款融资因果回路图

供应链整体收益包含供应商收益和核心企业收益。供应商收益和核心企业收益变动影响到供应链整体利益。

7.1.2　供应链金融市场运行

接下来考虑动态变化的市场模型。外部市场条件对供应链参与者而言是外生的,即供应链参与者无法改变的外部因素。

DELLO IACONO U,REINDORP M,DELLAERT N(2015)[120]将供应链金融发展的外部因素归为学习效应和口碑效应。供应链金融对供应链各主体的利益随着应收账款总量、利率水平、供应商的营运目标而变化。他们建立供应链金融产品生命周期模型,认为在反向保理市场上,关系和声誉是金融服务业的重要驱动力。从金融提供商的角度,认为良好的供应链金融方案执行效果会提供学习效应,即金融提供商的反向保理产品会随着业务的开展而越来越熟悉,效率越来越高。同时对反向保理操作认识的加深会降低执行的成本,使得越来越多的企业愿意使用反向保理,这样都会带来反向保理产品的市场活力。

参照 DELLO IACONO U,REINDORP M,DELLAERT N(2015)[120],本研究构建扩散模型研究供应链金融反向保理市场的演化。扩散模型是市场上产品扩散的一个基本模型(约翰·D·斯特曼,2008)[147]。扩散模型主要是用于消费者市场的产品推广上,反向保理作为一种金融产品,虽然不是直接在消费者市场,但口耳相传效应在金融产品市场扩散方面是适用的。

本研究认为中小企业参与供应链金融是供应链金融市场发展的关键。这里同样存在口碑效应和学习效应。随着供应链金融参与者的增加和学习效应的提高,供应链金融技术的应用,供应链金融效率会提高,供应链金融产品价格可能会下降,使得供应链金融相比其他金融产品而言更具吸引力。

口碑效应则来自供应链参与主体口耳相传的效果。供应链金融存在利率较低的价值优势,但如果潜在着核心企业延长信用期限,则这种效应会在供应商之间口耳相传,形成供应商对供应链金融的预期。当延长信用期限的收益超过成本时,则供应商拒绝参与反向保理。这些因素连接了供应链金融的收益和供应链金融市场发展。

中小企业是否接受供应链金融方案是供应链金融市场发展的关键。供应链金融项目运行中包含足够数量的供应商是成功实施供应链金融项目的重要因素(SEIFERT R, SEIFERT D, 2011)[125]。本研究构建供应链金融发展市场。将中小企业划分为未参与供应链金融企业和参与供应链金融企业。中小企业是否接纳供应链金融是这个扩散模型的关键。其中中小企业是否接受供应链金融受接纳率影响,而接纳率受买方是否延长信用期限影响。核心企业和金融提供商的收益情况影响了模型中的接触率。核心企业和金融提供商能从供应链金融中获得的收益越大,其参与积极性越高,中小企业对供应链金融的接触率越大。模型中关注了延迟支付的影响,详见图 7.3。

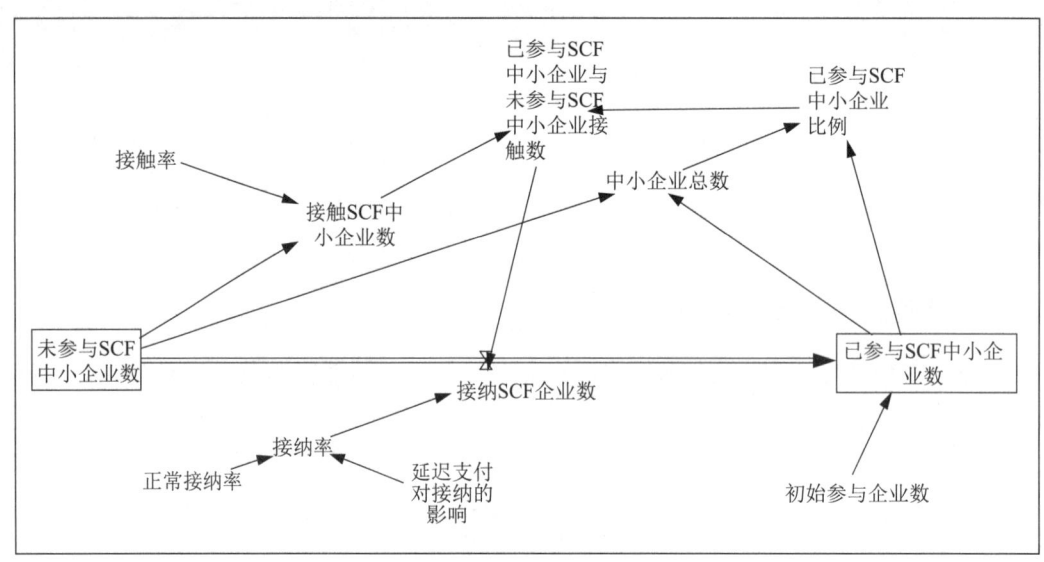

图 7.3 供应链金融市场运行模型

7.1.3 内在价值和市场运行协同模型

完整的供应链金融市场演化包含以下阶段:

(1) 内在价值。

先有内在价值才有发展的可能。由于看到供应链金融的内在价值,各主体愿意参与到该方案中来。有内在价值是指供应链各主体看好供应链金融市场,但并不意味着供应链金融可以顺利发展。由于竞争或其他因素导致参与者收益下降,则供应链金融潜在价值难以发挥。比如,由于存在延长支付期限的可能性,原本可能加入供应链金融的中小企业放弃参与供应链金融。

(2) 市场条件。

金融机构看好供应链金融的潜在价值,愿意投资供应链金融。核心企业与金融提供商签订合同,同意引入反向保理,并在供应链金融平台上执行反向保理计划。这样,供应商才能加入供应链金融反向保理计划。这里市场条件也包括供应链金融科技的创新与发展。

(3) 市场运行。

该系统已具备发展条件,供应商在供应链金融平台上进行保理折扣。核心企业和金融提供商获得相应收益。

图 7.4 代表这一发展过程,是构建供应链金融市场模型的基础。如上文所述,该模型与供应商决策的联系是供应链金融产品对供应商的吸引力,具体包括供应商参与供应链金融的收益和成本。同理,该模型对核心企业和金融机构的吸引力来自它们的收益与成本。具体计算方式见公式(7.1)~(7.4)。

外部因素会影响供应链金融的直接收益及供应链金融的市场表现。考虑以下外部因素:

(1) 供应链应收账款总量:供应链上应收账款总量可能随着商业周期波动而波动。供应链应收账款总量代表着理论上供应商会向金融提供商要求提前折扣的应收账款总量最大值。

(2) 利率:市场上的基准利率。基准利率影响供应链上各主体的融资成本。金融提供商的融资成本等于基准利率。其他参与主体的利率与此有关。供应链金融利率基于买方和供应商所能获得的标准融资利率之间的差距。$R_{cor} < R_{sme}^{SCF} < R_{sme}$,$R_{sme}^{SCF}$ 的相对融资优势并不固定。

(3) 营运资本目标:买方核心企业引入供应链金融反向保理方案的目的是支持其营运资金管理目标。比如要将应付账款的期限扩大到 EX_{cor} 天。而供应商参与供应链金融反向保理方案的营运目标则是要将其应收账款期限降低 RED_{sme} 天。

外生参数都会根据特殊情景变化而变化。把上述内在价值和内部因素、外部因素汇总起来构成供应链金融市场运行总模型。接下来开始分析这个模型,并研究外部因素变化对供应链金融市场运行的影响,特别关注核心企业营运目标变化对供应链金融市场运行的影响。

相应的流量存量图如图 7.5:

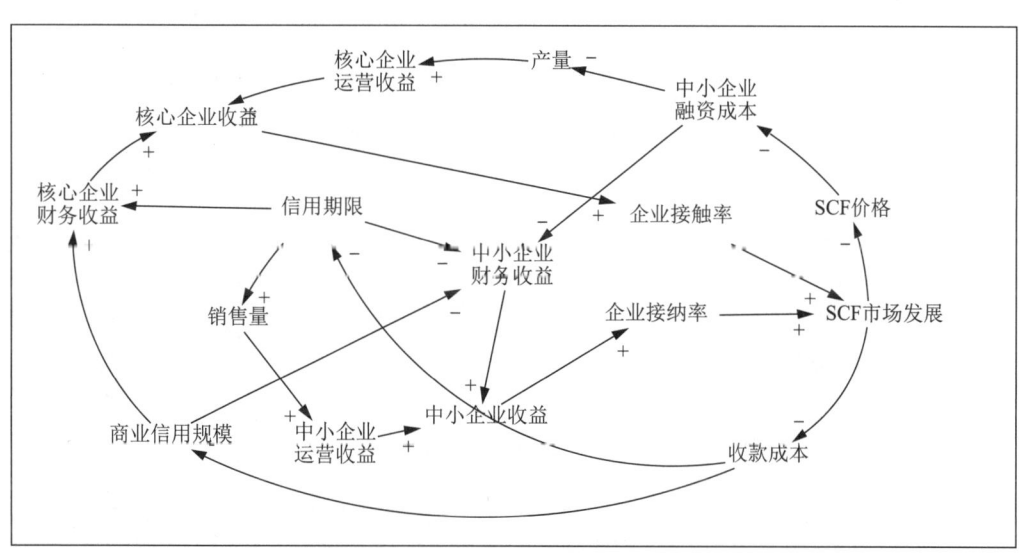

图 7.4 供应链金融市场运行因果回路图

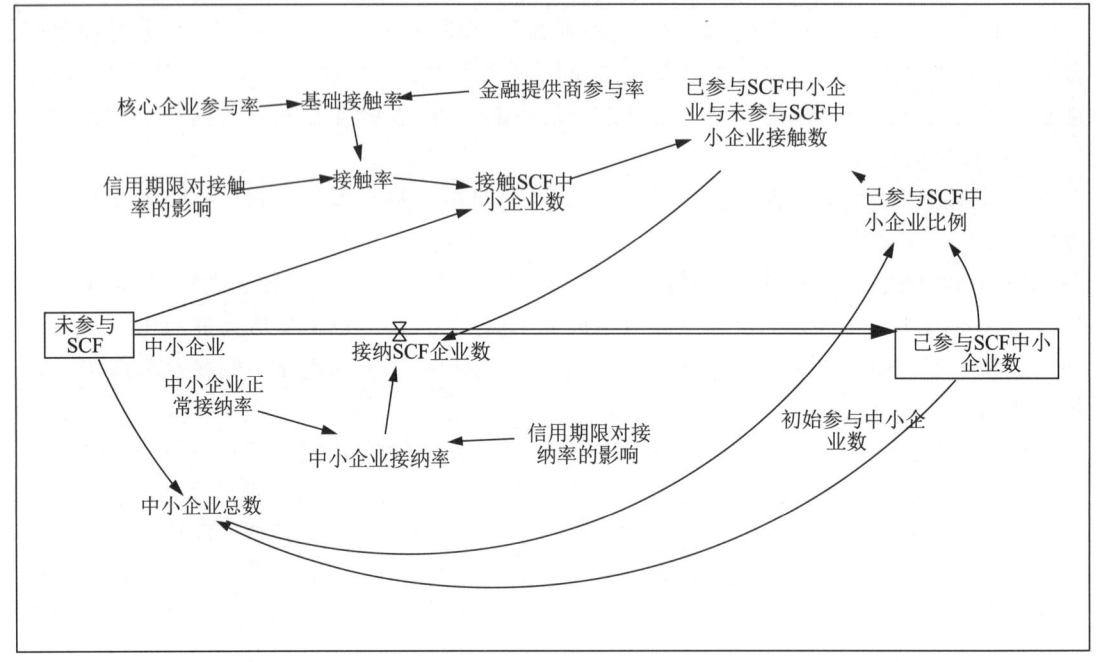

图 7.5 供应链金融市场运行流量存量图

7.2 模型检验

通过直观检验和运行检验,该模型符合要求。

7.3 模型分析

模型通过仿真进行分析。表 7.2 给出了仿真中所有初始参数。时间设置为 50 年。

表 7.2 供应链金融市场因素初始数值

	初始值	单位
核心企业融资成本	8	%
供应商融资成本	11	%
供应链金融利率	9.5	%
核心企业应付账款期限(DPO)	30	天
供应商应收账款期限(DSO)	30~60	天
核心企业营运目标期限	60	天
供应商营运目标期限	10	天
应收账款规模	1亿	元/买方/年
金融提供商资金成本	1.5	%

续表

	初始值	单位
核心企业参与成本	10万	元/买家
供应商参与成本	1 000	元/供应商
未参与中小企业数	30 000 000	个
初始参与中小企业数	10	个
中小企业正常接纳率	2.5	%
延迟支付对中小企业接纳率影响指数	1	

在外生变量上,考虑了核心企业的选择。表7.3展示核心企业可能有三种战略模式:挤压模式、平衡模式、让利模式。挤压模式下,核心企业凭借自身强势地位和供应链金融便利,最大限度延长支付期限,挤占供应链金融收益;让利模式下,核心企业尽管具备强势地位,但核心企业不延长支付期限,将供应链金融的收益让渡给中小企业;平衡模式下,核心企业通过参与供应链金融为中小企业提供融资便利,同时也促进了运营资金共享效应,核心企业可以通过商业信用渠道共享供应商运营资金,应对资金需求不确定性。

表7.3 核心企业延长支付期限模式对比

	是否延长支付期限	是否支持供应链金融
挤压模式	是	否
让利模式	否	是
平衡模式	/	是

进一步考虑外生变量变化对直接收益的影响。把外生因素设置为两种状态:一是正常市场条件,二是危机市场条件。表7.4对比这两种市场条件下供应商营运目标。

表7.4 外部市场条件对比

	正常条件	市场危机
供应商营运目标	定期折扣:供应商为了尽快收到货款定期使用反向保理进行折扣	由于需求急剧下降,供应商会选择定期折扣
	非定期折扣:供应商只在应对流动性风险时使用反向保理	

供应商愿意提供的商业信用期限是受外部条件影响的。在正常市场条件下,供应链金融外部市场竞争比较平缓,应收账款总量随经济周期正常波动,利率也随宏观市场正常波动。当外部条件比较宽松时,供应商愿意等到票据到期再收回货款。但经济条件衰退或者经济危机情况下,供应商要选择提前收回货款。

供应商折扣行为被认为是成功执行供应链金融反向保理方案的关键之处。进一步根据供应商折扣的类型对供应商的营运目标进行分解,将供应商的折扣行为分为定期折扣和非定期折扣。在定期折扣的情况下,供应商有固定的营运目标,并总是使用反向保理进行应收账款折扣,以尽可能早收回货款。无论是否出现流动性危机,供应商都在固定时间通过反向保理进行应收账款折扣。

非定期折扣情况意味着供应商的营运目标不是固定的,供应商只有在遇到流动性问题时才选择进行应收账款折扣。反向保理为供应商提供了应收账款折扣的选择权,但供应商不一定使用该方案进行收回资金。即如果供应商没有遭遇流动性危机,则不会提前折扣。这样即使买方会延长信用期限,但供应商会等到货款到期再向买方收款。

假定正常市场条件下,企业选择非定期折扣,即只有在遇到流动需求时才会以应收账款向金融提供商融资。而在危机情况下,供应商都会选择定期折扣。

在非定期折扣的情况下,假定供应商折扣所产生缩减的收款期为 RED_{sme}。当供应商有丰富的现金流时,他们不需要进行应收账款折扣,即 $RED_{sme}=0$;而当供应商遇到现金流危机,需要提高现金流时,则供应商想要尽快收回应收账款。RED_{sme} 将趋近于买方的信用期限,这样供应商收款时间尽可能小。

在定期折扣的情况下,无论买方将支付期限延长到什么时间,供应商都能在固定时间拿到货款。随着供应链金融科技的发展,供应商能拿到货款的时间将不断缩小。

7.4 仿真结果

采用 VENSIM 软件进行数据仿真。给出模拟仿真的结果。图 7.6 展示了供应链金融发展的一般情况。

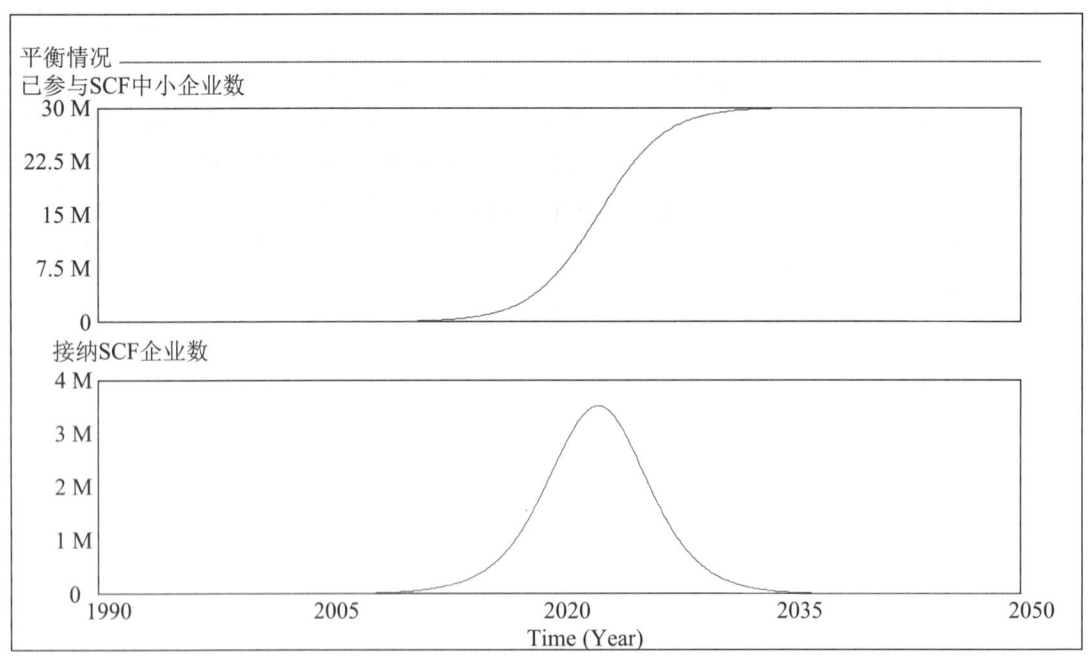

图 7.6 供应链金融市场变化仿真

重点关注了核心企业商业信用模式变化对供应链金融市场变化的影响。仿真结果如图 7.7。仿真结果表明核心企业延长信用期限行为影响供应链金融反向保理市场。在让利模式

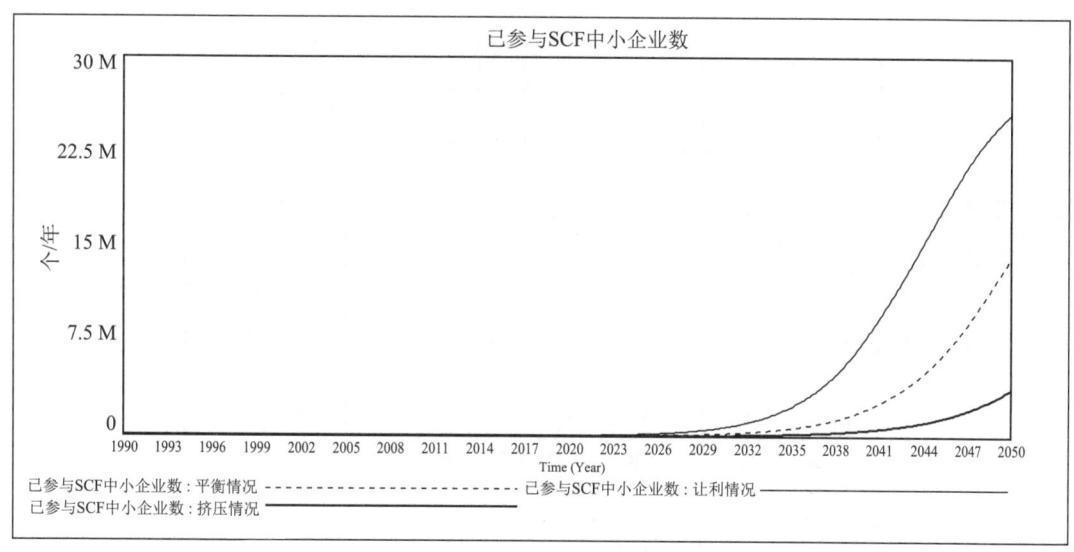

图 7.7 核心企业商业信用模式对供应链金融市场变化影响仿真

下,核心企业为供应商提供融资便利,但没有采取延长信用期限的行为,体现出对中小供应商的充分让利。此时市场最快达到最高水平。由于核心企业参与供应链金融成本的影响,这个情况并不稳定。

在挤压模式下,核心企业为供应商提供融资便利,并尽可能延长信用期限以实现其自身利益最大化。如第 6 章所述,核心企业延长信用期限减少了中小企业参与供应链金融的收益。已参与供应链金融的中小企业意识到这个成本会产生对供应链金融收益的质疑。这个质疑会影响供应链金融的口碑,进而影响未参与中小企业对供应链金融的接纳率,供应链金融反向保理方案没有被未参与的中小企业所采纳,导致供应链金融市场发展停滞不前。这是为什么供应链金融前景看好,实际发展却不如预期的关键因素。

在平衡模式下虽然供应链金融市场的发展不如让利模式发展迅速,但是这个情况能维持稳定。即核心企业通过供应链金融为供应商提供融资便利,同时又允许核心企业合理使用供应链运营资金共享效应。核心企业适度延长信用期限又不影响供应商运营资金,真正实现供应链反向保理模式双赢价值。

进一步考虑外部条件变化对供应链金融市场运行的影响。将经济条件分为正常情况和危机情况。仿真结果如图 7.8。

供应链金融反向保理被认为是应对经济危机可行的方案。在经济危机条件下,中小企业面临严峻的流动性危机,反向保理允许中小企业及时收回货款应对流动性资金需求,危机情况下反向保理发展速度明显增加。此时,尽管核心企业为了获得流动性资金而延长支付期限,但对中小供应商而言,生存是第一要义,中小供应商同意核心企业延长支付期限,并通过参与反向保理的形式获取流动资金,因此危机情况下供应链金融反向保理发展较一般时期迅速。

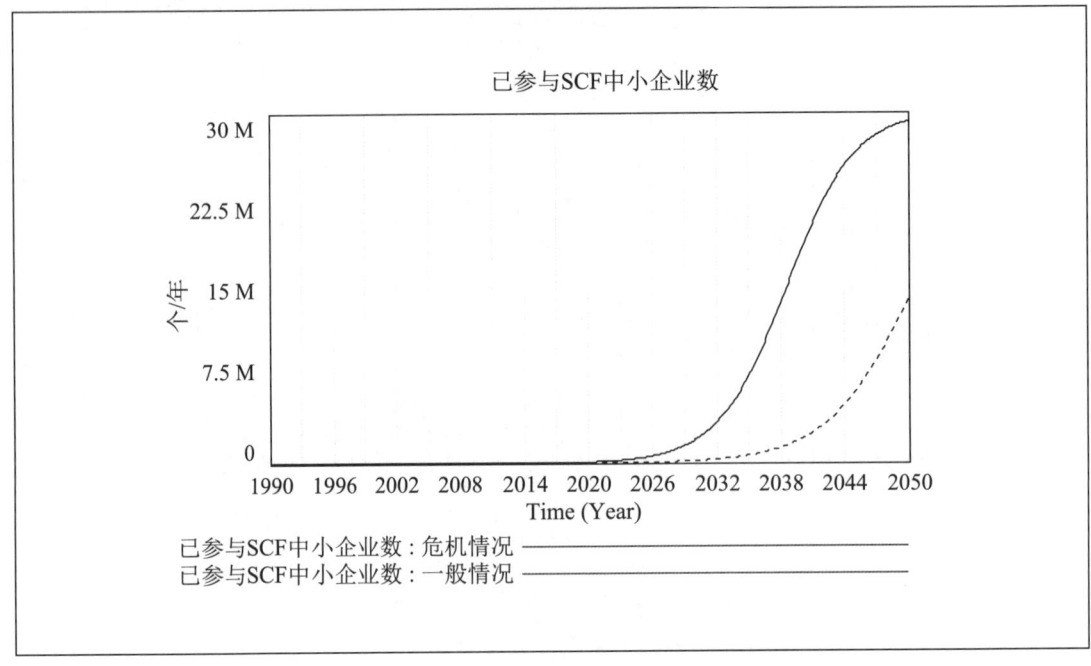

图 7.8　危机情况下供应链金融市场演变仿真

7.5　模型讨论

仿真结果显示,供应链金融市场呈现S型增长特性。前期供应链金融市场的增长主要取决于供应链金融的内在价值,后期由于供应链金融收益分配形成各种的反馈,供应链金融市场会呈现减速增长趋势。本研究重点关注延长信用期限带来的反馈。虽然反向保理有较高市场预期,金融提供商和保理商对反向保理有很大热情,但反向保理还没有得到广泛的接受。其主要原因是供应链金融方案发展前景并不明确(DELLO IACONO U,REINDORP M,DELLAERT N,2015)[120]。根据 SEIFERT R,SEIFERT D(2011)[125]的调查研究,核心企业参与供应链金融时主要考虑什么时间进行供应链融资、允许哪些供应商加入此方案,条件是什么,期限有多少,还有供应链金融的好处如何得到落实。本研究表明,链上各主体需要花费时间和精力学习如何正确参与供应链金融。

约翰·D·斯特曼(2008)研究认为动态系统有六种基本行为模式,其中最基本的行为模式是指数增长、寻的和振荡,由此衍生出S型增长、过度调整的增长、过度调整并崩溃[142]。行为模式图用一条曲线展示问题或变量随时间变化的演变模式。根据供应链金融系统动态特性,可以预期供应链金融发展行为模式图如图7.9。

根据结构影响行为的基本原理,供应链金融系统的外在行为表现实际是受到了其内在影响,系统的长期趋势为我们理解潜在系统结构提供了重要线索。供应链金融处在增长回路中,可以预期接下来供应链金融可能呈现指数增长的形态。指数增长的初期通常非常缓慢,在它迅速增长之前可能需要非常长的时间。注意到延长信用期限对中小企业收益的影响及由此带来的反馈作用,可以预期尽管供应链金融应收账款融资业务发展短期内呈上升

第7章　商业信用资金共享效应对供应链金融系统的动态影响

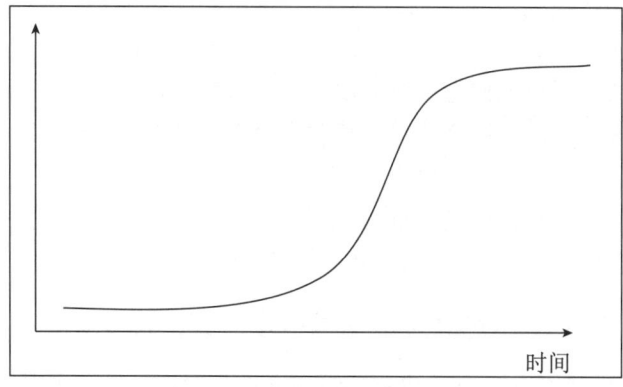

图 7.9　供应链金融发展行为模式

趋势,其持续发展将呈现 S 型。S 型增长表明供应链金融系统存在增加回路和与其联系在一起的调节回路。当前供应链金融处在 S 型发展模式的初期阶段。对照图 7.3 和图 7.9 可以发现国内供应链金融市场应收账款业务发展的情况与供应链金融发展基模基本吻合。供应链金融处于系统发展初期,找到系统发展的动力至关重要。

延长期限是供应链金融发展的关键因素。根据系统动力学的观点,管理者需要做两件事,一个是踩下油门,另一个是松开刹车(邱昭良,2018)[145]。对供应链核心企业而言,进一步延长付款期限看起来可以实现个体利益最大化,但实际上却留下了长期隐患。在供应链金融发展过程中,核心企业进一步延长信用期限是供应链金融发展的一个阻碍。放松这个阻碍可以带来供应链金融持续发展。

供应链金融风险可能来自某一个外部事件,比如,中小企业对供应链金融变得不满意,他们拒绝供应链金融业务,导致供应链金融发展出现快速反转(图 7.10)。这是供应链金融发展过程中最不愿意看到的事件。尽管事件发生可能性不大,但事件发生危害很大,可能导致供应链金融基础设施投入无法产生收益。这是供应链金融系统需要防范的一个风险。

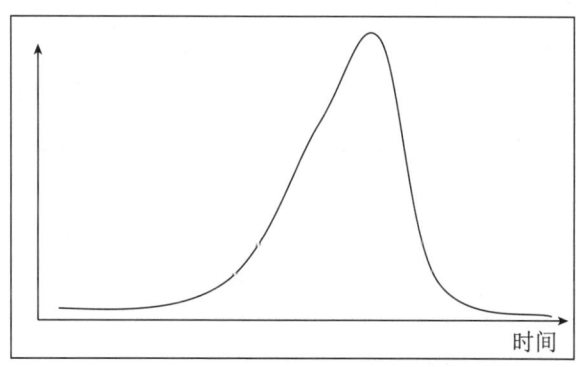

图 7.10　供应链金融发展系统风险

7.5.1　延长商业信用期限对供应链金融价值的动态影响

延长商业信用期限主要影响到买方企业收益。在供应链金融反向保理模式支持下,延长信用期限对供应商的收益影响不大。但是放在动态市场上,延长信用期限影响到供应商对供应链金融反向保理模式的预期及口碑,进一步影响到供应商参与供应链金融的意愿。这是影响供应链金融发展的关键。供应商和金融提供商参与供应链金融的收益取决于供应商是否愿意参与折扣。如果他们对反向保理持质疑态度,则当他们有足够现金流的情况下,是不会采用反向保理的。市场则需要更多的时间来培育供应链金融反向保理市场的发展,反向保理市场也将经历更长时间的停滞。

延长信用期限并没有直接影响金融提供商的利益,但是由于延长信用期限影响供应商参与意愿,而供应商参与意愿影响金融产品的市场规模,间接影响金融提供商利益。

7.5.2 延长商业信用期限对供应链金融市场表现的动态影响

在本研究中,供应链金融反向保理是为供应链营运资本提供解决方案的金融工具。供应链金融是技术驱动型的,需要在供应链金融发展过程中进行较多投资。这给供应链金融方案带来了较大负担,因为如果供应商不再贴现应收账款,市场条件就会突然改变,则金融提供商及核心企业在供应链金融方面的投资就会受损。

7.5.3 系统动态视角下的商业信用期限决策

供应链金融的共享效应包含资金共享和信用共享两个方面,体现为供应商为核心企业提供资金共享,核心企业为供应商提供信用共享。后者在供应链金融领域中已为人们熟知,前者却没有得到足够重视,这影响供应链金融的有序发展。供应链金融共享效应的发挥取决于供应链各方是否正确参与供应链金融。图 7.11 展示了供应链金融信用期限决策。第Ⅰ象限核心企业占用商业信用且不提供供应链金融支持,这是核心企业凭借市场地位占用商业信用的初始情况;第Ⅱ象限核心企业提供供应链金融支持,但要求进一步延长信用期限。这是目前供应链金融发展过程中实际存在的现象,这个现象阻碍供应链金融的进一步发展。第Ⅳ象限核心企业不参与供应链金融也不延长期限,是一个消极保守的状态。第Ⅲ象限核心企业为供应商提供供应链金融支持,核心企业具有延长信用期限的强势地位和市场条件,核心企业没有进一步延长信用期限。在这个过程中,核心企业实际已通过商业信用享用了供应链资金共享效应。这是供应链互惠让利的真正体现,也是供应链金融持续有效发展的关键。

	提供 供应链金融支持	不提供 供应链金融支持
延长 信用期限	Ⅱ	Ⅰ
不延长 信用期限	Ⅲ	Ⅳ

图 7.11 供应链金融信用期限决策

反向保理计划一直被认为是双赢方案,但事实并不总是这样。供应链上主体所能获得的直接收益随着时间的变化而变化。当外部经济变化或供应商的营运目标变化时,反向保理模式的收益发生变化。反向保理的成功关键不仅在于供应链各主体能获得利益,还在于供应链各主体能持续获得利益。

传统的方法只在固定市场环境下考虑直接收益。把市场条件当成快照,采取外推法分析反向保理的价值。本章的动态分析表明市场因素是理解反向保理模式的关键,对反向保理市场全盘系统的认识则需要考虑供应商持久的营运目标。最适合引入反向保理的行业应是低利润或者是面临融资困难的行业,这些行业上的供应商更愿意接受延长信用期限的方式。

将其他因素加入模型仿真结果没有明显变化:(1)考虑供应链金融的非直接收益。比如买方引入反向保理模型可能不是出于直接利益考虑,而是为了供应商进行营运资金管理,这种情况下,买方可能引入反向保理却没有延长信用期限或只延长了较短时间。买方可能为了与供应商建立长期关系,或者通过电子票据方式简化交易流程,这种情况下,买方可能会要求降低价格而不是延长信用期限。(2)考虑其他因素变化,如融资成本的变化、营运目标变化、应收账款量的变化、时间的变化、信贷约束水平的变化等对本模型带来的影响。(3)考虑加入其他成本,比如反向保理发展过程中的培训成本,其他金融产品竞争所带来的成本等。(4)考虑了供应链异质性的条件。比如在特殊供应链金融条件下该市场的变化情况。综上,本模型所构建的因果回路图和仿真结果较为稳健。

7.6 本章小结

本章在前文第 4 章到第 6 章供应链金融价值基础上,在社会系统动力学理论指导下对延期支付的供应链金融系统影响进行动态仿真,将供应链金融方案放在动态市场条件下,研究内外部条件变化对供应链金融发展的影响,特别关注买方核心企业商业信用模式变化对供应链金融发展的影响。

本研究模型代表供应链金融市场的可持续发展,具体体现为以买方为中心的供应链上供应链金融反向保理模式参与情况。完整的供应链金融市场演化包含内在价值、市场条件和市场运行三个阶段,本研究重点关注供应链金融的内在价值和市场运行情况,先用子模型测量供应链金融直接收益,然后构建供应链金融反向保理模式市场扩散模型。

供应链金融内在价值体现在其相对优势。文章首先构建了三种情景以体现供应链金融的价值。然后将供应链金融内在价值模型加入市场运行系统中,通过扩散模型研究供应链金融反向保理市场的演化,进而考虑内在价值与外在市场的协同运作。

本研究认为中小企业参与供应链金融是供应链金融市场发展的关键。供应链金融市场上存在口碑效应和学习效应。口碑效应来自供应链参与主体口耳相传的效果。供应链金融存在资金成本低的价值优势,但如果潜在着核心企业延长信用期限,则这种效应会在供应商之间口耳相传,形成供应商对供应链金融的预期。当延长信用期限的收益超过成本时,则供应商拒绝参与反向保理。这些因素连接了供应链金融的收益和供应链金融市场发展。

中小企业是否接受供应链金融是供应链金融市场发展的关键。本研究中小企业是否接纳供应链金融是这个扩散模型的关键。其中中小企业是否接受供应链金融受接纳率影响,而接纳率受买方是否延长信用期限影响。

对模型进行动态仿真,仿真结果表明供应链金融市场呈现 S 型增长特性。在市场发展前期供应链金融市场的增长取决于供应链金融方案的内在价值,市场发展后期由于供应链金融收益分配形成各种的反馈,供应链金融市场会呈现减速增长趋势。

仿真结果表明核心企业延长信用期限行为影响供应链金融反向保理市场。核心企业让利模式下中小企业获利最大,供应链金融市场最快,但因核心企业收益不明确,市场发展并不稳定;挤压模式下,核心企业为供应商提供融资便利,并尽可能延长信用期限以实现其自身利益最大化,因延长信用期限造成的成本超过收益,影响中小企业参与积极性,最终影响供应链金融市场发展;平衡模式下允许供应商通过供应链金融获得融资便利,同时又允许核心企业通过商业信用形式合理享用供应链运营资金共享效应。核心企业适度延长信用期限又不影响供应商运营资金,真正实现供应链反向保理模式双赢价值。

本章最后讨论了延长信用期限的动态影响。供应链金融反向保理模式一直被认为是多赢模式,但事实并不总是这样。供应链上主体所能获得的收益随着时间的变化而变化。供应链金融成功关键不仅在于供应链各主体能获得利益,还在于供应链各主体能持续获得利益。

第8章 研究结论与展望

8.1 研究结论

本研究围绕商业信用与供应链金融反向保理的关系展开理论研究,具体包括:供应链金融价值何在?为什么供应链金融支持下企业会进一步延长信用期限?延长信用期限是否会影响供应链金融发展?核心企业为什么能延长信用期限?什么情况下中小企业会同意延长信用期限?

研究结果显示,延长信用期限会影响供应链金融发展。供应链金融可持续发展应注意限制延长信用期限的影响。供应链金融的价值除了帮助缓解中小企业融资问题外,还在于供应链协同。

核心企业延长信用期限主要是由于商业信用资金共享效应。在收款成本低的情况下,商业信用资金共享效应显著。供应链金融有利于降低收款成本,因而有利于促进商业信用资金共享效应。

在商业信用资金共享效应影响下,核心企业有动机延长信用期限,这解释了为什么核心企业要延长信用期限,也解释了为什么供应链金融下企业间信用期限延长。延长信用期限不会影响供应链金融价值,但会影响供应链金融收益分配。一方面当中小企业严重资金不足、采取积极运营策略时,会选择接受核心企业延长信用期限。长期下来供应链金融存留下来的将是高风险企业。另一方面,当资金较为充裕或采取保守运营策略时,中小企业会权衡延长信用期限带来的成本。中小企业虽接受延长信用期限,但会在生产产量上有所限制,以使自己总利润最大。这样,核心企业虽然能通过延长信用期限,享用商业信用带来的运营资金共享效应,但是运营收益会受到影响,最终影响到供应链整体利益。

8.1.1 供应链金融促进商业信用营运资金共享效应

商业信用资金共享效应是核心企业参与供应链金融的动机,在这一效应影响下企业间商业信用期限呈增长趋势。尽管买方核心企业容易获得资金且资金成本较低,而中小供应商较难获得融资且融资成本较高,从供应链整体而言,商业信用有利于降低供应链整体融资成本,本研究称之为商业信用营运资金共享效应,并进一步指出商业信用营运资金共享效应发挥作用的前提条件。

本研究模型测量不同交易方式下供应链企业融资成本与利润,发现一般情况下现款交易效率高,特殊情景下商业信用交易效率高。假定企业应对流动性冲击需要的资金有两种来源,一是正常融资渠道,二是紧急融资渠道。两种渠道利率不同,正常融资渠道利率低于紧急融资渠道。本研究借助经典报童模型分析供应链交易双方最佳现金持有量。在高收款成本情况下,供应商需持有更多现金以应对流动性冲击。而低收款成本情况下,供应商可以通过收回应收账款应对流动性冲击。没有发生流动性冲击时,供应商不会要求提前收回货款,此时这些资金可以为核心企业所用。基于这个预期核心企业通过自己的强议价力影响供应商现金持有量,并以商业信用形式低成本使用供应商运营资金,从而减少自身现金持有量。

从供应链整体角度看,当收款成本低于某个临界点时,商业信用比现款交易有效。如果核心企业流动性风险小,紧急融资成本也小,核心企业会选择现款交易,反之核心企业选择商业信用交易模式。特别是当供应商流动性资金需求波动大而核心企业自身流动性需求稳定的条件下,核心企业更会选择商业信用模式。当供应商流动性资金需求波动大时,供应商暂时闲置的运营资金可以为核心企业所用。

表面上收款成本越高供应商收益越低,然而当收款成本高时,供应商会在价格上要求补偿,从而使其最终利润与机会成本一致。也就是说收款成本的高低实际上不会影响供应商的收益。与供应商不同,收款成本高低会影响核心企业收益。在收款成本低的情况下,供应商能低成本地收回货款应对流动性危机,又能提供商业信用促进销售,增强供应链关系,供应商是愿意提供商业信用的。这种情况下,核心企业可以享用供应商的营运资金,实现短融长投,从而提高供应链整体营运资金效率。因此,低收款成本是有利于核心企业的。也就是说从核心企业角度来看,收款成本会影响核心企业的收益,核心企业为提高自身收益应考虑降低供应链收款成本。

本研究理论模型表明收款成本是影响供应链企业间商业信用效率的关键因素。基于供应链运营资金共享效应,本研究对供应链上企业商业信用动机及绩效进行检验,重点关注收款成本对商业信用的影响,检验了商业信用对企业绩效的中介效应。实证表明收款成本对企业绩效有正向作用。收款成本通过商业信用的中介效应影响企业绩效。当收款成本低时,供应商提供商业信用的成本较低,买方企业可以利用商业信用进行运营管理,促进企业绩效。

反向保理成本与收款成本对供应商流动性政策的作用是相似的,关键的不同之处在买方核心企业方面。在没有反向保理的商业信用情况下,供应商收款成本体现为供应链的损失。在反向保理中,供应商支付的保理费用中有一部分转移给买方企业,买方从反向保理中获得比商业信用更多的融资收益。

总之,核心企业推动反向保理模式有利于降低供应链收款成本,进而有助于以商业信用形式享用供应链运营资金。然而当核心企业提供供应链金融的动机是共享供应商营运资金时,核心企业有动机进一步延长应付账款期限,即核心企业通过商业信用展期来增加共享运营资金收益。这就解释反向保理下核心企业的收益,也解释了反向保理模式下核心企业进一步延长信用期限动机所在。本研究结论也提醒:尽管供应链金融政策的初衷是解决中小企业流动性压力问题,但由于核心企业进一步延长信用期限,中小供应商的资金困难情况可能难以真正改善。

8.1.2 商业信用期限是供应链共创价值分配的关键因素

信用期限影响供应链金融收益,这是供应链解决中小企业资金难问题的瓶颈。核心企业延长信用期限所带来的影响是复杂的。由于供应链金融借助核心企业优质信用,缓解信息不对称,所以理论上供应链金融的利率小于传统银行贷款的利率,供应链金融价值似乎显而易见,但供应链金融是否有效不仅体现在其内在价值,还体现在其相比其他金融产品的比较优势。

供应链反向保理是应收账款融资方案,也是系统解决商业信用问题的有效方案。一方面,应收账款融资有效地解决因商业信用而给中小企业带来的资金问题。另一方面,应收账款融资降低了供应链上企业商业信用交易成本,有利于促进供应链运营资金共享效应。

供应链金融带来的延长信用期限影响供应链金融收益分配。一方面,核心企业通过延长信用期限来加强供应链运营资金共享。由于核心企业在供应链上的地位及其在供应链反向保理中为供应商获得资金中提供便利,核心企业倾向于进一步延长信用期限。另一方面,核心企业延长信用期限增加了中小企业的成本。中小企业虽然获得低成本融资及扩大生产增加销售的机会,但买方企业延长信用期限产生的成本抵消相应的利润,中小企业面临生产销售增加利润下降的困境。

供应链金融带来的收益在核心企业和中小供应商之间分配。延长信用期限没有影响供应链金融的价值,但影响供应链金融价值分配。进一步延长信用期限使核心企业获得更多收益,但中小供应商获得更少收益。供应链金融解决了中小企业融资难问题,但没有解决中小企业资金难问题。延长信用期限的结果体现在两个方面,第一造成中小企业不愿意参加供应链金融,第二中小企业参与供应链金融但不愿意提升产量。

延长信用期限成为中小供应商参与供应链金融的关键因素。有部分供应商会选择同意核心企业延长信用期限。这部分供应商的特征是非常缺乏融资机会,或原有融资成本非常高。这部分企业资金存在较大困难,愿意承担高成本,愿意冒高风险。他们愿意承担短期财务损失,但可能从运营角度减少成本以控制损失,长期而言不利于供应链稳定发展。由此可见延长信用期限影响供应链金融实现促进实体经济发展的初衷。

8.1.3 商业信用期限在供应链金融系统发展中起杠杆作用

供应链金融是复杂动态社会系统。供应链金融的复杂动态性特征决定需从整体上看待和研究供应链金融系统。在供应链金融系统中,核心企业、中小企业及金融机构组成一个相互联系的系统。核心企业、中小企业和金融机构是系统中的实体,这三个实体之间相互联系,存在相互作用的反馈。在供应链金融反向保理模式中,中小企业将暂时闲置的资金以商业信用的形式提供给核心企业,核心企业低成本享用中小企业资金。借助核心企业优质信用,金融机构为供应链上中小企业提供提前收取货款的机会,既缓解中小企业融资难问题,又促进了商业信用资金共享效应。如果单独看中小企业融资难问题或者单独看核心企业占用商业信用问题,是很难辨析出供应链金融系统层面的特性的。

在供应链金融系统中,明确系统目标才能理解系统各实体的行为。供应链金融系统目标是通过解决中小企业资金短板问题来实现供应链持续稳定发展。明确这个目标对系统中各主体的行为决策至关重要。系统中各主体以个体利益最大化为目标,容易导致各自为政忽略其他利益相关者利益。从系统层面研究供应链金融,能帮助供应链上各主体跳出自身利益,从供应链整体角度进行决策,有利于通过规范供应链各主体行为实现整体利益最大化。

"结构影响行为"是系统最重要的特性之一。系统理论认为系统的行为由其结构决定。结构是系统中关键要素之间的相互联系模式,包括系统的物理和机制构造及其与系统主体决策制定过程之间复杂动态的相互作用。如果想要改变或影响系统的行为,就应该改造或顺应其结构(邱昭良,2018)[145]。文化往往也是影响系统行为结构层面的因素。追求个体利益最大化的文化导致供应链金融各实体各自为政,相反,互惠互利的文化使得供应链上各实体对自身行为进行修正,最终可能实现整体利益最大化。根据结构影响行为的基本原理,供应链金融系统的外在行为表现实际是受到其内在结构的影响,系统的长期趋势为我们理解潜在系统结构提供了重要线索。本研究运用系统动力学研究企业间延期支付货款底层的商业信用结构问题,发现供应链金融反向保理是顺应企业间商业信用活动规律的系统方案,既满足核心企业商业信用资金共享效应,又是解决供应商融资约束的成长引擎,同时又满足金融机构控制风险、开发客户的需求。

理解复杂动态供应链金融系统的因果关系及系统动态变化,弄清楚影响供应链金融系统变化的驱动力及其相互关联关系,才可能寻找到促进系统发展的关键根本解和杠杆解,以较小的代价实现系统整体功能的改善。本研究明确企业间商业信用活动规律及供应链金融发展结构,发现延长信用期限是影响供应链金融系统发展的动力。延长信用期限对核心企业有利,但延长信用期限损害了中小供应商利益,最终影响供应链金融发展。相反,核心企业在信用期限上适度让利,既满足了中小供应商利益诉求,又能维持享用商业信用共享效应。延长信用期限看似一件小事,却可能对供应链金融系统发展产生长远影响。供应链金融促进商业信用资金共享效应,商业信用期限决定供应链共创价值分配。因此,商业信用在供应链金融系统发展过程中起杠杆效应。

根据系统动力学的观点,管理者需要做两件事,一个是踩下油门,另一个是松开刹车(邱昭良,2018)[145]。一方面,在促进系统发展的过程中,管理者需要找到促进系统发展的动力点,踩下油门使系统加速发展。另一方面,踩住刹车使系统停滞不前,管理者要做的是松开刹车,系统自然慢慢发展起来。对供应链金融系统来说,管理者花了很大力气促进系统发展,然而如果没有注意松开刹车,则可能事倍功半。根据本研究结论,将供应链金融作为延长信用期限的工具是供应链金融进一步发展的障碍。要促进供应链金融系统发展,需要放松这个阻碍。居于这个认识,供应链主导者核心企业不应将供应链金融作为延长信用期限的工具。

对供应链金融的系统思考有助于改变链上核心企业、供应商等的策略来形成企业乃至供应链运行绩效。由于商业信用资金共享效应和核心企业在供应链上的强势地位,供应链上商业信用期限有增长的趋势。这是由商业信用内在规律决定的。但供应链金融本质不是融资,而是一个系统工程。在主流单一企业运营管理视角下,尽早收款和推迟付款可以使企业尽可能减少自身财务成本。但整体观视角下却得到不同观点。在整体观视角倡导互惠共赢文化,并不支持企业尽早收款推迟付款。

供应链金融有序发展需要供应链上所有利益相关者通力合作和积极参与。本研究结论表明中小企业参与供应链金融是供应链金融市场发展的关键。核心企业延长信用期限会影响供应链金融的市场潜力。为了推进供应链金融市场的发展,所有参与供应链的成员都需要从中获得利益。供应链金融方案能被正确地执行,则这个方案将对供应链各主体产生收益,形成对买方、供应商、金融提供商多赢的形势。

8.2 理论贡献

(1) 构建商业信用资金共享效应模型,揭示核心企业要求延长信用期限的内在规律

现有商业信用研究主要关注资金相对充裕的大企业向资金困难的中小企业提供商业信用融资的商业信用传递渠道。有部分文献注意到资金困难的中小企业向大企业提供商业信用的现象,但多将其归因于强势企业滥用市场地位,而较少关注其行为的合理性。本研究构建商业信用的运营资金共享效应模型,将商业信用视为企业应对流动性危机的财务柔性储备。供应商将其闲置的为应对流动性危机所储备的资金以商业信用形式提供给核心企业,核心企业通过运营管理实现短融长投,进而提高供应链整体资金效率。相比简单指责而言,本理论研究揭示了核心企业占用商业信用的合理性。同时,本研究理论模型指出商业信用效率的关键是收款成本。供应链金融有助于降低收款成本,从而有助于企业间运营资金共享效应的发挥。本研究深化了商业信用理论,也构建了商业信用与供应链金融之间的理论联系。

与 MING H(2018)[5]观点相同,本书研究商业信用效率与现款交易相比的效率;不同的是,本研究在商业信用模型基础上,借助中国企业数据进行实证,为商业信用资金共享效应提供经验证据。

本研究实证检验商业信用在提升企业财务柔性方面的作用。与宋华,陈思洁,于亢亢等(2018)关注点相同,本研究关注供应链金融对中小企业资金柔性提升的作用,不同之处在于本研究指出供应链金融对企业资金柔性提升的作用是通过企业间商业信用进行的。曾爱民(2011,2013)[185-186]、于欢(2016)研究指出不同财务柔性企业投资行为的影响,认为财务柔性强的企业在金融危机中具有更强的资金筹集和调用能力,能更好地为其投资提供所需资金[187]。本研究对商业信用的研究支持以上学者关于企业财务柔性作用的观点。

(2) 构建供应链金融收益模型,揭示延长信用期限对供应链金融收益分配的影响

现有供应链金融研究较少关注微观企业活动基础。本研究在企业商业信用活动规律的基础上探索供应链金融发展的着力点,构建商业信用资金共享效应模型,解释供应链上核心企业占用商业信用的内在机理及该机理对商业信用期限决策的影响。构建供应链金融收益分配模型,解释信用期限对供应链金融收益分配的影响。研究发现要通过供应链金融解决中小企业融资难问题,要综合协调供应链上不同主体的利益诉求。本研究模型支持了 KLAPPER L (2006)[116],VAN DER VLIET K,REINDORP M J,FRANSOO J C (2015)[126]的观点,解释了买方要求更长商业信用期限的机理。与 LEKKAKOS S D,SERRANO A (2016)[127]观点一致,本研究结论支持延长信用期限是供应链金融收益分配的重要因素。供应链反向保理提高了供应商的运营表现,但多锁定了供应商的运营资金。由于延长信用期限,对于有其他融资来源的供应商而言,反向保理的价值会降低。与宋华(2019a)[6]观点一样,本研究注意到核心企业延长支付期限的影响,然而本研究结论并不支持限制延长支付,而是建议遵守企业商业信用活动规律,倡导互惠共赢的文化。本研究贡献

在于进一步分析延长信用期限的动态影响。本研究理论研究结果有助于揭示供应链上核心企业利益诉求,构建以整体利益最大化为目标的供应链金融。

(3)构建供应链金融系统动力学模型,揭示延长信用期限对供应链金融可持续发展的动态影响

现有对供应链金融系统动力学研究主要用于供应链金融风险控制及运行优化,较少从供应链系统发展的角度进行研究。本研究构建商业信用决策对供应链金融系统动态影响模型,在分析供应链主体收益的基础上,运用市场扩散模型,研究供应链主体收益分配对供应链金融系统发展的影响。将企业商业信用活动视为供应链金融系统输入变量,研究商业信用期限变化带来的系统输出变化。单一企业视角下,尽量早收款晚付款是企业财务管理最优选择,但在整体观视角下并非如此。本研究将企业微观财务管理活动与金融市场运行结合起来,拓展了系统动力学在供应链金融领域的研究。

与宋华等(2018)[138]相同,本研究讨论供应链金融发展趋势;不同之处在于,本研究运用系统动力学,讨论了供应链金融随时间演变趋势及供应链金融发展动力。与 DELLO IACONO U, REINDORP M, DELLAERT N(2015)[120]相同,使用市场扩散模型,不同之处在于本研究不仅关注供应链金融产品,更关注供应链金融持续发展。与供应链金融系统动力研究不同,本研究更关注供应链金融系统动态特性,运用系统论整体观点研究供应链金融,结论与李心合(2012,2013,2019)[130-132]倡导的整体主义一致,支持将营运资金管理嵌入供应链,通过供应链合作实现供应链整体利益最大化。

8.3 管理启示

8.3.1 推进商业信用制度创新

商业信用是社会信用制度的基础。随着商品交易的商业信用化程度加深,商品交易中商业信用的规模会不断增加。企业间账期呈扩大趋势,是商业信用营运资金共享效应的体现。供应链金融反向保理模式有利于核心企业进行运营资金管理而不影响链上企业现金流。供应链金融的发展是商业信用发展的结果,反过来供应链金融又能促进商业信用制度创新。

推行商业信用动态折扣。折扣管理是企业改进现金流的常用手段,通过鼓励买方企业提前支付而给买方企业价格优惠的管理形式。动态折扣允许买卖双方通过互动确定预先支付条款,允许买家灵活选择付款形式以换取购买商品和服务的较低价格。供应商根据付款期限提供折扣,付款越早折扣越大。动态折扣降低对运营资产需求的不确定性,能使供应商和买方更好规划现金流,实现供应链协同现金流量周期管理。

推动商业信用向高级形式发展,鼓励应收账款融资。金融提供商作为供应链金融服务推进者,不仅关注应收账款融资产品,还需深入供应链。除了关注中小企业融资需求市场,更要深入研究高端客户核心企业的需求,掌握供应链主体运营活动,根据供应链特点调整相应金融服务。

推动优化商业信用环境。建立健全社会信用体系和失信惩罚制度建设,避免商业信用

市场的畸形发展。健全法律保护机制,有效保护经济主体间的债权债务关系,促进企业使用商业信用的情况,也会促进企业使用银行信用的情况。在此基础上由商业信用产生的对供应链核心企业应收账款融资,有利于实现三者共同利益。

8.3.2 提供供应链金融发展制度支持

供应链金融作为一个系统工程,各主体自发的行为难以促进供应链金融整体目标的实现。实现供应链金融整体利益最大化,需要各方的协同与配合。在这个过程中,政府能做的不是直接干预,而是通过制度促进供应链协同发展。基于延长信用期限对供应链金融的影响,仅靠企业自觉是难以成效的,制度方面的建设至关重要。

按照制度理论的观点,制度环境对组织行为的影响体现在管制、规范和认知三方面。目前我国《物权法》《担保法》《合同法》《动产抵押登记办法》《应收账款质押登记办法》等法律和司法解释,对约束和推动我国供应链金融发展有重要意义。首先应进一步完善相关法律法规对相应业务进行管制。其次,相关部门建立行业内诚信体系,规范供应链金融业务相关行业。最后,建立文化惯例。供应链金融系统中的每个个体都能认识到供应链网络是一个生态圈,供应链网络是一个长期协作交易的体系,上下游企业对相互关系以及网络整体的认同,形成一种互惠让利的文化。

实现供应链整体利益最大化,促进系统协调发展的关键是互惠让利。互惠让利体现在三个方面,一是供应商提供商业信用,其运营资金以商业信用形式与核心企业共享。二是核心企业将自己的高信用与供应商分享,为供应商提供了供应链融资便利。三是供应链金融并非核心企业延长信用期限的工具。核心企业为中小企业提供融资便利,其有条件进一步延长信用期限,但核心企业将供应链金融的收益让渡给供应商,进而获得供应链整体利益最大化。

技术是供应链金融发展的必要手段。制度建设应为电子信息技术的发展提供良好的环境。通过物联网、大数据、云计算、区块链,以及移动终端等信息技术的发展进一步促进信息流动,促进物流和资金流动,从而推动供应链金融的发展。其中,借助科技技术,推进电子发票、电子单据,打造低成本高效率的支付环境。

总之,构建供应链商业生态系统,将供应链金融业务放在生态系统之上来看待供应链金融业务的发展。站在供应链金融系统之上,要为供应链金融发展提供良好的外部环境,优化基础设施建设,从制度环境建设和技术环境建设两方面为供应链金融发展构建良好环境。

8.3.3 将供应链金融主导地位让给企业

将供应链金融主导地位让给企业,特别是供应链上核心企业。国内讨论供应链金融时多从金融机构角度讨论借助核心企业来减少供应商违约风险进而帮助扩展贷款业务。本研究表明,供应链金融是供应链管理工具,供应链上主体使用供应链金融工具管理供应链资金流。一方面实现核心企业延长信用期限满足投资要求,又不影响供应商资金流,另一方面中小企业参与供应链,增加销售,又获得相应融资来源。金融机构作为资金提供方应将供应链金融主导地位还给供应链上企业。金融机构或金融平台为核心企业管理供应链提供资金支持。

核心企业应鼓励中小企业参与供应链金融,因为供应链金融能提高商业信用效率,从而有利于核心企业享用供应链资金。而信用期限是一个关键因素,如果核心企业进一步延长信用期限,则可能导致中小企业不愿意参与供应链金融,核心企业难以对供应商形成有效激励。本研究认为核心企业应主动让利,尽管其具有延长期限的条件,主动让利能促使中小企业积极参与到供应链金融中来。

核心企业作为供应链管理主体,应重新评估并考虑参与供应链金融的目标。供应链金融方案虽然有助于延长信用期限而不影响供应商的现金流,但延长信用期限带来了一系列影响。是否将信用期限作为参与供应链金融的目标,这是核心企业应该考虑的问题。

延长信用期限是核心企业参与供应链金融的目标,但核心企业应考虑到其他参与者的利益。过度延长信用期限可能会影响到供应商的利益,进而影响到供应商的稳定。核心企业作为供应链管理的主体不能只从自身视角出发单方面延长信用期限,而应该从供应链整体利益出发谨慎延长信用期限。

供应链发展趋势是核心企业越来越专注自身核心能力,把非核心业务外包给链上其他企业,这意味着更加突出供应链合作。对核心企业来说,选择对上游供应商先货后款、对下游客户先款后货"两头沾"的运营资金管理模式对供应链造成严重影响。实务中既要把供应链主导地位让给核心企业,让企业承担风险,让核心企业在获得运营资金和挤压供应商产生对手风险之间进行权衡,也要加强对核心企业的指引。

8.3.4 保护企业参与供应链金融积极性

2017年国务院办公厅发布《积极稳妥推进供应链创新与应用的指导意见》,提及要积极稳妥发展供应链金融,要让供应链金融促进实体经济发展。2018年实施《中华人民共和国中小企业促进法》提出正确处理政府与市场、国家与企业的关系,正确处理扶持中小企业与维护市场公平原则的关系,正确处理扶持中小企业与中小企业规范发展的关系。

针对大企业账期超长延迟支付的现象,既要考虑对中小企业的保护,也要考虑核心企业的诉求。推动电子发票、电子单据发展,打造高效的支付环境,实现交易确权。限制延迟支付,既要严格控制上下游约定的支付期限,防范可能占用中小企业资金的现象发生,也要有事后补偿机制。限制延迟支付首先需要从政府机构、公共事业部门及国有企业做起,通过这些公共部门的示范效应,打造及时支付的良好商业文明氛围。

中小企业融资难根源是信息问题。供应链金融政策为中小企业创造了良好的外部环境。区块链、大数据技术等技术手段的介入,有助于降低信息不对称,协助金融机构识别真正优质的企业,也有利于金融机构及时观察行业产业变化,引导资金敏捷跟进和准确撤出,防止出现抽贷等现象带来流动性变化对供应链产生冲击性影响。将来供应链金融新模式将会把片段的供应链金融整体化,当前供应链金融仍处在初级阶段,对中小企业的保护至关重要。本研究系统动力学仿真结果表明核心企业延长信用期限的问题打击中小企业参与供应链及供应链金融的积极性,进而影响供应链发展的活力。保护中小企业积极性是促进供应链金融发展、促进供应链稳定的关键。扩大供应链金融参与者数量,保护企业和投资者参与积极性是促进供应链金融健康有序发展的关键。

8.4 局限与展望

本研究对供应链企业间商业信用活动及供应链金融模式进行系统解释,并提出促进供应链金融系统持续稳定发展的对策。

本研究较好地完成研究目标。第一,构建模型解释供应链企业间商业信用活动决策机理。在随机流动性冲击模型基础上,构建模型解释商业信用资金共享效应及其前提条件,有助于探索商业信用期限延长的内在规律。第二,收集中国企业数据检验商业信用决策机理,数据检验支持商业信用资金共享效应假说。第三,依据商业信用资金共享效应假说,解释供应链金融条件下核心企业要求延长信用期限的内在规律。第四,基于收益成本模型解释延长信用期限对供应链金融收益分配的影响,研究表明,商业信用期限对中小企业参与供应链金融的收益和成本形成权衡。当延长期限产生的成本超过收益时,中小企业拒绝供应链金融。第五,在系统动力学理论指导下,运用计算机仿真方法展示商业信用期限延长对供应链金融系统的动态影响。

本研究对三个研究问题的回答如下:

第一,核心企业参与供应链金融的动机何在?核心企业参与供应链金融的动机要从核心企业商业信用动机谈起。一般情况下商业信用交易模式的财务成本超过现款交易成本。在银行信用高度发达的现代社会,企业间依然存在商业信用,表明在特定条件下商业信用交易的效率高于现款交易。根据本研究结论,在企业间收款成本低的情况下,供应商为应对流动性风险所持有的现金暂时闲置的情况下,供应商愿意以商业信用的形式允许买方暂缓甚至延迟支付货款。这种情况下,买方可以以商业信用形式享用供应商持有的资金。在收款成本低的情况下,由于商业信用资金共享效应的存在,供应链整体融资成本更低。传统商业信用更多发生在买卖双方信任程度高、收款成本低的条件下。在供应链金融反向保理模式中,有优质信用的核心企业和中小供应商形成一个整体。由于反向保理为供应商提供了融资选择,有利于降低企业间收款成本,因此,供应链金融反向保理模式有利于促进商业信用资金共享效应。基于商业信用资金共享效应,核心企业愿意参与供应链金融。

第二,供应链金融解决中小企业融资难问题的瓶颈何在?供应链金融借助核心企业优质信用,降低了金融机构和中小企业之间的信息不对称。金融机构在核心企业优质信用基础上对中小企业进行贷款,这种供应链金融风险控制模式明确,被认为是解决中小企业融资难问题的有效手段。实践中却发现中小企业并不愿意参与供应链金融。根据本研究结论,虽然供应链金融内在价值明确,有助于降低中小企业融资成本,但是供应链金融运行过程中存在其他影响中小企业收益的因素。在供应链金融反向保理模式中,潜在的商业信用期限延长是影响中小企业选择供应链金融的原因之一。商业信用期限对中小企业参与供应链金融的收益和成本形成权衡。延长信用期限吞噬中小供应商销售收益,当延长信用期限产生的成本超过收益时,中小企业拒绝供应链金融。要破除供应链金融解决中小企业融资难问题的瓶颈,需考察供应链各主体参与供应链金融的收益与成本情况。

第三,为什么企业间商业信用期限呈增长趋势?商业信用期限呈增长趋势有其内在规律。理论研究已表明提供商业信用有多种好处。除了遵守行业惯例外,卖方向买方提供的商业信用,有助于保证产品质量,促进销售,有助于建立稳定交易关系。因此,在商品交易中卖方是愿意提供商业信用的,特别是中小供应商与大型买方核心企业交易的情况。中小供应商与大型买方核心企业交易,有助于中小供应商向银行发布信号,获得融资。因此,在银行信用高度发达的情况下,商业信用依然存在且有增长趋势。根据本研究结论,商业信用存在营运资金共享效应。基于核心企业在供应链的强势地位,核心企业有动机通过延长信用期限进行运营管理,提升自身收益。在供应链金融反向保理模式下,核心企业以自己的优质信用为中小供应商提供收款便利和融资便利,核心企业有动机要求进一步延长商业信用期限。这解释了为什么企业间商业信用期限呈增长趋势问题。根据本研究结论,商业信用期限延长带来进一步问题。供应链金融反向保理是能有效满足供应链上不同主体的不同收益诉求的多赢模式。然而,好的方案模式需要有效的执行。延长信用期限不影响供应链金融价值,但影响供应链金融收益在中小企业和核心企业之间的分配。在供应链金融反向保理模式推广过程中,潜在的信用期限延长是影响供应链反向保理模式健康有序发展的障碍。消除这一障碍,有助于推动供应链金融系统持续发展。因此,本研究支持限制延长信用期限。

综上,本研究完成了研究目标。本研究尚存在以下局限及可进步的空间。

8.4.1 局限

本研究主要从信用期限角度研究供应链金融资金流问题,并解释信用期限对供应链金融系统发展的重要作用。供应链金融的持续发展,需要供应链上所有利益相关者积极参与通力合作,除了资金流之外,还要考虑交易流、物流、管理流和信息流的组织和管理,需要生态的结合,需要科技创新和推动。本研究仅考虑了资金流中信用期限的影响,没有进一步考虑其他因素的交互作用及交互作用对系统发展的影响。

本研究解释了供应链金融背景下企业延长信用期限的机理,并从理论上分析了其可能带来的影响。对企业延长信用期限的绩效和影响主要从收款成本的角度进行实证。随着供应链金融发展及企业交易数据的积累,可以针对企业商业信用期限变化进行实证检验。

在影响供应链金融发展的诸多因素中,本研究从商业信用角度提出系统发展的杠杆解,认为进一步延长信用期限是影响系统发展的重要因素。这个结论是否足够稳健有待进一步观察。文章侧重研究供应链金融系统发展结构,尚未考虑时滞等因素对系统发展的影响。

本研究对供应链金融系统发展进行探索性研究。本研究构建的模型有一定普适性,加入供应链异质性、金融产品竞争、金融科技发展、营商环境等变化条件可能会为本模型带来更实际的结果。

8.4.2 展望

本研究模型为理解供应链金融系统提供了一个认知框架,在接下来研究中,可以观察供应链金融发展的态势,利用积累的交易数据进行实证检验;可对模型做进一步量化,深入分解子系统和关注子系统和总系统的有效融合;可进一步将数理模型与经验检验结合起来,为供应链系统稳定发展提供有效的决策支持。

可以对供应链金融参与者做进一步调查,调查内容可关注供应链参与者参与供应链金融的目标。延长信用期限是否为核心企业参与供应链金融首要目标。参与者认为延长信用期限可能带来什么影响。供应商可以接受信用期限延长到什么程度。在供应链金融支持下,供应商愿意接受的信用期限是否延长。延长信用期限是否会影响到供应商关系。什么情况下,供应商愿意接受信用期限延长,而什么情况下供应商不愿意接受信用期限延长。参与者认为除延长信用期限外,更重要的目标是什么。这些信息可以进一步检验和发展本研究结论。

供应链金融是一个发展迅速的领域。限于作者能力有限,文中不足或错误之处,恳请读者批评指正。

附录 商业信用资金共享效应模型相关证明[①]

命题 4-1

供应商最佳现金持有量的单调性:供应商最佳现金持有量 $H_{\text{sme}}^{*,TC}$ 在 $I \in [0, R'_{\text{sme}}]$ 单调递增; $H_{\text{sme}}^{*,TC}$ 随着批发价 w^{TC} 的增加而减少,随流动性风险 X_{sme} 的增加而增加。

证明:

根据公式(4.3)

$$\pi_{\text{sme}}^{TC} = w^{TC} - R_{\text{sme}}^{0} H_{\text{sme}}^{TC} - I \int_{-\infty}^{+\infty} D^{TC} \mathrm{d}F_{\text{sme}}(X_{\text{sme}}) - R'_{\text{sme}} \int_{-\infty}^{+\infty} \Delta_{\text{sme}}^{TC} \mathrm{d}F_{\text{sme}}(X_{\text{sme}}),$$

$$\frac{\partial^2 \pi_{\text{sme}}^{TC}}{\partial H_{\text{sme}}^{TC} \partial I} = F_{\text{sme}}(H_{\text{sme}}^{TC} + w^{TC}) - F_{\text{sme}}(H_{\text{sme}}^{TC}) \geqslant 0,$$

$H_{\text{sme}}^{*,TC}$ 随着 I 的增加而增加,由于: $\frac{\partial^2 \pi_{\text{sme}}^{TC}}{\partial H_{\text{sme}}^{TC} \partial w^{TC}} = -(R'_{\text{sme}} - I) F_{\text{sme}}(H_{\text{sme}}^{TC} + w^{TC}) \leqslant 0$,可以证明 $H_{\text{sme}}^{*,TC}$ 随 w^{TC} 而减少。

根据公式(4.5),$I \bar{F}_{\text{sme}}^{-1}(H_{\text{sme}}^{*,TC}) + (R'_{\text{sme}} - I) \bar{F}_{\text{sme}}^{-1}(H_{\text{sme}}^{*,TC} + w^{TC}) = R_{\text{sme}}^{0}$,可以证明 $H_{\text{sme}}^{*,TC}$ 随流动性风险 X_{sme} 的增加而增加。

命题 4-2

商业信用交易条件下使供应商利润与外部选择相等的最佳批发价 $w^{*,TC}$ 满足如下条件:
(1) 如果收款成本 $I = 0$,则 $w^{*,TC} = w^{0}$,
(2) $I \in [0, R'_{\text{sme}}]$ 时,$w^{*,TC}$ 增加,
(3) $w^{*,TC}$ 随供应商流动性风险 X_{sme} 增加而增加。

证明:

(1) 根据公式(4.5)和引理 3-1,当收款成本 $I = 0$ 时,有

$$H_{\text{sme}}^{*,TC}(I=0, w^{TC}) + w^{TC} = \bar{F}_{\text{sme}}^{-1}(=R_{\text{sme}}^{0}/R'_{\text{sme}}) = H_{\text{sme}}^{*,0} + w^{0}, \qquad \text{式 A.1}$$

由于买方核心企业会尽量降低批发价,同时要满足供应商的激励兼容,所以 $w^{*,TC}(I=0) = w^{0}$。

(2) 由于 $\partial \pi_{\text{sme}}^{TC}/\partial I = -\int_{-\infty}^{+\infty} D_{\text{sme}}^{TC} \mathrm{d}F_s(X) \leqslant 0, 0 < I_1 < I_2 < R'_{\text{sme} s}$,则对于相同的 H_{sme}^{TC},有

[①] 商业信用资金共享效应推理过程参考 MING H(2018)的观点。参见 MING H. Financial Pooling in a Supply Chain[EB/OL]. http://faculty.london.edu/sayang/index_files/HuQianYang_SCFP.pdf. (Accessed on 5 March, 2018)

$$\pi_{\text{sme}}^{TC}(I_1, H_{\text{sme}}^{TC}; w^{TC}) \geqslant \pi_{\text{sme}}^{TC}(I_2, H_{\text{sme}}^{TC}; w^{TC}),$$

可以证明：
$$\pi_{\text{sme}}^{TC}(I_1, H_{\text{sme}}^{*,TC}(I_1); w^{TC}) \geqslant \pi_{\text{sme}}^{TC}(I_1, H_{\text{sme}}^{*,TC}(I_2); w^{TC})$$
$$\geqslant \pi_{\text{sme}}^{TC}(I_2, H_{\text{sme}}^{*,TC}(I_2); w^{TC}), \quad \text{式 A.2}$$

式 A.2 中的第一个不等式是由于在收款成本固定为 I_1 的情况下，$H_{\text{sme}}^{*,TC}(I_1)$ 是最佳现金持有量，由此带来收款成本为 I_1 时的最大利润。第二个不等式是来源于式 A.1。

由于 $I \leqslant R'_{\text{sme}}$，得到如下：
$$\frac{\partial \pi_{\text{sme}}^{TC}}{\partial w^{TC}} = 1 + (R'_{\text{sme}} - I)[1 - F_{\text{sme}}(H_{\text{sme}}^{TC} + w^{TC})] > 0。 \quad \text{式 A.3}$$

由于买方核心企业决定商业信用交易时的最优批发价 $w^{*,TC}$，分析供应商最佳现金持有量时，应使商业信用交易时供应商的利润等于现款交易时的利润，则对于任意 $I \in [0, R'_{\text{sme}}]$，有
$$\pi_{\text{sme}}^{TC}(I, H_{\text{sme}}^{*,TC}(I); w^{TC}(I)) = \pi_{\text{sme}}^{0} = \pi_{\text{sme}}^{TC}(I=0, H_{\text{sme}}^{*,TC}(I=0); w^{TC}(I_\alpha=0))。 \quad \text{式 A.4}$$

结合式 A.2 和式 A.3，则对于 $0 < I_1 < I_2 < R'_{\text{smes}}$，有 $w^0 = w^{*,TC}(I=0) \leqslant w^{*,TC}(I_1) \leqslant w^{*,TC}(I_2)$，

否则，如果 $w^{*,TC}(I_1) > w^{*,TC}(I_2)$，则根据式 A.2 和式 A.3，
$$\pi_{\text{sme}}^{TC}(I_1, H_{\text{sme}}^{*,TC}(I_1); w^{TC}(I_1)) \geqslant \pi_{\text{sme}}^{TC}(I_2, H_{\text{sme}}^{*,TC}(I_2); w^{TC}(I_1))$$
$$\geqslant \pi_{\text{sme}}^{TC}(I_2, H_{\text{sme}}^{*,TC}(I_2); w^{TC}(I_2)),$$

这将与式 A.4 矛盾。

定义供应商融资成本函数 $\phi(X_{\text{sme}})$ 如下：
$$\phi(X_{\text{sme}}) = \begin{cases} 0, & X_{\text{sme}} \in [0, H_{\text{sme}}^{TC}] \\ I(X_{\text{sme}} - H_{\text{sme}}^{TC}), & X_{\text{sme}} \in (H_{\text{sme}}^{TC}, H_{\text{sme}}^{TC} + w^{TC}) \\ Iw^{TC} + R'_{\text{sme}}[X_{\text{sme}} - (H_{\text{sme}}^{TC} + w^{TC})], & X_{\text{sme}} \in [H_{\text{sme}}^{TC} + w^{TC}, +\infty) \end{cases}$$

注意到：对任意 $I \in [0, R'_{\text{sme}}]$，供应商融资成本函数 $\phi(X_{\text{sme}})$ 是流动性风险 X_{sme} 的增函数，$\int_0^\infty \phi(X_{\text{sme}}) \mathrm{d}\phi_{\text{sme}}(X_{\text{sme}})$ 随着 X_{sme} 增大。因此，供应商利润随流动性风险 X_{sme} 的增大而减少。对于一个固定的 w^{TC}，$MAX\pi_{\text{sme}}^{TC}(H_{\text{sme}}^{TC}, X_{\text{sme}})$ 随着流动性风险的增大而减少：

对于 $X_{\text{sme}} < X'_{\text{sme}}$，
$$MAX\pi_{\text{sme}}^{TC}(H_{\text{sme}}^{TC}, X_{\text{sme}}) = \pi_{\text{sme}}^{TC}(H_{\text{sme}}^{*,TC}(X_{\text{sme}}); X_{\text{sme}}) \geqslant \pi_{\text{sme}}^{TC}(H_{\text{sme}}^{*,TC}(X'_{\text{sme}}); X_{\text{sme}})$$
$$\geqslant \pi_{\text{sme}}^{TC}(H_{\text{sme}}^{*,TC}(X'_{\text{sme}}); X'_{\text{sme}}) = MAX\pi_{\text{sme}}^{TC}(H_{\text{sme}}^{TC}; X'_{\text{sme}})$$

因此，当买方核心企业调整批发价格时，供应商利润在不同流动性冲击下保持不变。

命题 4-3

对于固定的 $R_{\text{cor}}^0 > 0$，存在两个分界限：$0 \leqslant I_1 \leqslant I_2 < R'_{\text{sme}}$，

（1）$I \leqslant I_1$，商业信用交易更有效率；

（2）$I > I_2$，现款交易更有效率。

证明：

当 $I = 0$ 时，供应商所得利润与现款交易利润相同，核心企业利润不比现款交易低。

根据命题 4-2，当收款成本为 0 时，商业信用下最优批发价等于现款交易时的批发价。

供应商最佳现金持有量等于现款交易时的最佳现金持有量。

$$w^0 = w^{*,TC}(I=0) \geq D_{\text{sme}}^{TC}(X_{\text{sme}}, H_{\text{sme}}^{*,TC}(I=0), w^{*,TC}(I=0))。$$

对于任意 X_{sme},有

$$\pi_{\text{cor}}^{TC}(H_{\text{cor}}^0; I=0) - \pi_{\text{cor}}^{TC}(H_{\text{cor}}^0) = R'_{\text{cor}} \int_{-\infty}^{+\infty} \{[X_{\text{cor}} + w^0 - H_{\text{cor}}^0] -$$

$$[X_{\text{cor}} + D_{\text{sme}}^{TC}(X_{\text{sme}}, H_{\text{sme}}^{*,TC}(I=0), w^{*,TC}(I=0)) - H_{\text{cor}}^0]\} \mathrm{d}F(X_{\text{cor}}, X_{\text{sme}}) \geq 0,$$

进一步:$\text{MAX}\pi_{\text{cor}}^{TC}(H_{\text{cor}}^{TC}; I=0) \geq \pi_{\text{cor}}^{TC}(H_{\text{cor}}^0; I=0) \geq \pi_{\text{cor}}^0(H_{\text{cor}}^0; I=0)$,

因此,当 $I=0$,商业信用交易时核心企业利润不比现款交易低。

当 $I=R'_{\text{sme}}$,核心企业现款交易利润比商业信用交易高:

根据(4.4),当 $I=R'_{\text{sme}}$,

$$H_{\text{sme}}^{*,TC}(I=R'_{\text{sme}}) = H_{\text{sme}}^0 + w^0,$$

$$w^{*,TC} \geq w^0 + R_{\text{sme}}^0 w^0。$$

理由是,核心企业制定商业信用交易最优批发价应至少比现款交易时最优批发价高 $R_{\text{sme}}^0 w^0$,这样才能补偿供应商增加现金持有量(从 H_{sme}^0 到 $H_{\text{sme}}^0 + w^0$)的损失。

由此以下不等式成立:

$$\pi_{\text{cor}}^{TC}(H_{\text{cor}}^{*,TC}; I=R_{\text{sme}}^0) - \pi_{\text{cor}}^0(H_{\text{cor}}^0) = -(w^{*,TC} - w^0)$$

$$- \left(R_{\text{cor}}^0 H_{\text{cor}}^{*,TC} + R'_{\text{cor}} \int_{-\infty}^{+\infty} [X_{\text{cor}} - (H_{\text{cor}}^{*,TC} - D_{\text{sme}}^{TC})] \mathrm{d}F(X_{\text{cor}}, X_{\text{sme}})\right)$$

$$+ \left(R_{\text{cor}}^0 H_{\text{cor}}^0 + R'_{\text{cor}} \int_{-\infty}^{+\infty} [X_{\text{cor}} - (H_{\text{cor}}^0 - w^0)] \mathrm{d}F(X_{\text{cor}})\right)$$

$$\leq -(w^{*,TC} - w^0)$$

$$- \left(R_{\text{cor}}^0 H_{\text{cor}}^{*,TC} + R'_{\text{cor}} \int_{-\infty}^{+\infty} [X_{\text{cor}} - (H_{\text{cor}}^{*,TC})] \mathrm{d}F(X_{\text{cor}})\right)$$

$$+ \left(R_{\text{cor}}^0 H_{\text{cor}}^0 + R'_{\text{cor}} \int_{-\infty}^{+\infty} [X_{\text{cor}} - \bar{F}_{\text{cor}}^{-1}(\frac{R_{\text{cor}}^0}{R'_{\text{cor}}})] \mathrm{d}F(X_{\text{cor}})\right)$$

$$\leq -(w^{*,TC} - w^0)$$

$$- \left(R_{\text{cor}}^0 \bar{F}_{\text{cor}}^{-1}\left(\frac{R_{\text{cor}}^0}{R'_{\text{cor}}}\right) + R'_{\text{cor}} \int_{-\infty}^{+\infty} \left[X_{\text{cor}} - \bar{F}_{\text{cor}}^{-1}\left(\frac{R_{\text{cor}}^0}{R'_{\text{cor}}}\right)\right] \mathrm{d}F(X_{\text{cor}})\right)$$

$$+ \left(R_{\text{cor}}^0 H_{\text{cor}}^0 + R'_{\text{cor}} \int_{-\infty}^{+\infty} \left[X_{\text{cor}} - \bar{F}_{\text{cor}}^{-1}\left(\frac{R_{\text{cor}}^0}{R'_{\text{cor}}}\right)\right] \mathrm{d}F(X_{\text{cor}})\right)$$

$$= -(w^{*,TC} - w^0) + R_{\text{cor}}^0 w^0 < 0。$$

根据公式(4.1)和公式(4.2),$H_{\text{cor}}^0 = \bar{F}_{\text{cor}}^{-1}\left(\frac{R_{\text{cor}}^0}{R'_{\text{cor}}}\right) + w^0$,其中 $\bar{F}_{\text{cor}}^{-1}\left(\frac{R_{\text{cor}}^0}{R'_{\text{cor}}}\right)$ 代表核心企业获得最优财务成本的现金持有量。$w^{*,TC} \geq w^0 + R_{\text{sme}}^0 w^0 > w^0 + R_{\text{cor}}^0 H_{\text{cor}}^0$,因此,当 $I=R_{\text{sme}}^0$ 时,核心企业现款交易所得利润超过商业信用交易的利润。

命题 4-4

用 $\bar{X}_{\text{sme}}$ 和 σ_{sme} 表示供应商流动性风险的均值与标准差。当 $\sigma_{\text{sme}}=0$ 时,表示供应商面临固

定的流动性风险 $\bar{X}_{sme}$。在现款交易及商业信用交易下,供应商和买方核心企业持有现金策略如下:

现款交易条件下,供应商需持有初始现金流量 $\bar{X}_{sme}-w^0$,产生相应的资金成本 $R_{sme}^0(\bar{X}_{sme}-w^0)$。

商业信用交易条件下存在以下两种不同情景:

如果 $R_{sme}^0 < I$,则供应商不会向买家提前收款,即 $D=0$,供应商为自身固定的流动性风险进行融资。由于 $R_{sme}^0 > R_{cor}^0$,由供应商融资来提供商业信用,再由买家对此进行补偿的策略是不经济的。因此供应链上企业不会选用商业信用交易模式。此时供应链企业间现款交易效率更高。

如果 $R_{sme}^0 > I$,则供应商需提前收款量为 $D_{sme}^{TC} = \min(\bar{X}_{sme}, w^{TC})$,这种情景需要进一步考虑以下两种情况:

如果 $\bar{X}_{sme} > \dfrac{1+R_{sme}^0}{1+R_{sme}^0-I} w^0$,则 $w^{*,TC} = \dfrac{1+R_{sme}^0}{1+R_{sme}^0-I} w^0$,$D_{sme}^{TC} = w^{*,TC}$,买家最佳现金持有量 $H_{cor}^{*,TC} = H_{cor}^0 - w^0 + w^{*,TC}$,

$$\begin{aligned}\pi_{cor}^{TC}(H_{cor}^{*,TC}) - \pi_{cor}^0(H_{cor}^0) &= -w^{*,TC} + w^0 \\ &\quad - R_{cor}' \left\{ \int_{-\infty}^{+\infty} [X_{cor} - (H_{cor}^{*,TC} - D_{sme}^{TC})] dF(X_{cor}, X_{sme}) \right. \\ &\quad \left. - \int_{-\infty}^{+\infty} [X_{cor} - (-H_{cor}^0 - w^0)] dF(X_{cor}) \right\} \\ &\quad - R_{cor}^0 H_{cor}^{*,TC} + R_{cor}^0 H_{cor}^0 \\ &= (1+R_{cor}^0)(w^0 - w^{*,TC}) < 0,\end{aligned}$$

如果 $\bar{X}_{sme} \leqslant \dfrac{1+R_{sme}^0}{1+R_{sme}^0-I} w^0$,则 $w^{*,TC} = (1+R_{sme}^0) w^0 - (R_{sme}^0 - I) \bar{X}_{sme}$,

$D_{sme}^{TC} = \bar{X}_{sme}$,买家最佳现金持有量为 $H_{cor}^{*,TC} = H_{cor}^0 - w^0 + \bar{X}_{sme}$,

$$\begin{aligned}\pi_{cor}^{TC}(H_{cor}^{*,TC}) - \pi_{cor}^0(H_{cor}^0) &= -(-w^{*,TC} - w^0) \\ &\quad - R_{cor}' \left\{ \int_{-\infty}^{+\infty} [X_{cor} - (H_{cor}^{*,TC} - D_{sme}^{TC})] dF(X_{cor}, X_{sme}) \right. \\ &\quad \left. - \int_{-\infty}^{+\infty} [X_{cor} - (-H_{cor}^0 - w^0)] dF(X_{cor}) \right\} - R_{cor}^0 H_{cor}^{*,TC} + R_{cor}^0 H_{cor}^0 \\ &= (R_{cor}^0 - R_{sme}^0) w^0 + (R_{sme}^0 - I - R_{cor}^0) \bar{X}_{sme},\end{aligned}$$

如果 $(R_{sme}^0 - I - R_{cor}^0) \leqslant 0$,则 $(R_{cor}^0 - R_{sme}^0) w^0 + (R_{sme}^0 - I - R_{cor}^0) \bar{X}_{sme} < 0$,

如果 $(R_{sme}^0 - I - R_{cor}^0) > 0$,则 $(R_{cor}^0 - R_{sme}^0) w^0 + (R_{sme}^0 - I - R_{cor}^0) \bar{X}_{sme} \leqslant (R_{cor}^0 - R_{sme}^0) w^0 + (R_{sme}^0 - I - R_{cor}^0) \dfrac{1+R_{sme}^0}{1+R_{sme}^0 - I} w^0 = -\dfrac{1+R_{sme}^0}{1+R_{sme}^0 - I} w^0 < 0$。

假定供应商流动性风险服从标准正态分布,令 $G(\sigma_{sme}) = \pi_{cor}^{TC}\left(H_{cor}^{*,TC} \mid \sigma_{sme}\right) - \pi_{cor}^0\left(H_{cor}^0 \mid \sigma_{sme}\right)$,即 $G(\sigma_{sme})$ 表示买家商业信用交易与现款交易的利润差是供应商流动性风险标准差的函数。当供应商的流动性风险标准差为 0,供应商为应对流动性风险所需现金流量为固定值,此时

$G(\sigma_{sme})<0$。买家不会选择商业信用模式。

当$\sigma_{sme}\neq 0$且充分大时,$G(\sigma_{sme})\geqslant 0$,买家选择商业信用交易利润大于现款交易利润。

命题 4-5

当核心企业流动性风险固定不变时,如果$R'_{cor}/R^0_{cor}<R'_{sme}/R^0_{sme}$,且收款成本$I$很小(接近于0),则商业信用交易比现款交易更有效。

证明:

现款交易情况下,买方在流动性冲击时所需资金需求是固定的。买方应对流动性风险所需资金为$\bar{X}_{cor}$,买方需支付货款为w^0,则买方需持有现金量为$H^0_{cor}=\bar{X}_{cor}+w^0$。供应商持有现金量为$H^0_{sme}$。

商业信用交易情况下,如果$I=0$,则有$w^{*,TC}=w^0$,且$H^{*,TC}_{sme}=H^0_{sme}$。

供应商收回货款为D^{TC}_{sme},

$$D^{TC}_{sme}=\begin{cases}0, & X_{sme}\in[0,H^0_{sme}]\\(X_{sme}-H^0_{sme}), & X_{sme}\in(H^0_{sme},H^0_{sme}+w^0)\\w^0, & X_{sme}\in[H^0_{sme}+w^0,+\infty)\end{cases}$$

D^{TC}_{sme}的概率分布如下:

$$P(D^{TC}_{sme}\geqslant Z)=\begin{cases}1, & Z=0\\\bar{F}_{sme}(H^0_{sme}+Z), & Z\in(0,w^0)\\0, & Z\in[w^0,+\infty)\end{cases}$$

给定买方流动性风险固定不变,买方应对流动性风险所需资金为$\bar{X}_{cor}$,由于$w^{*,TC}=w^0$,商业信用交易时买方最优初始现金持有量$H^{*,TC}_{cor}$小于$\bar{X}_{cor}+w^0$,买方在商业信用交易时的财务成本小于现款交易时的财务成本。

买方最佳现金持有量$H^{*,TC}_{cor}$概率如下:

$$P(X_{sme}\geqslant H^0_{sme}+w^0)=P(D^{TC}_{sme}\geqslant w^0)=R^0_{sme}/R'_{sme},$$

$$P(D^{TC}_{sme}\geqslant H^{*,TC}_{cor}-\bar{X}_{cor})=R^0_{cor}/R'_{cor},$$

当$R'_{cor}/R^0_{cor}<R'_{sme}/R^0_{sme}$,则$P(D^{TC}_{sme}\geqslant H^{*,TC}_{cor}-\bar{X}_{cor})=R^0_{cor}/R'_{cor}>R^0_{sme}/R'_{sme}=P(D^{TC}_{sme}\geqslant w^0)$。

因此,$H^{*,TC}_{cor}-\bar{X}_{cor}<w^0$,$H^{*,TC}_{cor}<w^0+\bar{X}_{cor}$。

当核心企业流动性风险固定不变时,在$R'_{cor}/R^0_{cor}<R'_{sme}/R^0_{sme}$条件下,供应商收款成本越低,买方最佳现金持有量越小。

命题 4-6

如果$R'_{sme}\geqslant 0$,对于给定的R^{SCF}_{sme},

(1) 如果$R^{SCF}_{sme}=I$,则反向保理比商业信用更有效;

(2) 存在一个$\hat{R}^{SCF}_{sme}\in[0,R'_{sme})$,如果$R^{SCF}_{sme}\leqslant\hat{R}^{SCF}_{sme}$,则反向保理比现款交易更有效;

(3) 与现款交易相比，R_{sme}^{0} 与 R_{cor}^{0} 差距越大，反向保理效率越高。

证明：

(1) 如果 $R_{sme}^{SCF}=I$ 且 $w^{SCF}=w^{TC}$，则有 $H_{sme}^{*,SCF}=H_{sme}^{*,TC}$，即供应商在商业信用条件和反向保理条件下的最佳利润是相同的。由于 $\pi_{sme}^{*,TC}=\pi_{sme}^{0}$，且 $\pi_{sme}^{*,SCF}=\pi_{sme}^{0}$，则可以得到 $w^{*,SCF}=w^{*,TC}$。

给定 $R_{sme}^{SCF}=I, w^{*,SCF}=w^{*,TC}$，由于 $\pi_{cor}^{*,SCF} \geqslant \pi_{cor}^{TC}$，买方在反向保理下利润必须不小于商业信用下的利润，可以推出供应链整体利润不低于商业信用。即 $\pi_{cor}^{*,SCF}+\pi_{sme}^{*,SCF} \geqslant \pi_{cor}^{*,TC}+\pi_{sme}^{*,TC}$。

(2) 与命题 4-3 相似，当 $R_{sme}^{SCF}=0$ 时，供应商在反向保理支持下的商业信用交易利润与现款交易相同，而买方要求利润不低于现款交易，因此，当 $R_{sme}^{SCF}=0$ 时，反向保理效率至少与现款交易相持平。

用反证法，假定 $I>R_{sme}^{SCF}$，取 $\hat{I} \in [R_{sme}^{SCF}, I]$，根据命题 4-3，如果商业信用条件下，收款成本 $I=\hat{I}$，则商业信用交易效率高于现款交易。根据本命题第(1)部分，当 $R_{sme}^{SCF}=\hat{I}$ 时，反向保理比商业信用效率更高，也比现款交易效率更高。这与假定矛盾。因此，$I \leqslant R_{sme}^{SCF}$。

(3) 证明当 $R_{sme}^{0}=R_{cor}^{0}$ 时，反向保理比现款交易更有效。

现款交易下供应链总财务成本是：

$$FC^{0} = R_{sme}^{0} H_{sme}^{0} + R_{cor}^{0} H_{cor}^{0} + R_{sme}' \int_{-\infty}^{+\infty} \Delta_{sme}^{0} dF_{sme}(X_{sme})$$
$$+ R_{cor}' \int_{-\infty}^{+\infty} \Delta_{cor}^{0} dF_{cor}(X_{cor}),$$

当 $R_{sme}^{SCF}=R_{sme}'$ 时，反向保理下供应链总财务成本是：

$$FC^{SCF} = R_{sme}^{0} H_{sme}^{SCF} + R_{cor}^{0} H_{cor}^{SCF} + R_{sme}' \int_{-\infty}^{+\infty} \Delta_{sme}^{SCF} dF_{sme}(X_{sme})$$
$$+ R_{cor}' \int_{-\infty}^{+\infty} \Delta_{cor}^{SCF} dF_{cor}(X_{sme}, X_{cor})$$
$$= R_{sme}^{0}(H_{sme}^{0}+w^{0}) + R_{cor}^{0} H_{cor}^{SCF}$$
$$+ R_{sme}' \int_{H_{sme}^{0}+w^{0}+w^{SCF}}^{+\infty} [X_{sme}-(H_{sme}^{0}+w^{0}+w^{SCF})]dF_{sme}(X_{sme})$$
$$+ R_{cor}' \int_{-\infty}^{+\infty} \Delta_{cor}^{SCF} dF_{cor}(X_{sme}, X_{cor})$$
$$\leqslant R_{sme}^{0}(H_{sme}^{0}+w^{0}) + R_{cor}^{0}(H_{cor}^{0}-w^{0})$$
$$+ R_{sme}' \int_{H_{sme}^{0}+w^{0}+w^{SCF}}^{+\infty} [X_{sme}-(H_{sme}^{0}+w^{0}+w^{SCF})]dF_{sme}(X_{sme})$$
$$+ R_{cor}' \int_{H_{cor}^{0}-w^{0}}^{+\infty} [X_{cor}-(H_{cor}^{0}-w^{0})]dF_{cor}(X_{cor})$$
$$+ R_{cor}' \int_{H_{sme}^{0}+w^{0}}^{H_{sme}^{0}+w^{0}+w^{SCF}} [X_{sme}-(H_{sme}^{0}+w^{0})]dF_{sme}(X_{sme})$$
$$+ R_{cor}' \int_{H_{sme}^{0}+w^{0}+w^{SCF}}^{+\infty} w^{SCF} dF_{sme}(X_{sme})。$$

上式第二个等号是由于 $H_{sme}^{SCF}=H_{sme}^{0}+w^{0}$，而不等号则是由于买方单独考虑应对流动性风险所需现金流量并不是最优的选择。

因此，现款交易和反向保理支持下商业信用交易财务总成本：

$$FC^{SCF} - FC^0 \leqslant - (R'_{\text{sme}} - R'_{\text{cor}}) \Big[\int_{H^0_{\text{sme}}+w^0}^{H^0_{\text{sme}}+w^0+w^{SCF}} [X_{\text{sme}} - (H^0_{\text{sme}} + w^0)] \mathrm{d}F_{\text{sme}}(X_{\text{sme}})$$
$$+ \int_{H^0_{\text{sme}}+w^0+w^{SCF}}^{+\infty} w^{SCF} \mathrm{d}F_{\text{sme}}(X_{\text{sme}}) \Big]$$
$$\leqslant 0,$$

可以得出,与现款交易相比 R^0_{sme} 与 R^0_{cor} 差距越大,反向保理效率越高。

参考文献

[1] 法科斯. 2022中国企业付款调查[R]. 2022.

[2] 宋华. 互联网供应链金融[M]. 中国人民大学出版社, 2017.

[3] 清华大学经管院. 2019区块链与供应链金融报告[M/OL]. 2020. http://m.sinotf.com/News.html?id=341428.

[4] 中国银行业协会. 中国银行家调查报告(2018)[M]. 中国金融出版社, 2019.

[5] Ming H. Financial Pooling in a Supply Chain[EB/OL]. http://faculty.london.edu/sayang/index_files/HuQianYang_SCFP.pdf. (Accessed on 5 March, 2018)

[6] 宋华. 智慧供应链金融[M]. 中国人民大学出版社, 2019.

[7] HOFMANN E. Supply Chain Finance: some Conceptual Insights[J]. Logistik Management-Innovative Logistikkonzepte, 2005: 203-214.

[8] STEMMLER L. The Role of Finance in Supply Chain Management[J]. Cost Management in Supply Chains, 2002: 165-172.

[9] PFOHL H, GOMM M. Supply Chain Finance: Optimizing Financial Flows in Supply Chains[J]. Logistics Research, 2009, 1(1): 149-161.

[10] 胡跃飞, 黄少卿. 供应链金融: 背景、创新与概念界定[J]. 财经问题研究, 2009(08): 76-82.

[11] LAMOUREUX M. A Supply Chain Finance Prime[J]. Supply Chain Finance, 2007.

[12] HOFMANN E. Supply_Chain_Finance_Solutions: Relevance-Propositions-Market Value[M]. Berlin: Springer Verlag, 2011.

[13] TIMME. The Financial-SCM Connection[J]. Supply Chain Management Review, 2000.

[14] LIEBL J, HARTMANN E, FEISEL E. Reverse Factoring in the Supply Chain: Objectives, Antecedents and Implementation Barriers[J]. International Journal of Physical Distribution & Logistics Management, 2016, 46(4): 393-413.

[15] 张睿. 核心企业的供应链融资运作机制研究[D]. 武汉理工大学, 2013.

[16] 宋华. 供应链金融[M]. 北京: 中国人民大学出版社, 2015.

[17] 刁叶光, 任建标. 供应链金融下的反向保理模式研究[J]. 上海管理科学, 2010(01): 47-50.

[18] 刘民权, 徐忠, 赵英涛. 商业信用研究综述[J]. 世界经济, 2004(01): 66-77.

[19] 孙智英. 信用问题的经济学分析[M]. 中国城市出版社, 2002.

[20] 赵学军. 中国商业信用的发展与变迁[M]. 方志出版社, 2008.

[21] NG C K, SMITH J K, SMITH R L. Evidence On the Determinants of Credit Terms Used in Interfirm Trade[J]. Journal of Finance, 1999, 54(3): 1109-1129.

[22] MODIGLIANI F, MILLER M H. The Cost of Capital, Corporation Finance and the Theory of Investment[J]. American Economic Review, 1958(48): 261-291.

[23] STIGLITZ J E, WEISS A. Credit Rationing in Markets with Imperfect Information[J]. American

Economic Review,1981,71(3):393-410.

[24] 陈志新,张忠根. 供应链网络治理与供应链金融发展[J]. 经济学家,2011(04):78-81.

[25] 宋华,卢强,喻开. 供应链金融与银行借贷影响中小企业融资绩效的对比研究[J]. 管理学报,2017(06):897-907.

[26] 卢强,宋华,于亢亢. 供应链金融中网络连接对中小企业融资质量的影响研究[J]. 商业经济与管理,2018(09):15-26.

[27] SONG H, YU K, LU Q. Financial Service Providers and Banks' Role in Helping SMEs to Access Finance[J]. International Journal of Physical Distribution & Logistics Management,2018,48(1):69-92.

[28] 卢强,刘贝妮,宋华. 中小企业能力对供应链融资绩效的影响:基于信息的视角[J]. 南开管理评论,2019,22(03):122-136.

[29] 林毅夫. 新结构经济学[M]. 北京:北京大学出版社,2012.

[30] 顾海峰,韩攀. 商业银行银企信贷配给的生成机理及治理路径研究——基于供应链金融的理论视角[J]. 金融理论与实践,2012(09):1-5.

[31] 深圳发展银行中欧国际工商学院供应链金融课题组. 供应链金融:新经济下的新金融[M]. 上海远东出版社,2010.

[32] 杜军,韩子惠,焦媛媛. 互联网金融服务的盈利模式演化及实现路径研究——以京东供应链金融为例[J]. 管理评论,2019,31(08):277-294.

[33] 万联供应链金融研究院等. 2019中国供应链金融创新实践白皮书[M/OL]. 2019. https://www.10000link.com/.

[34] 李诗华. 供应链金融风险预警与防控研究[D]. 武汉理工大学,2014.

[35] 于浩. 中征应收账款融资服务平台的设计与实现[D]. 吉林大学,2016.

[36] 何昇轩. 基于B2b平台的线上供应链金融风险评价研究[D]. 吉林大学,2016.

[37] 徐鲲. 电商双边市场背景下供应链融资的模式及运作机制研究[D]. 北京交通大学,2017.

[38] 占永志,陈金龙. 基于佣金定价决策的供应链金融平台利益权衡机制研究[J]. 工业技术经济,2017(04):55-61.

[39] 陈金龙,占永志,邹小红. 核心企业主导型供应链金融的序贯互惠博弈模型[J]. 工业工程,2017(03):106-112.

[40] 占永志,陈金龙,邹小红. 基于互惠动机的平台型供应链金融利益权衡机制[J]. 系统科学学报,2018(02):131-136.

[41] 占永志,陈金龙. 供应链金融平台双边利率关系研究——基于Ea平台的实证分析[J]. 技术经济与管理研究,2019(08):74-78.

[42] 郑余婷. 基于核心企业选择的供应链金融风险评估及其博弈仿真[D]. 浙江财经大学,2018.

[43] 金香淑,袁文燕,吴军,等. 基于收益共享-双向期权契约的供应链金融风险控制研究[J]. 中国管理科学,2020,28(01):68-78.

[44] SEIFERT D, SEIFERT R W, PROTOPAPPA-SIEKE M. A Review of Trade Credit Literature: Opportunities for Research in Operations[J]. European Journal of Operational Research,2013,231(02):245-256.

[45] MELTZER A H. Mercantile Credit, Monetary Policy, and Size of Firms[J]. The Review of Economic and Statistics,1960,42(4):429-436.

[46] NILSEN J H. Trade Credit and the Bank Lending Channel[J]. Journal of Money Credit and Banking,2002,34(1):226-253.

[47] 陆正飞,杨德明. 商业信用:替代性融资,还是买方市场?[J]. 管理世界,2011(04):6-14.

[48] FISMAN R. Trade Credit and Productive Efficiency in Developing Countries[J]. World Development, 2001,29(2):311-321.

[49] FISMAN R, LOVE I. Trade Credit, Financial Intermediary Development, and Industry Growth[J]. Journal of Finance, 2003,58(1):353-374.

[50] CULL R. Institutions, Ownership, and Finance: the Determinants of Profit Reinvestment among Chinese Firm[J]. Journal of Financial Economics, 2005,77(1):117-146.

[51] CULL R, XU L, ZHU T. Formal Finance and Trade Credit During China's Transition[J]. Journal of Financial Intermediation, 2009,18(2):173-192.

[52] AYYAGARI, KUNT M D. Formal Versus Informal Finance: Evidence From China[J]. The review of financial studies, 2010,23(8):3048-3097.

[53] ALLEN F. Law, Finance, and Economic Growth in China[J]. Journal of Financial Economics, 2005 (77):57-116.

[54] 赵奇伟,许长丰. 金融发展中的商业信用与中国企业成长——对 Allen 金融发展悖论的再思考[J]. 南大商学评论,2017(01):1-20.

[55] FEWINGS D R. Trade credit as a Markovian Decision Process with an Infinite Planning Horizon[J]. Quarterly Journal Of Business and Economics, 1992,31(4):51-79.

[56] SCHWARTZ R A. An Economic Model of Trade Credit[J]. Journal of Financial & Quantitative Analysis, 1974,9(4):643-657.

[57] PETERSEN M A, RAJAN R G. Trade Credit: Theories and Evidence[J]. Review of Financial Studies, 1997,10(3):661-691.

[58] GIANNETTI M, BURKART M, ELLINGSEN T. What You Sell is What You Lend? Explaining Trade Credit Contracts[J]. Review of Financial Studies, 2011,24(4SI):1261-1298.

[59] 任建标. 基于商业信用的供应链协调研究[D]. 上海交通大学,2009.

[60] 王志宏,洪余芬. 非对称信息下供应链的商业信用激励[J]. 运筹与管理,2016(04):134-141.

[61] 陈志明,周少锐,周建红. 两级商业信用下考虑违约风险的供应链协调[J]. 管理学报,2018,15(12):1883-1891.

[62] LEE C H, RHEE B D. Trade Credit for Supply Chain Coordination[J]. European Journal of Operational Research, 2011,214(1):136-146.

[63] UDAYAKUMAR R, GEETHA K V. An EOQ Model for Non-Instantaneous Deteriorating Items with Two Levels of Storage Under Trade Credit Policy[J]. Journal of Industrial Engineering International, 2018,14(2).

[64] FERRIS J S. A Transactions Theory of Trade Credit Use[J]. Quarterly Journal of Economics, 1981, 96(2):243-270.

[65] BRENNAN M J, MAKSIMOVIC V, ZECHNER J. Vendor Financing[J]. Journal of Finance, 1988, 43(5):1127-1141.

[66] LONG M S, MALITZ I B, RAVID S A. Trade Credit, Quality Guarantees, and Product Marketability[J]. Financial Management, 1993,22(4):117-127.

[67] FABBRI D, KLAPPER L F. Bargaining Power and Trade Credit[J]. Journal of Corporate Finance, 2016,41:66-80.

[68] FABBRI D, MENICHINI A. Trade Credit, Collateral Liquidation, and Borrowing Constraints[J]. Journal of Financial Economics, 2010,96(3):413-432.

[69] FABBRI D, MENICHINI A. The Commitment Problem of Secured Lending[J]. Journal of Financial Economics, 2016,120(3):561-584.

[70] ELLIEHAUSEN G E, WOLKEN J D. The Demand for Trade Credit :an Investigation of Motives for Trade Credit Use by Small Businesses[M]. Federal Reserve Bulletin, 1993.

[71] SUMMERS, BARBARA, WILSON N. Trade Credit Terms Offered by Small Firms :Survey Evidence and Empirical Analysis[J]. Journal of Business and Finance Accounting, 2002(29):317-335.

[72] BIAIS B, GOLLIER C. Trade Credit and Credit Rationing[J]. Review of Financial Studies, 1997,10(4):903-937.

[73] WILNER B S. The Exploitation of Relationships in Financial Distress: The Case of Trade Credit[J]. Journal of Finance, 2000,55(1):153-178.

[74] HUYGHEBAERT N. On the Determinants and Dynamics of Trade Credit Use: Empirical Evidence From Business Start-Ups[J]. Journal of Business Finance & Accounting, 2006,33(1-2):305-328.

[75] 赵学军. 略论改革开放以来商业信用发展的路径依赖[J]. 中国经济史研究, 2009(1):53-61.

[76] 吴婷婷. 信贷配给、市场势力与农村中小企业商业信用[D]. 南京农业大学, 2012.

[77] 吴婷婷. 农村中小企业商业信用融资情况的调查研究——基于江苏高淳、溧水两县中小企业的问卷分析[J]. 农村经济, 2013(12):69-72.

[78] 陈祥锋. 供应链金融服务创新论[M]. 复旦大学出版社, 2008.

[79] 陈祥锋. 资金约束供应链中贸易信用合同的决策与价值[J]. 管理科学学报, 2013,16(12):13-20.

[80] 占济舟, 张福利, 赵佳宝. 供应链应收账款融资和商业信用联合决策研究[J]. 系统工程学报, 2014(03):384-393.

[81] 石晓军, 张顺明, 朱芳菲. 多因素视角下商业信用期限决策的双层规划模型与实证研究[J]. 中国管理科学, 2008,16(6):112-122.

[82] 石晓军, 孙彩虹. 边界 Logistic 违约约束下商业信用期限决策模型[J]. 北京理工大学学报, 2010(03):364-368.

[83] 占济舟, 张福利. 供应链中商业信用的期限决策与协调机制[J]. 系统管理学报, 2014,23(06):891-899.

[84] 王竹泉, 刘文静, 高芳. 中国上市公司营运资金管理调查:1997—2006[J]. 会计研究, 2007(12):69-75.

[85] 王竹泉, 刘文静, 王兴河, 等. 中国上市公司营运资金管理调查:2007—2008[J]. 会计研究, 2009(09):51-57.

[86] 中国海洋大学企业营运资金管理研究课题组, 王竹泉. 中国上市公司营运资金管理调查:2009[J]. 会计研究, 2010(09):30-42.

[87] 王竹泉, 孙莹, 王秀华, 等. 中国上市公司营运资金管理调查:2010[J]. 会计研究, 2011(12):52-62.

[88] 王竹泉, 孙莹, 王秀华, 等. 中国上市公司营运资金管理调查:2011[J]. 会计研究, 2012(12):26-35.

[89] 王竹泉, 孙莹, 王秀华, 等. 中国上市公司营运资金管理调查:2012[J]. 会计研究, 2013(12):53-59.

[90] 王竹泉, 孙莹, 张先敏, 等. 中国上市公司营运资金管理调查:2013[J]. 会计研究, 2014(12):72-78.

[91] 王竹泉, 孙莹, 孙建强, 等. 中国上市公司营运资金管理调查:2015[J]. 会计研究, 2016(12):37-43.

[92] 王竹泉, 王苑琢, 宋晓缤. 探究金融服务实体经济能力不高的深层次原因[J]. 清华金融评论, 2019(06):101-102.

[93] 王竹泉, 王苑琢, 王舒慧. 中国实体经济资金效率与财务风险真实水平透析——金融服务实体经济效率和水平不高的症结何在？[J]. 管理世界, 2019,35(02):58-73.

[94] 张先敏. 供应链管理与经营性营运资金管理绩效:影响机理与实证检验[D]. 中国海洋大学, 2013.

[95] 张先敏,王竹泉.供应商关系、客户关系与经营性营运资金管理绩效[J].会计论坛,2014(01):51-62.

[96] 逢咏梅.供应链交易制衡机制与营运资金管理效率研究[D].南京大学,2013.

[97] 胡海青,薛萌,张琅.供应链合作关系对中小企业营运资本的影响研究——基于供应链融资的视角[J].经济管理,2014(08):54-65.

[98] 王贞洁,王竹泉.基于供应商关系的营运资金管理——"锦上添花"抑或"雪中送炭"[J].南开管理评论,2017(02):32-44.

[99] DEVALKAR S K, KRISHNAN H. The Impact of Working Capital Financing Costs on the Efficiency of Trade Credit[J]. Production and Operations Management, 2019,28(4):878-889.

[100] 孙超.应收账款融资的法律问题研究[D].山东大学,2011.

[101] 谢江林,涂国平,何宜庆.基于信号传递模型的供应链应收账款质押融资[J].江西社会科学,2015,35(05):203-207.

[102] 徐德顺,马军海.基于Best定价模型与区块链技术的企业应收账款交易系统[J].天津大学学报(自然科学与工程技术版),2018(04):433-441.

[103] 陈淑珍.基于财务供应链的营运资金管理——债权流转与债务抵付[D].中国科学技术大学,2016.

[104] 李茜.基于供应链金融的应收账款证券化模式探究[J].现代管理科学,2011(07):89-90.

[105] 王宗润,田续燃,陈晓红.考虑隐性股权的应收账款融资模式下供应链金融博弈分析[J].中国管理科学,2015(09):1-8.

[106] 吴争程.应收账款融资视角下中国企业商业信用研究:应收账款融资视角下中国企业商业信用研究[C].中国上海,2018.

[107] 王一鸣,任亮.基于互联网的应收账款交易平台融资探讨[J].农村金融研究,2014(05):13-18.

[108] 秦涛.N公司北美地区实施供应链融资的问题研究[D].南京大学,2016.

[109] 王程.面向成本结构的反向保理融资下核心企业授信决策研究[D].天津大学,2016.

[110] 李雪薇.中小企业运用反向保理进行融资的研究[D].北京外国语大学,2017.

[111] 钟美玲,李善良,王春雷,等.基于供应链金融的商业反向保理模式研究[J].上海管理科学,2017(05):40-45.

[112] 胡凯.供应链金融下反向保理的决策研究[D].西南交通大学,2018.

[113] 顾超成,邓世名,李沿海.确定性需求连续生产模型下的最优保理融资策略[J].运筹与管理,2017(10):121-128.

[114] 陈中洁,于辉.资金约束背景下反向保理的供应链合作[J].中国管理科学,2018,26(12):113-123.

[115] 高锦艳.订单融资加反向保理融资策略下的供应链绩效与效率研究[D].北京外国语大学,2019.

[116] Klapper L. The role of factoring for financing small and medium enterprises[J]. JOURNAL OF BANKING & FINANCE, 2006,30(11):3111-3130.

[117] DELLO IACONO U. Understanding Supply Chain Finance Market Dynamics through System Dynamics Modelling Implications for Financial Service Providers[D]. Eindhoven University of Technology, 2012.

[118] WUTTKE D A, BLOME C, HENKE M. Focusing the Financial Flow of Supply Chains: An Empirical Investigation of Financial Supply Chain Management[J]. International Journal of Production Economics, 2013,145(2):773-789.

[119] WUTTKE D A, BLOME C, FOERSTL K, et al. Managing the Innovation Adoption of Supply Chain Finance:Empirical Evidence From Six European Case Studies[J]. Journal of Business Logistics, 2013,34(2):148-166.

[120] DELLO IACONO U, REINDORP M, DELLAERT N. Market Adoption of Reverse Factoring[J].

International Journal of Physical Distribution & Logistics Management,2015,45(3):286-308.

[121] KLAPPER L, LAEVEN L, RAJAN R. Trade Credit Contracts[J]. Review of Financial Studies,2012,25(3):838-867.

[122] TANRISEVER F, H. C, REINDORP M, et al. Value of Reversed Factoring in Multi-Stage Supply Chains,[EB/OL]. http://paper.ssrn.com/sol3/papers.cfm?abstract_id=2183991.(Accessed on 2016)

[123] WUTTKE D A, BLOME C, HEESE H S, et al. Supply Chain Finance: Optimal Introduction and Adoption Decisions[J]. International Journal of Production Economics,2016,178:72-81.

[124] GRUTER R, WUTTKE D A. Option Matters: Valuing Reverse Factoring[J]. International Journal of Production Research,2017,55(22):6608-6623.

[125] SEIFERT R, SEIFERT D. Financing the Chain[J]. International Commerce Review,2011(1):33-44.

[126] VAN DER VLIET K, REINDORP M J, FRANSOO J C. The Price of Reverse Factoring: Financing Rates Vs. Payment Delays[J]. European Journal of Operational Research,2015,242(3):842-853.

[127] LEKKAKOS S D, SERRANO A. Supply Chain Finance for Small and Medium Sized Enterprises: The Case of Reverse Factoring[J]. International Journal of Physical Distribution & Logistics Management,2016,46(4):367-392.

[128] TANRISEVER F A C H. Reverse Factoring for SME Finance[EB/OL]. https://ssrn.com/abstract=2183991.(Accessed on 10 April,2015)

[129] BABICH V, KOUVELIS P. Introduction to the Special Issue on Research at the Interface of Finance,Operations,and Risk Management(iFORM): Recent Contributions and Future Directions[J]. M&SOM-Manufacturing & Service Operations Management,2018,20(1):1-18.

[130] 李心合.嵌入供应链的营运资金管理[J].会计之友,2012(34):21-23.

[131] 李心合.营运资金管理的重心转移:从资金到营运[J].财务与会计(理财版),2013(02):11-13.

[132] 李心合.公司财务理论创新的基础与路径[J].财务研究,2019(01):4-12.

[133] 丹尼斯·舍伍德.系统思考[M].北京:机械工业出版社,2011.

[134] 张维,武自强,张永杰,等.基于复杂金融系统视角的计算实验金融:进展与展望[J].管理科学学报,2013(06):85-94.

[135] 张维,何枫,熊熊,等.中国金融系统工程:研究现状及未来发展[J].系统工程理论与实践,2017(01):1-16.

[136] 张维.管理活动的复杂性及其对管理研究的要求[J].管理学报,2017(03):349-352.

[137] 宋华,杨璇.供应链金融风险来源与系统化管理:一个整合性框架[J].中国人民大学学报,2018,32(04):119-128.

[138] 宋华.中国供应链金融的发展趋势[J].中国流通经济,2019,33(03):3-9.

[139] 谢江林.资金约束供应链系统分析与决策[D].南昌大学,2010.

[140] 吴窑.供应链金融系统协同发展研究[D].北京交通大学,2012.

[141] 刘皓天.基于系统动力学的供应链金融系统运行优化研究[D].山东大学,2013.

[142] 于丽萍,王聪,邱若臻.供应链绩效对企业经济增加值的影响——基于系统动力学的关联模型研究[J].工业工程与管理,2015,20(05):21-26.

[143] 张诚.中小企业供应链金融风险测控的研究——基于系统动力学仿真模型[J].系统科学学报,2018,26(03):76-80.

[144] 任波.商业银行互联网供应链金融协同效应研究[D].昆明理工大学,2019.

[145] 邱昭良. 如何系统思考[M]. 机械工业出版社, 2018.

[146] 李旭. 社会系统动力学:政策研究的原理、方法和应用[M]. 复旦大学出版社, 2009.

[147] 约翰·D·斯特曼. 商务动态分析方法:对复杂世界的系统思考与建模[M]. 清华大学出版社, 2008.

[148] 彼得·圣吉. 第五项修炼——学习型组织的实践与艺术[M]. 中信出版社, 2009.

[149] 徐绪松,陆隽. 信息经济学视角:利用商业信用缓解中小企业信贷配给[J]. 生产力研究. 2006(02): 231-234.

[150] 石晓军,李杰. 商业信用与银行借款的替代关系及其反周期性:1998-2006年[J]. 财经研究. 2009(03): 4-15.

[151] 刘仁伍,盛文军. 商业信用是否补充了银行信用体系[J]. 世界经济. 2011(11): 103-120.

[152] 石晓军,张顺明. 商业信用、融资约束及效率影响[J]. 经济研究. 2010(01): 102-114.

[153] 余明桂,潘红波. 所有权性质、商业信用与信贷资源配置效率[J]. 经济管理. 2010(08): 106-117.

[154] 刘小鲁. 我国商业信用的资源再配置效应与强制性特征——基于工业企业数据的实证检验[J]. 中国人民大学学报. 2012(01): 68-77.

[155] 谢诗蕾. 所有权性质、盈利能力与商业信用的提供——基于再分配理论的实证研究[J]. 上海立信会计学院学报. 2011(03): 56-65.

[156] 王竹泉,翟士运,王贞洁. 商业信用能够帮助企业渡过金融危机吗?[J]. 经济管理. 2014(08): 42-53.

[157] 王鲁平,毛伟平. 银行借款、商业信用与公司投资行为[J]. 西安交通大学学报(社会科学版). 2009(01): 6-11.

[158] 李林红. 商业信用促进企业投资增加吗?——来自中国a股上市公司的经验证据[J]. 经济经纬, 2014(04):156-160.

[159] 孙浦阳,李飞跃,顾凌骏. 商业信用能否成为企业有效的融资渠道——基于投资视角的分析[J]. 经济学(季刊), 2014(04):1637-1652.

[160] 周雪峰. 商业信用对非效率投资的影响:融资抑或治理[J]. 财经论丛, 2014(09):53-59.

[161] 黄兴孪,邓路,曲悠. 货币政策、商业信用与公司投资行为[J]. 会计研究, 2016(02):58-65.

[162] 邓路,曲悠. 货币政策、商业信用与公司业绩增长[J]. 财务研究, 2016(02):68-79.

[163] 张良,马永强. 商业信用能提升企业绩效吗?——基于非效率投资中介效应与组织冗余调节效应的实证[J]. 投资研究, 2016(02):59-77.

[164] 韩剑,王静. 中国本土企业为何舍近求远:基于金融信贷约束的解释[J]. 世界经济. 2012(01): 98-113.

[165] 陆利平,邱穆青. 商业信用与中国工业企业出口扩张[J]. 世界经济. 2016(06): 149-167.

[166] 周定根,杨晶晶. 商业信用、质量信息传递与企业出口参与[J]. 管理世界. 2016(07): 36-50.

[167] 蒋逸. 商业信用、生产规模与订单农业的履约率[J]. 现代管理科学. 2014(09): 84-86.

[168] 周雪峰. 新破产法对商业信用发挥破产威胁效应的影响[J]. 首都经济贸易大学学报. 2016(03): 103-109.

[169] 李任斯. 供应链关系、商业信用融资与企业价值[D]. 中央财经大学, 2016.

[170] 付佳. 税收规避、商业信用融资和企业绩效[J]. 山西财经大学学报, 2017(02):87-98.

[171] 钟田丽,陈静,高源. 中小企业利用商业信用影响因素分析[J]. 管理评论. 2006(01): 15-18.

[172] 王明虎,席彦群. 资产规模、融资路径与商业信用供给[J]. 商业经济与管理. 2013(02): 50-56.

[173] 苏汝劼,冯晗. 商业信用与企业规模的负相关关系——基于关系网络的理论分析与实证检验[J]. 经济理论与经济管理. 2009(03): 66-71.

[174] 张新民,王珏,祝继高. 市场地位、商业信用与企业经营性融资[J]. 会计研究,2012(08):58-65.

[175] 吴争程,陈金龙. 货币政策、市场地位与企业商业信用[J]. 金融理论与实践,2014(09):6-11.

[176] 吴争程,陈金龙. 应收账款融资视角下企业商业信用研究[J]. 金融理论与实践,2016(11):59-66.

[177] 刘欢,邓路,廖明情. 公司的市场地位会影响商业信用规模吗？[J]. 系统工程理论与实践,2015(12):3119-3134.

[178] 刘欢. 市场地位、商业信用与企业投资效率[J]. 中央财经大学学报,2019(01):51-66.

[179] 王雄元,彭旋,王鹏. 货币政策、稳定客户关系与强势买方商业信用[J]. 财务研究,2015(06):31-40.

[180] 陈胜蓝,刘晓玲. 经济政策不确定性与公司商业信用供给[J]. 金融研究,2018(05):172-190.

[181] 魏志华,曾爱民,李博. 金融生态环境与企业融资约束——基于中国上市公司的实证研究[J]. 会计研究,2014(05):73-80.

[182] 刘晓英. 中国上市公司商业信用分布及其影响因素实证研究[D]. 四川大学,2007.

[183] 史建平,杨如冰,周欣. 中小企业商业信用地位与资产规模相关性研究[J]. 财贸经济. 2010(11):34-39.

[184] 苏存,马力,侯世宇. 商业信用与中小企业外部融资——日本的经验教训及启示[J]. 金融发展评论. 2011(02):60-70.

[185] 曾爱民,傅元略,魏志华. 金融危机冲击、财务柔性储备和企业融资行为——来自中国上市公司的经验证据[J]. 金融研究,2011(10):155-169.

[186] 曾爱民,张纯,魏志华. 金融危机冲击、财务柔性储备与企业投资行为——来自中国上市公司的经验证据[J]. 管理世界,2013(04):107-120.

[187] 于欢. 金融危机、财务柔性与商业信用供给[J]. 山西财经大学学报,2016(03):32-44.

[188] 李丽君,刘杰,孙世敏. 供应链视角下企业财务困境传递及控制问题研究[J]. 中国管理科学,2016(06):46-51.

[189] 毛道维,张良. 商业信用:源于竞争关系还是合作关系——基于产业价值链企业的商业信用实证研究[J]. 财经科学,2007(10):90-95.

[190] 刘凤委,李琳,薛云奎. 信任、交易成本与商业信用模式[J]. 经济研究. 2009(08):60-72.

[191] 陈德球,梁媛,胡晴. 社会信任、家族控制权异质性与商业信用资本配置效率[J]. 当代经济科学. 2014(05):18-28.

[192] 王伟. 社会信任、政治关系与民营企业商业信用模式[J]. 广东财经大学学报. 2015(02):22-35.

[193] 冯丽艳,肖翔,赵天骄. 社会责任、商业信任与商业信用成本[J]. 北京工商大学学报(社会科学版). 2016(01):64-74.

[194] 张兴亮. 社会信任、企业家声誉与商业信用模式——基于中国民营上市公司的经验研究[J]. 财务研究. 2016(04):33-46.

[195] 曹甜,匡小平. 制度环境与商业信用融资有效性[J]. 当代财经. 2013(05):115-128.

[196] 徐虹,林钟高,余婷,等. 内部控制有效性、会计稳健性与商业信用模式[J]. 审计与经济研究. 2013(03):65-73.

[197] 刘俊,郭平,曹甜. 制度环境、审计质量与商业信用模式——基于我国上市公司的实证数据[J]. 北京工商大学学报(社会科学版). 2015(01):60-68.

[198] 张西征,刘志远. 中国上市公司商业信用周期性变化的宏观经济动因研究[J]. 经济理论与经济管理. 2014(06):41-56.

[199] 何威风,刘巍. 商业信用中的管理者效应:基于管理者能力的视角[J]. 会计研究. 2018(02):48-54.

[200] 郎咸平. 模式[M]. 北京:东方出版社,2010.

[201] 姚宏,魏海玥. 类金融模式研究——以国美和苏宁为例[J]. 中国工业经济,2012(09):148-160.
[202] 随露. 类金融模式对企业盈利能力的影响研究[D]. 中国地质大学(北京),2018.
[203] 许珂珂. 类金融资方式及其对营运资金的影响研究[D]. 安徽财经大学,2018.
[204] 温忠麟,叶宝娟. 中介效应分析:方法和模型发展[J]. 心理科学进展,2014,22(05):731-745.
[205] 王小鲁,樊纲,胡李鹏. 中国分省份市场化指数报告[M]. 社会科学文献出版社,2019.
[206] 李明辉. 社会信任对审计师变更的影响——基于CGSS调查数据的研究[J]. 审计研究,2019(01):110-119.
[207] 余婧,罗杰. 中国金融资源错配的微观机制——基于工业企业商业信贷的经验研究[J]. 复旦学报(社会科学版),2012(01):19-27.
[208] 孙兰兰,翟士运,王竹泉. 供应商关系、社会信任与商业信用融资效应[J]. 软科学. 2017,31(02):71-74.
[209] 贾涛,徐渝. 需求依赖于库存量的供应链商业信用期问题研究[J]. 运筹与管理. 2009(03):8-14.
[210] 于丽萍,黄小原,徐家旺. 随机需求下供应链商业信用契约协调[J]. 运筹与管理. 2009(06):33-36.
[211] 代大钊,张钦红. 资金约束条件下考虑信用风险的供应链商业信用决策研究[J]. 上海管理科学. 2013(03):62-66.
[212] 秦娟娟. 需求依赖于库存量的供应链商业信用期决策[J]. 统计与决策. 2015(15):53-57.
[213] 秦娟娟. 时变供需下基于商业信用的零售商最优订货策略[J]. 中国管理科学. 2016(03):89-98.
[214] 彭红军,孙恺. 信用额度决策下供应链商业信用融资最优策略[J]. 统计与决策. 2016(01):37-39.
[215] 王志宏,张怡,郭剑锋,等. 双重信息非对称下供应链的商业信用契约[J]. 中国管理科学. 2017,25(09):148-158.
[216] 宋华,陈思洁,于亢亢. 商业生态系统助力中小企业资金柔性提升:生态规范机制的调节作用[J]. 南开管理评论,2018,21(03):11-22.